신이 던진 주사위

신이 던진 주사위

ⓒ 2015 미니

초판 인쇄 2015년 9월 15일
초판 발행 2015년 9월 25일

지은이 미니
펴낸이 강병선
편집인 김성수

기획 · 책임편집 김성수 **디자인** 이현정
마케팅 방미연 이지현 함유지 **홍보** 김희숙 김상만 한수진 이천희
제작 강신은 김동욱 임현식

펴낸곳 (주)문학동네
출판등록 1993년 10월 22일 제406-2003-000045호
임프린트 아템포

주소 413-120 경기도 파주시 회동길 210
문의전화 031-955-1930(편집) 031-955-2655(마케팅)
팩스 031-955-8855
전자우편 kss7507@munhak.com

ISBN 978-89-546-3760-2 03100

www.munhak.com

신이 던진 주사위

아직 아무것도 정해지지 않았다

—

미니迷尼 지음

아템포

알 수 없는 운명은 더 아름답다

확신할 수 있는 운명은 아름답다.

알 수 없는 운명은 더 아름답다.

确定是美丽的. 但变幻无常更为美丽.

대만의 일러스트 작가 지미幾米의 작품을 동명으로 영화화한 〈왼쪽으로 가는 여자, 오른쪽으로 가는 남자向左走. 向右走〉에서, 자신의 꿈을 출판사에게 번번이 거절당하는 여주인공의 원고에 실려 있었던 문구였다. 또한 인연이 비껴간 자리를 나지막이 채우던, 그녀의 쓸쓸한 내레이션이기도 했다. 원래부터도 진한 여운으로 간직하고 있었던 장면이었지만, 결코 낯설지 않은 언젠가의 내 모습이 되어버린 이후에는 강한 공감으로 잡아두고 있는 기억이다.

　출판사가 어떤 제목을 택할지는 모르겠지만, 내가 원래 염두하고 있었던 제목은 이 글귀이다. 조금은 무정한, 혹은 잔인하고도 참혹

한, 그러다가도 한 번 살아볼 만한 삶의 이유가 되어주는, 우연에 관한 이야기를 쓰고 싶었다. 마침 이 원고가 가진 사연에도 부합하는 글귀이기도 하다. 원래 이 원고는 추억의 홍콩 영화들을 테마로 한 여행에세이였다. 다행이라면 영화 속 여주인공처럼 출판사에게 번번이 거절당한 감성은, 앞서 출간된 인문학 원고들과 포토에세이의 페이지로 흩어졌다는 점이다. 아직 남아 있던 원고의 파편들을 모아 마침 학위 논문에서 덜어내 재활용을 고민하고 있던 니체의 철학으로 풀어낸 게 이 원고이다.

원래 내 전공은 한문학이다. 더 디테일하게 분류하자면, 니체의 언어로 동양철학을 해석하는 일이다. 필명인 미니迷尼 역시 중국어로 '니체의 팬'이란 뜻이다. 동양학 전공자가 어쩌다 니체에 꽂혔을까? 그 또한 우연이었다. 우연히 동네 도서관에서 집어든 니체의 잠언으로부터 우연의 철학을 향한 여정이 시작되었다. 마치 니체가 헌책방에서 우연히 집어든 쇼펜하우어를 읽고서 철학자의 길로 들어섰던 것처럼⋯⋯. 내가 글을 쓰는 업으로 흘러들어오게 된 것 또한 니체와의 우연 때문이었으니, 비록 졸고이지만 '우연'이라는 진정성만은 두루두루 갖추고 있는 원고이긴 하다. 우연의 배열이 만들어낸 생성이라는 점에서는, 나름 니체의 철학을 체현한, 니체를 사랑한 한문학도에겐 의미 있는 원고이기도 하다.

이 책은 니체에 대해 디테일한 내용을 담은 것도 아니고, 그렇다고 니체의 생각만 인용한 것도 아니다. 철학사에서 니체가 점하고 있는 존재 의미를, 그의 키워드인 '우연'에 포커를 맞춰 에세이식으로 써내려갔다. 가볍고 쉽게 쓰려고 노력했지만, 개념 자체가 난해한 부분도 있을 것이다. 작가의 역량 부족이 가장 큰 원인이겠지만, 어쨌거나 철학에 발을 걸치고 있는 문체이기에…….

나중에 안 사실이지만, 〈왼쪽으로 가는 여자, 오른쪽으로 가는 남자〉의 여주인공이 자신을 스쳐 지나가는 우연 속에 흩어뜨린 내레이션은, 폴란드 시인 비슬라바 쉼보르스카Wislawa Szymborska의 〈첫 눈에 반한 사랑〉의 일부를 번역한 것이었다.

그들은 놀라게 되리라
우연이 몇 년 동안이나
그들을 희롱하고 있었다는 사실을 알게 된다면……
운명이 되기에는
아직 준비를 갖추지 못해,
우연은 그들을 가까이 밀어 넣기도 하고, 떨어뜨리기도 하였으며,
그들의 길을 방해하기도 하고
웃음이 터져 나오는 것을 참으며
한 옆으로 비켜 지나갔다.

사랑에 서툰 사람들이 있다. 그러나 그 사랑의 어려움과 더딤은 어딘가를 걷고 있는 누군가를 만나기 위해 보폭을 맞추고 있는 것일 수도, 엉뚱한 곳으로 나아가지 못하도록 여기서 기다리게 하는 운명의 배려일 수도 있다.

뭘 해도 잘 안 풀리는 인생이 있다. 나를 기다리고 있는 운명에 걸맞은 능력이 채워지는 시간인지도, 나보다 조금 늦은 운명과의 만남을 위해 기다려야 하는 시간인지도 모른다.

만나야 할 것들을 만나게 되는 기쁨의 순간, 조바심으로 애 태우던 지난 날들이 떠올라, 머쓱한 나머지 괜스레 우연을 탓하며 질문보다 앞선 대답을 건넨다. 세월의 장난으로 이제서야 왔다고…….

절망의 어딘가에 숨어 우리를 예의 주시하고 있는 희망, 그런 희망을 필연에 대한 신앙과 복음이 아닌, 우연에 대처하는 우리들의 자세에서 찾아낸 니체의 amor fati(아모르파티). 내 운명을 사랑한다는 것은 곧 내 앞에 가로놓이는 어떤 우연도 사랑하겠다는 뜻이기도 하다. '긍정의 철학'이라고도 불리는 니체의 사유는, 그래서 처음 소개한 두 문장으로 대신할 수 있다.

확신할 수 있는 운명은 아름답다.
알 수 없는 운명은 더 아름답다.

p. s.

현대철학의 주요 키워드는 '차이'와 '타자'다. '타자'들은 나의 규칙에서 벗어나 있는, 나와는 다른 '차이'로 존재하는 사람들이다. 언제나 나의 예측성을 비껴가는 속성들이기에, 철학은 타자를 '우연적 시간'이라고 표현한다. 그 우연들과의 '관계'를 살아가는 인간의 삶은 이래저래 불확실성의 연속일 수밖에 없다.

현대철학에 이 '우연'의 주제를 던져준 철학자가 바로 니체다. 니체는 삶이 지닌 우연성을 '신이 던진 주사위'에 비유한다. 불확정성 원리를 향한 아인슈타인의 일갈과는 달리, 니체에게 신은 주사위를 던지는 존재다. 그러나 신의 주사위는 늘 하늘에 던져져 있는 상태일 뿐, 땅에 떨어져 어떤 수를 확정하지는 않는다. 즉 우리의 삶에 '확실'로 정해진 건 아무것도 없다는 이야기다. 그럴 바에는 차라리 나 자신의 의지와 선택을 믿으라는 것이, 니체의 영원회귀이며 아모르파티다.

최종적으로 선택한 제목 '신이 던진 주사위'는 나의 선택이었다. 물론 어떤 확신이 있어서 이 제목을 선택한 것은 아니다. 단지 계속 마음이 가는 제목 앞에서, '너 자신이 되라'는 니체의 철학을 살아보고자, 나 스스로 주사위를 집어든 것뿐이다. 포용력 있게 나의 의견을 들어주며, 나와 더불어 주사위를 던지게 된 출판사 아템포에게도 감사의 마음을 전한다.

1부

기억의
독　단

01

날 지
못 하 는
피 터 팬

어 른 이   되 었 다

:

"똑딱 똑딱."

정말로 시간이 이런 소리를 내며 흘러가지는 않는다. 표현할 길이 없어 '똑'과 '딱'이라고 하지만, 실제로는 '똑'만 이어지거나 '딱'만 이어지는, 같은 소리의 연속이다. 그러나 우리는 '흘러가는' 시간을 '똑'에 멈추어 놓고서 '딱'을 기다리는, '똑딱'의 리듬감으로 인식을 한다. 그렇게 언어는 우리의 사고를 지배하고 있다.

우리는 우리에게 익숙한 언어의 체계로 세상을 보고 듣는다. 현상 그대로를 인지하는 것이 아니라, 보고 싶은 것을, 듣고 싶은 것을, 보고 들을 준비를 하고 있다가 이미 구비되어 있는 언어적 정보로 환원된 심상으로 인식하는 것이다. '경험'이라고 부르는 정보도 실제로는 현상 자체를 겪은 것이 아닌, 자의적인 해석의 누적인 경우가 많다. 순간순간에 대한 실시간적 반응의 연속으로서가 아니라, 어느 순간 멈춘 시간으로 상기하며 살아가는 공간이 삶이다. 니체는 우리의 언어가 멈춘 곳, 우리의 언어가 표현할 수 없는 곳에 주목한다. 언어가 관여한 사건은 이미 팩트가 아니다. 그저 너와 나의 기억이 해석해내는 언어만이 존재할 따름이다.

시간이 털어내고 간 우연들은 우리의 해석을 거쳐 시간의 뒤꼍에 쌓여가는 필연이 된다. 그래서 시간이 지난 뒤에 돌아보면 모든 것이 다 필연이지 않던가. 그리고 그 필연으로 점철된 어휘들이 다가올 수많은 우연을 예단한다.

비트겐슈타인의 어록 하나.

"그가 가진 어휘가 그 사람의 세계이다."

가용 어휘가 많을수록 표현할 수 있는 세계도 넓다는 의미이지만, 아무리 그 어휘가 많고 풍부해도, 결국엔 생각을 제한하는 한계에 불과하다. 더군다나 제한된 생각 안에서 일정 어휘를 반복하는 것을 언어의 범주가 확장된 것으로 착각하며 살아가기도 한다.

이렇듯 우리 곁을 스친 숱한 순간이 우리에게 털어내고 간 착각의 언어가 있으니, 그렇다, 바로 '어른'이다.

어른이 되고 난 후 우리에게서 사라진 '우연', 그리고 자신이 걸어온 시간의 흔적들을 뒤돌아보며 그 관성으로 부단히도 우연을 해석해내는 어른들. 알 수 없는 내일을 걱정하면서도 한편으로는 기대감으로 살아가는 오늘이지만, 그 걱정과 기대와는 별개로 지금껏 살아온 '나'라는 고집스러움으로 언제나 어제에 머물며 우연과 변화를 거부하는 어른의 삶이기도 하다.

시간은 우리의 곁을 스쳐가며 우리에게서 아이를 앗아가고 어른을 남겨놓았다. 그리고 어느 순간부터 어른의 언어를 혹은 과거의 독단을 톱니바퀴 삼아 시간은 '똑딱똑딱' 잘도 흘러간다. 우리는 순수에게서 그렇게 멀어져 왔다. 그리고 청춘의 꿈은 '숫자에 불과한' 나이로 산화되어간다. 열정이 담고 있던 에너지가 이미 지나온 시간 속으로 흩어지는 열역학, 어른이라는 엔트로피다.

니체 이후의 현대철학은 기억에 특권적 지위를 부여하는 사유방식을 전면적으로 거부한다. 기억은 그 자체로 틀이고 체계이며 굴레이기 때문이다. 앎을 향해 가는 여정은 호기심을 동력으로 한다. 여정의 동기가 되어주는 것이 바로 '모름'이라는 상황이다. 문제는 모름이 있다는 사실이 발견되었을 때라야 호기심이 작동한다는 점. 결국엔 무언가를 모르고 있다는 사실이 발견되어야 비로소 모르는 무언가를 알게 되는 역설과 모순. 니체가 제시한 '망각'의 방법론은 그런 발견의 가능성을 더 많이 확보하고자 하는 '무화無化로의 의지'이다.

공고화된 틀에 둘러싸인 기억을 부수고, 모름의 스펙트럼을 넓히는 것. 쉽게 말하자면, 아무것도 단정짓지 말라는 어른들을 향한 니체의 충고이다. 갇혀 있지 않고, 머물러 있지 않으며, 새로운 것들을 향해 가는 창조적 탈주. 그 역동의 시간성을 긍정할 수 있는 존재는 아이들밖에 없다. 어른들은 더 이상 궁금해하지 않고 묻지 않는다.

자신들은 이미 다 알고 있다는 착각으로 언제나 일정한 시공간에 머물러 있기 때문이다.

니체의 견해에 따르면, 우리는 대부분의 경우 '어렸을 적에 익힌 판단들에 의해 일생을 놀아나는 어릿광대'에 불과하다. 눈앞에서 벌어지고 있는 모든 상황에 호기심을 갖는 경우는 어린 시절뿐이다. 동시에 호기심을 메우고 채우는 경험과 학습이 시작되는 때이기도 하다. 삶의 많은 순간, 그 경험과 학습의 기억은 우리의 사유를 마비시키곤 한다. 이미 길들어버린 사유방식이 우리의 본성으로 내면화되고, 고착화된 가치관이 나 대신 생각을 하는 것이다. 불행히도 다시 고쳐 배우는 일은 없으며 판단에 대한 의심조차 하지 않는다.

어른이 되면 어린 시절에는 보이지 않던 것들이 보이기 시작한다. 시간으로 차곡차곡 쌓아올린 단을 밟고 올라서서, 그렇게도 갈망했던 네버랜드의 담장 밖 너머를 내다볼 수가 있게 된 것이다. 그리고 아직 그 단에 올라서지 못한 '아해'들을 내려다보며 말한다.

"너희는 삶의 깊이를 모르노라!"

그러나 높이가 곧 깊이인 것은 아니다. 시간의 축적만으로 어른의 자격이 갖추어지는 것도 아니다. 그런데 어른들은 종종 착각을 한다. 자신이 쌓아올린 높이를 재고, 그것을 심연의 깊이로 환산하며, 그것을 빌미로 어린 세대의 말과 생각을 가로막는다. 그러나 니체에게 심연이란 더 깊은 곳이라기보다는 깊이에 대한 편견이 사라지는 지점이다. 오히려 깊이를 모르는 아이들의 시각으로 바라보는 모든 것들에 심연이 깃들어 있는 것이다.

어른이 되면 어린 시절에 보이지 않던 것들이 보인다. 그러나 어른이 되면 어린 시절에 보이던 것들이 보이지 않기 시작한다. 높이, 깊이, 넓이 등 하여튼 무언가에 가려져 다시는 네버랜드 안을 들여다보지 못하게 된다. 네버랜드를 떠나온 피터 팬은 더 이상 하늘을 날지 못했다. 어른들과 함께 사는 세상 속에서는 굳이 날아야 할 이유가 없었다. 그러다 결국에는 나는 법을 잊어버렸다. 하늘을 잊은 피터 팬에게 남아 있는 하늘의 흔적은 고소공포증이었다는 역설, 더없이 자유로웠던 공간은 이제 공포의 기억으로 새겨지고 말았다. 어쩌면 우리는 어린 시절을 잊은 것이 아니라 두려워하고 있는 것인지도 모른다. 마냥 피터 팬으로만 살다간 이 세계에서 도태되고 말 것이라는 두려움. 그러나 어른들의 세상을 바꾸어온 이들은, 여전히 하늘을 나는 꿈을 꾸는 피터 팬들이었다.

순 수 의 우 연

:

니체의 《차라투스트라는 이렇게 말했다》에는 인간의 정신이 낙타, 사자 그리고 아이의 단계로 변모하는 과정이 상세하게 적혀 있다. 마지막에 배치된 아이의 단계가 니체가 지향했던 '초인Übermensch, 위버멘쉬'의 귀결처였다.

낙타는 자신에게 지워진 짐이 부당한지 아닌지에 대한 비판이 가능하지 않을뿐더러 일말의 의심조차도 하지 않는 존재이다. 그저 묵

묵히 짐을 짊어지고, 고독하고도 막막한 사막을 걸어갈 뿐이다. 이 세계에 던져진 자신의 운명은 어쩔 수 없이 그렇게 정해진 것이라는 체념으로, 체제에 순응하고 권위에 순종하며 고단한 삶에 떠밀려 매일같이 마주하는 막막함을 향해 발을 내딛고 있는 군상들. 문득 돌아보면, 막막함 뒤로 불어오고 불어가던 바람에 이미 사라진 발자국들. 자신이 남겨온 흔적들은 온데간데없고, 모래는 당장에 디디고 있는 걸음의 무게만을 잠시 기억해줄 뿐이다. 아무리 주위를 둘러봐도 내 곁엔 항상 모래와 하늘뿐이다. 어제도, 오늘도, 내일도, 언제나 같은 풍광에 갇혀 걸어가고 있는, 아주 먼 길을 떠나온 것 같지만 언제나 같은 자리에 머물고 있는, 외로우니까 낙타다.

사자는 체제와 권위에 맞서 싸우는 존재다. '해야 한다'에 맞서 '하길 원한다'를 외치며, 권위에 종속되어 있는 자유를 강탈하지만, 정작 쟁취한 자유 앞에서는 무엇을 어떻게 해야 할지를 몰라 방황한다. 행복을 위한 '투쟁'이었지만, 정작 자신들이 원하던 행복이 무엇인지에 대한 개념조차 정리되어 있지 않은 상태다. '투쟁'이 사라지자 자신이 무언가를 창출할 수 없다는 무력감의 허무를 깨닫는 존재. 태평성대가 도래하자 타락으로 추락하는, 정신적 수양이 덜 된 사무라이 집단과 같다고나 할까? 당장에라도 세상을 뒤집어엎을 것처럼 급진의 웅변을 늘어놓지만, 막상 뒤집힌 세상은 그에게 무료함의 대상일 뿐이다.

아이는 순진함과 호기심으로 늘 새로운 가치를 찾아내며, 어떤 우연 앞에서도 즐거워할 수 있는 존재다. 버려진 사과 상자에서 트랜스

포머의 가능성을 발견하고, 설치하다 남은 행거 파이프는 고사리 손에 엑스칼리버로 쥐어지며, 수챗구멍으로 소용돌이치는 설거지물 위의 종이배는 블랙펄의 침몰로 연출된다. '성스러운 긍정'과 생성의 가능성으로 똘똘 뭉쳐 있는, 내일의 걱정 따위는 하지 않는, 즐거운 순간순간으로 세상을 대하는 극강의 긍정이다.

이성적 사고를 통해 도달해야 한다는 이데아, 그 이상적 시공간은 미래에 있거나 저 너머에 있는 것이 아니다. 이미 우리가 잊어버린, 삶의 어느 순간에 버려두고 온 과거 속에 존재하는 경우가 대부분이다. 막막한 앞을 향해 막연히 걸어만 오다, 혹은 행복을 쟁취하겠노라 우직하게 걸어만 오다, 우리 뒤에서 불어오고 불어가고 있던 바람으로 사라져간 '오래된 미래', 차라리 그것이 우리가 잃어버린 이데아다.

어린아이가 늘 밝게 웃는 것은 내일을 생각하지 않기 때문이라고 한다. 별명이 울보인 어린아이라도 실상 더 많은 웃음의 흔적들을 얼굴에 지니고 있는 것은, 시간을 사는 것이 아니라 그저 순간 순간에 충실하기 때문이다. 하지만 많은 내일이 생겨난 이후로 우리에겐 걱정과 불안이 생겨버린다. 한참의 시간이 지나면 이젠 이미 일어난 과거까지도 걱정이고 불안이다. 아무것도 이루어낸 것 없는 현재 앞에서 걱정과 불안은 쌍방향으로 흐르는 이중주가 되어버린다.

걱정과 불안은 분명 필요한 '덕목'들이다. 자기 나름대로 문제를 해결하고자 하는 의지의 표현이기 때문이다. 다만 걱정을 위한 걱정과 불안을 유지하기 위한 불안은, 니체에게 있어 '가책'으로 정의되는 일종의 자위적 도덕이다. 걱정된다 또는 불안하다 말은 하면서도 정작 아무것도 하지 않는다. 그 걱정과 불안 때문에 아무것도 할 수 없다는 또 다른 걱정과 불안으로의 순환. 실상 이미 한참을 지나가버린 감정들을 계속해서 곱씹으며 센치함을 유지하려 드는, 적어도 걱정하고 있고 불안해하고 있다는 일말의 양심으로 스스로의 지금을 위로하는 '면책'의 역설이다.

아이들은 일단 저지른다. 그 수습은 어른들이 한다. 어른들은 수습하는 행위에는 익숙해져 있으면서도 일을 저지르지는 않는다. 수습하려면 귀찮기 때문이다. 귀찮음이란 최소한의 자존심을 지키고자 하는 두려움의 다른 표현이기도 하다. 나이가 들면서 점점 겁쟁이가 되어 가는 것이다. 겁쟁이들의 전형적인 특징! 다가오기 전에 공상만 하고, 다가오면 걱정만 하다가, 아무 탈도 없이 지나간 오늘을 '안정'이라고 회고한다!!

미지수의 자리를 늘 걱정과 불안으로만 채우고 있다면 방정식의 해법은 영원히 찾지 못할 것이다. 치기이고 착각일지언정 차라리 오류로 나아가는 '실천'이 오히려 삶이라는 이 어려운 고차방정식의 해법일지 모른다. 돌아보면 초라하고, 비참하고, 어두운 과거일지언정, 그 어떤 모습도 지금을 가능케 한 '반성'이지 않았던가. 순간의 잘못된 판단이었을지언정, 몰랐던 또 하나의 그름을 깨달아가는 옳음이기도 했다.

우 상 의 황 혼

:

사람들은 40세를 넘기면 자서전을 쓸 권리가 주어진다고 믿는다. 왜냐하면, 가장 열등한 인생을 살아온 사람일지라도, 그 나이가 되면 사상가 못지않은 사건들을 체험했을 것이고, 시인 못지않은 격랑을 이겨냈기 때문이다. 그러나 문제는 자신의 삶이 지켜온 신앙을 고백하려는 그의 욕구에 있다. 분명 이것은 오만이다.

니체가 지적하는 불혹不惑의 오류다.

공자는 40세를 어떤 유혹에도 빠지지 않는 나이라고 칭했지만, 공자 정도나 되니까 가능했던 일이란 사실을 세상의 모든 40대는 간과한다. 그래서 자신들의 생각이 틀릴 수도 있다는 가능성을 제고하지 않으며, 틀린 생각을 떨쳐내지 못한다. 서점가에서는 여전히 유효한 구매력으로 존재하는 '마흔' 시리즈들은, 평균수명의 반을 넘어가는 변곡점에 서 있는 시간이 어느 나이 때보다 많은 걱정을 안고 살아간다는 반증이기도 하다. 또한 40년이라는 시간을 근거로 한 그들의 확신이 또 다른 미끼가 될 수 있다는 것을 간파한 상술이기도 하다. 결국 이런 마흔 시리즈는 40대들을 '위해' 존재하는 것이 아니라, 40대들에 '의해' 존재하는 것이다.

걱정과 불안으로 흔들릴지언정 자신의 생각을 꺾지 않는, 전혀 열릴 기미가 보이지 않는 사유체계. 언제나 젊은 감각으로 새로운 것을 찾아 나선다고 말은 하지만, 결코 참신함을 증명하지 못하는 구시대적 센스. 결국엔 바르지 않은 타격 자세를 고치지 않고 애꿎은 야구 배트만 바꾸는 야구선수와 같은 경우이다. 지금 느끼고 있는 불안의 원인이 지금까지 지속해온 '나'라는 사실을 깨닫지 못한다. 불안하고 걱정은 되면서도 여전히 확신을 하고 있는 것이다. 내 방법이 틀릴 리 없다는 믿음을 결코 포기하지 못하는 40대이다.

공자는 40세를 자신의 얼굴에 책임을 져야 하는 나이라고도 말한다. 얼굴은 자신들이 살아온 시간에 대한 긍지와 확신의 표현이기도 하다. 고집스러운 관상이 고집스러운 성격을 머금고 있는 것도 당연한 이치, 그야말로 생긴 대로 노는 것이다. 따라서 얼굴로 그 사람의 미래를 판단하는 행위는 점술이라기보다는 논리에 가깝다. 마흔의 피부 탄력성은 더 이상 얼굴의 변화를 감당해낼 수 있는 수준이 아니다. 40대는 이미 굳어질 대로 굳어진 가치관이 관상의 깊은 흔적으로 남게 되는 시기다.

사람이 저마다의 인상을 가지고 태어나서 어느 나이 때를 지나면 비슷한 인상으로 늙어가는 현상은, 비슷하게 겪어온 세월 속에서 비슷한 사유습관으로 동일화가 되기 때문이기도 하다. 동일성의 범주에 포함되지 않은 '차이'는 더 이상 인정되지 않는다. 배제된 융통성과 소외된 잠재성은 오류로 검증된 적도 없건만, 그 모두를 오답으로 부정하는 나이가 40세이기도 하며, 마흔 시리즈는 여전히 베스트셀러 목록에 참여하고 있는 실정이다.

니체의 저서 중에 《우상의 황혼》이 있다. 해 질 무렵이 곧 오류의 시간대라는 함의이며, '미네르바의 부엉이'로 대변되는 헤겔 철학에 대한 반론이기도 하다. 헤겔 철학은 하루를 마감하는 저녁이 되어서야 그 하루를 평가할 수 있듯이, 이미 경험된 것들만이 진리로 존재할 수 있다는 필연의 서사이다. 지혜의 여신인 미네르바와 그녀의 상징인 부엉이를 키워드로 삼은, '진리는 저녁이 되어서야 비로소 날아오른다'의 캐치프레이즈다.

그러나 니체의 지적은 지금까지의 경험으로 경험되지 않은 것들까지 판단하는 관성이 문제이며, 이 오류는 '나'에 대한 확신에서 비롯된다는 것이다. 오후가 되면 더욱 길어지는 그림자, 인간은 그 그림자의 크기를 자신의 크기로 착각한다. 스스로는 이데아적 진리를 맹신하며 좇아 달려가지만, 아직도 자신이 '동굴의 비유' 속을 헤매고 있는 그림자라는 사실을 깨닫지 못한다. 니체는 여기에 '피로'의 개념을 덧붙인다. 저녁과 함께 다가오는 정신의 피로, 어른의 시간이 다가오면 더 이상 생각하지 않는 이유가 그 때문이다. 오로지 지금까지 걸어온 시간에 대한 확신으로 점철된 관성만이 존재할 뿐이다.

확신은 다른 가능성을 기꺼이 포기하는 기회비용으로 작용한다. 그만큼 자신의 확신이 소중한 것이다. 그러나 그것은 지혜가 아니라 아집이며, 선택이 아니라 체념에 가까운 사유방식이다. 시간의 무게를 짊어지고 살다가 키가 작아진 난장이들, 그러나 기울어가는 빛이 길게 늘어뜨린 그림자만을 욕망하게 되는 인생의 오후. 그렇다, 어른이라는 우상이다. 어른들이 젊은 사람들과 마찰을 일으키는 이유는 그들이 그리는 이상에 젊은이들이 동의해주지 않기 때문이다. 심리학에서 '도덕적 우월감'이라고 부르는 자기 전제에 대한 과도한 확신,

즉 자신들의 존재감을 확보하려던 노력이 반론에 부딪히는 순간, 자괴감으로 돌아오는 자애감의 메아리가 시비로 이어지는 것이다.

스피노자의 대전제, 결과의 전제는 원인의 전제를 수반한다. '자신'이란 전제 아래에서 나온 자신의 결과이기 때문에 결코 의심하지 않는 것이다. 그 나름대로는 너무도 합리적인 인과이기 때문이다. 자신에게 누적되어 온 시간 안에서의 판단이기 때문에 '확실히' '틀림없다'는 믿음만으로 그득하다. 비극은 모든 사람들이 같은 시간을 살아가는 것은 아니라는 점, 심지어는 같은 시절을 살아온 세대들의 시각도 제 각각이라는 사실이다. 그러나 사람마다 관점은 다를 수 있다며 소통을 들먹이는 그 순간까지도 자신이 피력하는 상대성만이 존중되길 원한다. 그래서 언제나 소통은 행위가 되지 못하고 그저 말에서 멈춰 서 있을 뿐이다.

선배라는 이유로 이제는 다 안다는 듯 말하길 좋아하지만, 알고 있다 생각하는 모든 것들은 그저 지나온 것들을 되돌아보며 내린 사후적 해석에 지나지 않는다. 후배들의 조금 앞에서, 또 당장의 순간값으로 헤매고 있긴 마찬가지가 아니던가. 뒤를 돌아보며 자신의 과거처럼 헤매고 있는 사람들에게 말해줄 수 있는 사실은, 당황하지 말고 침착하게 헤매야 헤매는 시간을 줄일 수 있다는, 정작 자신에게서 사실로 확인이 된 적도 없는, 밑도 끝도 없는 이야기들뿐이다.

그렇다고 선배가 늘어놓는 말 중에 후배들이 모르고 있던 새로운 사실이 있기나 하던가? 선배들은 이미 구전되어 내려오던 가설들을 검증했을 뿐이다. 그렇게 살면 안 된다는……. 그렇기에 그들의 이야기를 귀담아들을 필요는 있다. 삶의 순간순간 잊고 지내기 쉬운 도덕적 원리는 주기적으로 상기시켜주어야 한다. 그러나 도덕률을 넘어서 다가오는 전지적 시점의 충고들은, 걸어온 시간에 대한 과신으로 다른 시간을 예단하는 오만이다. 정작 선배들도 어른들도 여전히 헤매고 있다. 어떻게 살아야 하는 것인가에 대한 문제는, 결국 개개인이 깨달아야 할 n개의 몫이다.

껍 질 을 깨 고

:

새는 알을 깨고 나온다. 알은 하나의 세계이다.
알에서 빠져나오려면 하나의 세계를 파괴하지 않으면 안 된다.

소설 《데미안》의 전부라고도 할 수 있는 이 철학적 대사는 헤르만 헤세가 72회의 정신과 치료를 받은 이후에 나온 것이라고 한다. 껍질을 깨고 나오기 위한 처절한 몸부림 끝에 완성한 자전적 소설은, 문자와 수사의 황금비적 조합이 아닌 몸소 삶으로 이해한 성찰적 함수였다.

그렇다면 우리도 껍질을 깨부수기 위해 미쳐야만 할까? 사실 미칠 수 있는 능력도 아무에게나 주어지는 것이 아니다. 그러나 미칠 것 같은 번뇌 속에서의 미친 듯한 발버둥만이 세계를 허물어뜨릴 수 있다. 그리고 그때에야 비로소 선택의 자유가 허락된다.

세계를 파괴하고 세계 밖으로 나온 새는 신을 향해 날아간다. 그 신의 이름은 '아브락사스'다. 아브락사스는 중동의 다신론적 세계관의 최하급 신으로, 신과 인간 사이를 중계하는 역할이다. 그런데 신이면서도 선인 동시에 악으로 존재하는 하늘이다. 해석하자면 신은 인간세계의 선과 악에 관여하지 않는다는 상징이다.

헤르만 헤세의 페르소나persona('가면'을 나타내는 말로, '외적 인격' 또는 '가면을 쓴 인격'을 뜻한다)이기도 한 주인공 싱클레어는 성장의 어느 순간에 아브락사스를 만나게 된다. 어른들에게 강요받은 도덕이란 가치가 과연 진정성 있는 선인가를 따져 묻기 시작한 것이다. 더 나아가 어른들로부터 강요된 모든 가치에 대해 의문을 품는다. 그런 갈등의 껍질을 깨고 나와 비로소 자유로워졌다는 의미가 하늘로 날아가는 새로 상징된다.

니체가 소설의 주인공으로 등장시킨 차라투스트라는 고대 페르시아의 철학자이면서, 조로아스터교의 창시자이다. 이 종교는 선과 악을 가르는 이분법의 단서를 중동의 여러 종교에 흩뿌리는 기원이 된다. 니체는 차라투스트라를 자신의 분신으로 등장시켜, 기득권들의 자의적인 판단으로 정해진 도덕과 질서가 과연 합당한 명분인지를 묻는 역설을 꾀한 것이다. 차라투스트라가 니체의 질문이었다면, 아브락사스는 헤세의 대답이었다.

의도한 바인지는 모르겠지만, 조세희 작가가 쓴《난장이가 쏘아올린 작은 공》은 언뜻 니체의 철학을 떠올리게 한다. 태생적 장애를 가지고 태어난 주인공이 아무리 발버둥쳐도 벗어날 수 없는 비참한 현실은, 하늘 밖으로 벗어나지 못하고 중력에 이끌려 다시 땅으로 떨어지는 작은 공과도 같다.

니체 관련 저서들에 자주 등장하는 '난쟁이' 역시 '중력'과 관련이 있다. 조세희 작가의 난쟁이가 부조리의 피해자라면, 니체의 난쟁이는 부조리 그 자체이다. 관습과 질서라는 명분으로 끌어안고 있는 체계, 당위와 편리에 길들어 굳이 벗어날 생각조차 하지 않는 세계, 그리고 늘 그것에 끌려다니는 인간에 대한 지적이다. 그런 타성으로의 끌림을 '중력'에 비유한 것이고, '난쟁이'는 그 중력에 의해 키가 작아진 군상들을 상징한다. 군상이란 단어로 한정하기보다는 차라리 심리학 일반에 가까운 인간의 보편적 성향이라고 보는 게 낫겠다. 우리의 절망을 자세히 들여다보면, 우리에게서 익숙한 대로 편한 대로 그 절망에 떠내려가려는 관성이 발견된다는 사실만으로도 검증되는 가설이다.

니체에게 하늘은 신의 주사위가 던져지는 우연의 공간이다. 어떠한 경계도 한계도 없는, 명확함으로 제한되지 않고 막연함으로 열려 있는, 사방이 방향이 되고 길이 되는 무한한 가능성이다. 차라투스트라는 중력을 벗어나 하늘로 오르는 새의 비행을 중력에서 자유로워진 진정한 자기애로 비유한다. 그러나 새는 결코 중력에서 벗어나 있는 존재가 아니라 중력을 이겨내고 날아오르는, 즉 중력의 영향권 안에 놓인 존재다. 다시 중력의 세계로 내려와 쉬어야 하고, 삶을 마치는 순간에도 중력의 세계로 내려와야 한다. 푸른 하늘을 품는 모든 것에게 드넓은 창공보다 먼저 주어지는 공간은 비좁은 어둠이다. 자유에 앞서 주어지는 시간은, 비좁은 한계 속에서 견뎌내야 하는 답답함과 막막함이다. 그 안에서 필사적인 고뇌로 만들어낸 날개이지만, 그것만으로 하늘을 품을 수 있는 것도 아니다. 곤달걀(부화되지 못한 달걀)이 되지 않기 위해서라도 부단한 발길질로 껍질을 부수어야 한다. 생존을 위해서라도 부단한 날갯짓으로 중력을 이겨내고 날아올라야 한다. 익숙한 것들과 강압적인 것들에게서 필사적으로 끊임없이 달아날 수 있는 자신이라야 비로소 자유인의 칭호가 허락되는 것이다.

아이들은 분명 어른들에게서 양분을 취하며 자라나야 한다. 그러나 어른들의 그늘을 벗어나 자신의 세계로 나아가야 하는 어느 날엔 그 양분의 껍질을 파괴해야 한다. 기성세대와의 갈등과 마찰은 반드시 감수해야 하는 성장통이기도 하다. 자신의 어깨를 짓누르는 가치들에서 자유로워진 이후에야, 저 드넓은 우연의 공간을 품을 수가 있다. 그렇지 않은 자, 중력의 곤달걀이 되어 시장통 한구석을 지배하리라.

그리하여 차라투스트라는 이렇게 말했다.

"어른들 말 듣지 마!" (이 부분은 필자의 상상 속 대사다. 실제 《차라투스트라는 이렇게 말했다》에는 이런 말이 없음을 밝혀둔다.)

02
—

우 연 에
대 처 하 는
우 리 들 의
자   세

뒤 돌 아 선   예 언

:

점성술에 심취해 있던 한 수학자가 점성술의 신빙성을 증명하기 위해 자기 죽음을 예언하고 날짜에 맞춰 자살했다고 한다. 별의 예언이 미래를 맞춘 것이라기보다는 사람의 의지가 과거를 따른, '뒤돌아선 예언'이었던 셈이다.

미래를 내다보기 위해 점을 친다지만 실상 우리는 점을 쳤던 과거를 뒤돌아보며 살고, 다가오는 우연을 예상하는 것이 아닌 공시된 필연의 강박을 살아간다. 아름다운 지구에서의 시간을 별의 의지로 살아가려 하는가? 고귀한 자신의 시간을 귀신의 충고대로 살아가려 하는가? 인생의 매 순간을, 태어난 시각에 묶인 예언으로 살아가려 하는가? 그토록 쉽게 천기가 누설될 정도로 신은 불완전한 존재일까? 누설된 천기는 오히려 불완전한 인간의 한계, 즉 그 인식의 오류일 뿐이다.

고대 그리스의 델포이 신전에서 그리스인들에게 내려지는 신탁은 은유적이고 중의적인, 그래서 해석하는 사람에 따라 뜻이 달라질 수 있는 애매한 문장들이었다고 한다. 그런데 뭇사람들에 의해 '숭고한 지혜'로 받들어지고 있는, 동양의 《주역》이란 텍스트의 성격도 이와 같다. 점괘를 뽑은 사람이 알아서 판단해야 한다. 그래서 점괘는 언제나 맞을 수밖에 없다. 해석의 선택과 실천의 결과가 어떻든 간에, 점괘의 은유성과 중의성이 끌어안고 있는 범위 내의 사태이기 때문이다. 《주역》이 지니고 있는 브랜드 가치를 놓고 생각한다면, 해석과 결과의 불일치는 미덥지 못한 인간의 지력을 탓해야 하는 구도다.

신은 '말씀'으로 모든 걸 이루어냈는지 몰라도, 우리는 그 '말씀'이 이루어낸 일부분도 제대로 이해하지 못한다. 인간의 문법으로는 신의 문법을 이해할 도리가 없기 때문이다. 애매한 이 신의 문법은, 결국 인간에 대한 신의 배려인 셈이다. 인간이 스스로 삶을 헤쳐 나아갈 수 있는 지혜를 기르도록 한……

《주역》의 논리는 '뽑은 점괘가 곧 나의 운명'이라는 것이 아니다. 오히려 '나의 운명이 그 점괘를 뽑는다'는 게 맞다. 뭐가 어떻게 다른 말인가 싶겠지만, 필연으로 정해져버린 숙명보다 우연 앞에서의 의지가 앞선다는 뜻이다. 적극적으로 운명에 참여하는 주체적인 삶, 이것이 그 유명한 '신 앞에 선 단독자'(키르케고르가 한 말이다)의 태도다.

지금 시대의 일기예보는 정확히 말하자면 '예측'이 아니다. 인공위성으로 시야를 넓힌 관측일 뿐이다. 옛사람들에게 기후는 예측의 영역이었다. 그러나 항해 도중 갑작스럽게 만나는 자연의 변화는 예측 능력 밖의 사안이었다. 관측의 능력이 닿지 않는 곳이 예측이 일어나는 시작점이지만, 시대가 변하면서 관측과 예측의 범위도 변해왔다.

철학과 과학과 역술의 경계선 역시 감지능력의 확대에 따라 그 위치가 달라졌다. 변하지 않는 사실은, 모르는 것은 하늘에 맡기고 알 수 있는 것에는 적극적으로 참여하는 '생의 의지'뿐이다. 주체적으로 삶을 조망하는 이런 의지의 방법론을 동아시아에서는 '도道'라고 일컬었다.

'文글월 문'이란 한자는 원래 원시부족의 몸에 새기던 문신에서 유래되었다. 인간이 살을 맞대고 있는 모든 현상, 그 현상이 몸에 남기고 가는 문자들로 쓰인 모든 기록이 바로 '인문人文'이다. 삶에 상감象嵌되어 있는 모든 이야기, 사람들이 살아가는 이야기 모두가 인문이다. 그리고 그 인문의 현장에서 통용되는 방법론적 코드가 바로 '도'다. 《주역》에서 말하는, 공자가 말하는, 노자가 말하는 '도'가 모두 그런 의미다. 살아가는 주체와 다가오는 우연과의 끊임없는 대화 속에서 구현되는 예측성과 방향성이다.

숙명론 앞에서는 선택이란 행위가 무의미해진다. 믿음으로 굳어진 체념만이 앞에 서 있을 뿐이다. 예측할 수 없는 우연 앞에 던져졌을 때만이 선택의 가능성도 함께 주어진다. 항해 도중 예상치 못한 태풍을 만났다면, 숙명으로 받아들이고 죽겠는가? 아니면 있는 힘을 다해 살아남겠는가? 방향타를 붙잡고 있는 시간, 그것은 의지가 삶으로 기운 항해이지만 죽음이란 사건이 비껴가지 않을 수도 있다. 방향타를 놓는 순간, 비록 살아날 수 있는 요행의 가능성도 있다 하지만, 그럼에도 삶을 향한 의지는 사라진 죽음을 향한 표류일 뿐이다. 살고 죽는 문제 역시 우연이다. 그러나 삶의 가능성을 높여주는 것은 인간의 의지다. '필사즉생 필생즉사必死卽生 必生卽死(죽고자 하면 반드시 살고, 살고자 하면 반드시 죽는다)'의 결의도 '생生'을 향한 의지로 각오하는 '사死'일 뿐, 방점은 '생生'에 찍힌다.

바위에 꽂힌 엑스칼리버를 뽑아든 청년은 왕이 되지만, 이미 왕이 된 청년에게 엑스칼리버는 명검 그 이상의 무엇은 아니었다. 왕이 될 운명은 전적으로 칼에 있지 않았다. 칼을 하늘 높이 치켜든 두 손에 먼저 담겨 있던 청년의 야망이 신탁에 앞섰던 것이다.

"규화보전을 손에 넣는 자, 무림을 손에 쥐게 될 것이다."

그러나 동방불패의 역설은, 다른 고수들을 물리치고 규화보전을 차지할 만큼 그 자신이 이미 무림 최고의 경지였다는 사실이다.

예언을 담고 있는 사건이 실현되는 순간, 그 사건은 전리품과 영웅담으로서의 가치 이외에는 아무런 의미도 지니지 못한다. 예언이 그것을 가져다준 것이 아니라 스스로가 쟁취한 것이 되어버리기 때문이다. 그렇다면 굳이 다른 누군가에게 복채를 쥐어주면서 나의 운명을 물을 필요가 있겠는가? 착각이고 망상일지언정 스스로가 설정한 숙명을 실현하기 위해 열심히 살아가면 그뿐이다. 당신이 바로 아서 왕이고, 동방불패인 것이다. 당신의 열정과 패기 그리고 끈기가 엑스

칼리버이고 규화보전이다

파스칼의 말이다.

"인간은 불확실한 것을 얻기 위해 확실한 것을 걸고 내기를 한다."

스스로도 확신할 수 없는 문제들을 누구에게 묻고 있는가. 다른 누군가에게 묻기 전에 자신에게 먼저 물어야 할 것이다. 알 수 없는 시간을 위해 이미 알고 있는 시간을 허비하며 살아가고 있지는 않은지를……

우 연 과 필 연 사 이
:

누군가가 발로 찬 깡통이 마침 깡통의 동선을 가로지르던 누군가의 뒤통수를 강타한다. 그 사람은 왜 깡통을 발로 찼을까? 분명 기분 나쁜 일이 있었을 것이다. 그에게는 '우연히 지나가던 사람'이 깡통에 맞은 것일 뿐, 맞힐 의도는 전혀 없었다. 하지만 날아가는 깡통의 궤적과 정확한 타이밍으로 걷고 있던 사람에게 나의 사연과 너의 우연을 이해해주길 바랄 수는 없는 노릇이다. 그래서 상식적인 사람이면 먼저 사과를 한다.

깡통에 맞은 사람은 왜 하필 그곳을 지나치고 있었을까? 왜라니? 그럴 만한 이유가 있었기 때문이다. 지나가던 사람이 깡통을 찬 사람에게 해명해야 할 일은 아니다. 나름의 사연을 담고 날아오는 깡통이었지만, 지나가던 사람의 입장에서는 자신의 의지로 먼저 깡통에게 다가간 것이 아닌, 그저 재수없는 우연인 것이다.

그렇다면 깡통을 찬 사람은 왜 기분이 나쁜 상태였을까? 기분이 나쁜 사람의 눈에는 왜 하필 그 순간에 깡통이 보였던 것일까? 조금 늦게 혹은 조금 빠르게 깡통을 발견했더라도 행인의 머리통을 맞추진 않았을 것이다. 깡통은 왜 하필 거기에 놓여 있었을까? 아마도 시민의식의 부재 혹은 공중도덕 일반에 대한 교육을 제대로 받지 못한 누군가의 비양심 때문이었을 것이다. 도대체 어디까지 거슬러 올라가야 이 사건의 정확한 인과가 밝혀질까? 어디까지가 우연이고 어디서부터가 필연일까?

니체에 의하면, 이 소급의 끝에서 드러나는 인식의 한계점에서 인간은 신을 만나게 된다. 인간으로서는 도저히 납득할 수 없는 우연을 우연으로 내버려두지 않고 굳이 '신'이라는 필연으로 잡아두고자 했던 것이다. 이성의 동물인 인간은 확실한 이유를 찾아야만 심리적 안정을 취할 수 있는 피곤한 존재들이기 때문이다. 그래서 이유를 찾지 못하는 경우에는 곧잘 생뚱맞은 가설을 설정하곤 한다. 그리고 스스로 설정한 가설을 근거로 어떻게든 이유를 발견해내고야 만다.

그러나 깡통을 차고 맞은 당사자들은 이 사건에 관여하고 있는 필연의 퍼센티지에는 관심이 없다. 자신들이 당한 우연을 이해받으려하지도 않는다. 그저 '지금 여기'에서 일어난 사건으로 불쾌해진 당장의 기분이 중요하다. 이해심이 부족한 것이 아니라 '인간적인, 너무도 인간적인' 반응일 뿐이다. 그래서 상식선에서 오가는 사과와 양해가 이어진다. 아무리 독실한 신자라고 하더라도 이런 사연에 신의 지분이 보장되길 원하진 않을 것이다.

인간의 삶은 그저 우연의 연속이다. 원인이 우연에서 비롯되기 때문에 삶의 문제에 대한 정답은 있을 수 없으며, 해답 역시 상대적이다. 살면서 맞닥뜨리게 되는 시련과 고난 역시 어떤 법칙과 원리에 의해 다가오는 결과물이 아니라 삶의 동선을 가로지르던 것들과의 공교로운 타이밍일 뿐이다. 인간 인식의 한계로는 이해할 수 없는 인과율이기에, 우리는 그것을 '우연'이라고 부른다.

현대사회의 화두인 불확정성, 굳이 현대만으로 범위를 한정하는 것이 무의미할 정도로 인류에게는 늘 관심의 주제였다. 알 수 없는 미지의 시간대를 알고자 하는 욕망은, 인간이 지구상에 존재하게 된 그 순간부터 불안을 잉태했다. 인간은 그런 불확실성에 대한 불안을 해결하고자 우연성에 필연의 의미를 부여해왔으며, 인류가 채워온 종교적·도덕적 인생론들이 그런 의미부여의 한 형태이다. 이것은 불안을 피하기 위한 부단한 노력이었지만, 결국엔 지나고 난 뒤에 따르는 사후적 해석을 다음 세대에게 사전적 믿음으로 전수한 것에 지나지 않았다. 해석하는 사람에 따라 달라지는 믿음……. 그래서 인류가 감동하고 사랑하는 숱한 격언에도 불구하고, 우연은 여전히 체계적이지도 논리적이지도 않다. 그렇기에 그것들의 이름이 여전히 '우연'이겠지만…….

기독교는 불운을 더 큰 행운을 '위한' 계기 혹은 언젠가 저지른 죄의 대가로 설명하고, 불교 역시 그 모든 것을 인과로 잇대어진 연기緣起로 설명하며, 납득할 수 없는 경우에는 철저히 인간의 자기반성을 촉구한다. 반면에 극동의 사유방식은 다소 인간에게 관대하다. 그냥 다 우연이다. 불운 뒤에 더 큰 행운이 따라올 수도 있고, 행운이 도리어 악재가 될 수도 있는 가능성에 작위적인 합리를 강요하지 않는다. 원래 그렇게 알 수 없는 무지를 끌어안고 살아가는 것이 인간의 삶이다. 그런 우연 속을 살아가는 '나'라는 필연이 있을 뿐이다. 그러나 한 치 앞을 알 수 없는 인생이기에, 도리어 삶의 순간순간에 내딛는 우리의 걸음걸음이 신중할 수도 소중할 수도 있다는 것이, 공자와 노자의 철학이다.

종교는 인간이 인지하지 못할 뿐, 그것들 모두가 인과의 관계로 연결된 필연의 고리라고 말한다. '카오스'는 인간의 입장에서나 '혼란'이지, 우주 자신에게는 애초부터 '질서'였는지도 모른다. 우연이란 단어가 존재한다는 사실 자체가 인간 사유의 한계를 고백하고 있는 것은 아닐까? 인과의 관계를 인과로 설명하지 못하는 어리석음의 증거가 아닐까? 불확정성은 '원리'가 아니라 인간의 한계로 이루어진 일방적인 '타협'인지도 모른다. 불확정성의 원리, 그것은 신에게는 충분히 확정적일지도 모른다.

니체는 되묻는다. 그래서 이 미미한 인간들이 그런 성질을 '우연'이라고 명명한 것이 아니냐고. 그렇다면 이 미미한 인간들이 욕망해야 할 것은, 확실을 보장해줄 긍정론보다는 '알 수 없음' 자체를 긍정하는 겸허함이 아니겠느냐고.

니체는 인간들이 결코 해석해낼 수 없는 신의 영역에 대해 인간들이 함부로 왈가왈부하는 것 자체가 신에 대한 불경이라고 판단했다.

그렇게 모르는 우연 곁을 스쳐 가는 것이 우리네 인생이고, 그 인생을 깨닫고자 우리는 이 삶을 소비하면서 살아가고 있는 것인지도 모른다. 왜 살아가는 것인가를 알기 위해, 때론 힘들고 때론 아름다운 이 세상에서의 시간을 최선을 다해 살아가는 것이다.

판도라가 상자를 연 이유는 알고 싶어서였다. 그리고 불확실성으로 다가올 수많은 삶의 재앙들이 세상 밖으로 풀려났다. 하지만 상자 속에 남아 있던 희망의 의미 역시, 미래가 어떤 식으로 다가올지는 정해지지 않았다는 '아직 모름'이었다. 아담과 이브 역시 알고 싶어서 선악과를 땄다. 그들은 신의 필연으로 지어진 에덴동산에서 쫓겨나 이 불확실한 세상의 조상이 되었다. 인류의 시작은 알고 싶음의 욕망이었고, 지금도 그 욕망의 유전자로 역사를 이어가고 있다. 그 욕망이 유지되기 위한 전제 조건은 '모름'이 있어야 한다는 것이다.

어차피 알고 싶다고 알 수 있는 것도 아닐뿐더러, 이미 반전을 알고 있는 플롯으로 사는 인생에 감동과 재미가 허락될 리 없다. 모름은 그 자체로 불안일지 모르지만 충동의 방향이기도 하다. 우리의 의지와 행위를 끌어당기는 것들은, 가능성만으로 채워져 있을 뿐, 무엇이 다가올지, 나타날지, 기다리고 있을지를 아직은 알 수 없는 '모름'이라는 매력들이다. 또한 아무런 실체 없이 다가오는 그 텅 빈 시간이, 우리 선택에 따라 다양한 사건들로 분화하면서 허무와 무기력으로부터 우리 삶을 구원한다.

하지만 인간은 자신이 지나온 시간을 데이터 삼아, 다가올 미지의 것들을 단일한 방향성으로 예단하려는 습성을 지니고 있다. 인생은 반복의 연속이라고 생각하지만, 실상 반복은 인생을 대하는 자기 자신에게서 일어나고 있는 것이다. 나라를 구하고 종묘사직을 보존하는 일도 아니건만 어떤 우연 앞에서도 독야청청, 오로지 자신의 필연으로 수렴되기만을 고집한다. 그러면서도 우연적 행운은 간절히 기대하며, 불운의 대부분은 '뜻하지 않게' 일어난다고 생각한다.

니체가 난장이와 대척점으로 배치시킨 개념이 그리스 신화에 나오는 타이탄족(거인족)이다. 신화는 당시를 살아가던 사람들의 가치관으로 창조되고, 이를 전승하는 세대의 가치관으로 변형되는 관념의 텍스트다. 그렇기에 그 스토리텔링 속에는 시대에 참여했던 사람들의 인문적 상징이 가득 담겨 있다. 니체의 난장이가 필연의 상징이라면, 신화 속의 거인은 필연의 범주를 넘어선 거대한 우연의 상징이다. 일본 애니메이션 〈진격의 거인〉이 북유럽 신화에서 모티브를 얻었다는 사실은 널리 알려진 이야기이지만, 그리스 신화에 출연하는 거인들의 역할도 이와 비슷하다. 난장이들은 늘 이 거인에게 짓밟힌다. 그리고 거인들의 침략은 늘 예고 없이, 느닷없이, 난데없이 찾아온다. 즉 인간이 이해할 수 없는 우연적 현상들에 대한 변명 내지 핑계가 되는 존재가 바로 거인이었다.

그런데 그리스의 신들은 이 거인족에게서 태어난다. 제우스의 아버지가 바로 타이탄의 수장이다. 거인족과의 전쟁에서 승리한 제우스는 자신들에게 우호적인 일부를 제외하고는 모든 타이탄을 저승에 가둔다. 이 서사는 무엇을 상징할까? 인간의 상식으로 우연을 거슬러 올라가다가 결국 한계에 부딪히면, 그 이성이 멈춰 선 곳에서 만나는 존재가 신이다. 신은 필연과 우연 사이에 존재하며 '인간'의 이해를 위해 필연과 우연을 중재하는 절대자다. 그리고 인간이 납득할 수 없는 우연에 대해 인간 스스로 내린 답이기도 한다.

신은 필연의 위안을 필요로 하는 인간의 믿음이다. 실제로 신화학에서는 그리스의 신들을 인간의 삶이 투영된 분열적 상징으로 해석한다. 그래서 질투와 배신, 걱정과 분노처럼 인간의 부정적 감정을 주관하는 신까지 존재할 수 있었다. 그리스인들이 지향했던 이데아란 것도 결국엔 이성을 동력으로 하여 신에게 가까이 가는 죽음을 의미했다. 일찍이 철학을 '죽음을 위한 준비'라고 정의했던 소크라테스의 발언도 지극히 당연한 신념이었다. 그러나 아직 신에게 도달하지 못한 인간에게 이 삶은 그저 우연의 연속일 수밖에 없다. 확정적 필연은 오직 죽음이라는 사건 하나 뿐이다.

신 의 도 박 장

:

주사위를 쥐고 있다. 게임에 이기기 위해서는 숫자 6을 얻어야 한다. 확률은 6분의 1. 젠장! 1이 나와버렸다. 다시 주사위를 던진다. 이번에는 정말로 6이 나와야 한다. 그렇지 않으면 판돈을 모두 날릴 판이다. 그렇다면 이번에 숫자 6이 나올 확률은? 다시 6분의 1, 언제 던져도 확률은 6분의 1이다.

하지만 더러 착각들을 한다. 요번에 1이 나왔으니 다음 번에 6이

나올 확률은 5분의 1이라고 말이다. 숫자 1이 적혀 있는 면이 사라지지 않는 한, 그것은 가능하지 않다.

로또 복권을 확률로 예측한다는 사람들의 논리가 이렇다. 전제가 잘못되었다는 생각을 하지 않고, 자의적인 착각에 빠져 경우의 수를 따지고 있는 것이다. 자주 나오는 숫자나, 그렇지 않은 숫자나, 확률은 언제나 같다. 계산이 필요 없는 무작위의 나열 앞에서 굳이 조합과 수열의 상관을 들먹이고 있다.

주사위도 바닥으로부터 1센티미터 정도의 높이에서 자유낙하시킨다면 충분히 원하는 수를 얻을 수 있다. 또, 모든 조건을 정확히 만족시킬 수만 있다면 언제든지 원하는 수를 얻을 수도 있을 것이다. 물론 이런 식이라면 굳이 주사위가 발명될 이유가 없었다. 인간의 의도로 어찌할 수 있는 거리와 힘의 범위를 벗어나서 던져지기에, 주사위는 불확정성의 상징으로 존재할 수 있게 된다. 우연성의 상징인 주사위이건만, 인간은 그 우연의 표상에 필연의 의미를 부여하고야 만다. 6분의 1이라는 확률 자체가 우연을 나누어 가진 필연적 기대이자 바람이다. 그러나 같은 확률이라 하더라도 그 각각의 숫자가 갖는 의미는 매번 다르다. 그전까지 우연들이 쌓아놓은 정황 안에서 다시 처음으로 맞이하게 되는, 또 하나의 우연일 뿐이다. 동일한 숫자가 반복해서 나온다고 해도, 그 숫자의 사건이 의미하는 상황과 맥락은 전혀 다르다. 결국엔 반복이면서도 늘 새로운 사건이 벌어지는 것이다.

니체는 삶의 모든 순간에 주사위를 던진다. 우연과 필연이 맞아떨어지든 혹은 빗나가든 어떤 식으로든 삶의 플롯은 이어진다. 어떤 상황이 닥쳐오더라도 또 어떻게든 살아가는 것이 삶이다. 중요한 것은 숫자의 확정이 아니다. '던짐'이라는 행위 자체의 순간이며, 이미 던져진 주사위가 어떤 숫자가 나와도 상관없다는 미지에 대한 긍정이다. 주사위의 특정 값이 중요한 것이 아니다. 주사위의 어떤 값도 다 중요한 것이다. 인식과 행동의 주체는 주사위가 아닌 '나'이기 때문이다. 내가 밟고 온 순간순간의 우연으로 다듬어진 '나'라는 필연이, 순간순간 다가오는 우연과의 끊임없는 대화 속에 길을 찾아가는 과정, 그것이 인생이다.

"신은 주사위를 던지지 않는다."

불확정성을 전제로 한 양자역학, 그 이론의 대강을 듣고 나서 아인슈타인의 내뱉은 첫 반응이었다고 한다. 하지만 실상 주사위를 던지는 쪽은 신이 아닌 인간이지 않을까? 도박과 내기가 재미있는 이유는, 확신할 수는 없지만 확실히 존재하는 확률에 있다. 낮은 확률일지언정 내가 당첨될 수도 있다는 가능성이 사람들을 잡아끄는 매력이다. 우연성의 담론들, 그것은 인간의 유희적 욕망이 만들어낸 착각인지도 모른다. 인간의 DNA 속에는 알 수 없어야 더욱 재미있다는 무의식이 대대로 유전되어 내려오지 않았을까? 그래서 모르기 때문에 막막하기도 하지만, 그 어떤 가능성도 열려 있다는 기대감에 설레는 게 아닐까. 오래전에 유행했던 노랫말처럼, '우리네 헛짚는 인생살이, 한 세상 걱정조차 없이 살면 무슨 재미'가 있겠는가.

아주 오랜 시간이 지난 후에 그 순간의 의미가 그런 것이었다는 뒤늦은 깨달음으로, 각성보다는 추억의 지분이 더 많은, 한번의 서글픈 미소로 돌아보는 것이 너와 나의 인생이다. 그렇기에 인생이 아름다운 것이기도 하다. 아름답게 돌아볼 수밖에 없는 시점이 되어서야 다가오는 깨달음으로만 깨달아지는 인생. 다른 말로 하자면, 언젠가는 아름다움으로 돌아볼 필연들을 불안과 걱정으로 짊어지고 살아가는 현재이기도 하다.

　우연과 필연은 술래가 되지 않으려 서로의 등을 떠밀고 있는 동시적 사태다. 어디 숨어 있는지 모른다고 화를 내고 숨어 있는 곳을 찾아내겠노라 모든 지형지물에 파괴한다고 해서, 작정하고 숨은 것들이 순순히 자신의 모습을 드러내줄 리 없다. 자신의 삶만 피폐해질 뿐이다. 모질지 못한 마음으로 '못 찾겠다 꾀꼬리'를 외친다고 한들, 그것들은 당신처럼 마음이 약하지 않다. 당신이 찾아낼 때까지 내내 숨어 있는 진득함과 성실함, 그들의 공로가 있기에 인생을 대하는 우리의 태도가 열정적일 수도 있는 것이다. 그 열정으로 찾아낸 수많은 방법론이 스스로를 조금 더 창의적인 인간으로 만들고 있는 것이기도 하다. 우리의 인생은 이렇듯 불확실성 중에 얻어걸리는 어떤 것으로 깨달아진다. 우리는 그것을 '찾았다'라는 능동의 동사로 인식한다. 이것이 삶을 사랑한 철학자 니체가 바라본 우연과 필연의 미학이다.

03
—

내 가
가는 곳이
길 이 다

열 린 체 계

:

'리얼'을 표방하는 예능프로그램들이 〈무한도전〉과 관련한 표절시비
로 시끌벅적했던 적이 있었다. 〈무한도전〉이 원조냐 아니냐, 표절이냐
아니냐의 문제는 차치하더라도, 그들 대부분이 〈무한도전〉에서 한
번쯤 다루었던 아이템을 자신들의 포맷으로 특화시킨 경우들이었다.
이는 〈무한도전〉의 경우뿐만 아니라 재미가 검증된 내용이다 싶으면
너도나도 갖다 쓰는 방송가의 고질적인 병폐이기도 하다. 상도덕보다
는 시청률이 우선하는 현실 앞에서, 더 이상 '포맷의 유사성'이라는
시청자들의 질타는 별 의미가 없는 듯하다.

그러나 안정성이라고 믿고 있던 포맷에 대한 확신은, 안정성이란

견고한 틀에 갇혀 융통성과 유연성으로 진화하지 못하는 한계가 되기도 한다. 애초부터 거시적인 관점으로 진행된 것이 아닌, 단타성에 급급했던 기획이었기에 시청률의 부메랑으로 되돌아오는 것도 당연하다. 그 결과, 수많은 프로그램들이 몇 개월을 가지 못하고 폐지의 수순을 밟는다. 생명연장의 꿈을 포기하지 못하고 시즌제로 버텨보지만, 한번 재미를 본 안정성에 대한 과신은 끝내 떨쳐내지 못한다. 이미 시청자들에게 진부함이 되어버린 포맷은 그대로 두고 새로운 출연자라는 신선함만으로 반등을 꾀하겠다는 생각 자체가 무엇이 문제인지조차도 모르고 있다는 반증이기도 하다. 그 무딘 감각의 프로듀싱에선 얼핏 가면과 복장 디자인만 바꾸어 장수를 누리고 있는 〈파워레인저〉의 모티브가 느껴지지만, 미처 생각하지 못한 것은 시청자들의 연령대. 게다가 그 전략이 맞아떨어질 만한 연령대는 차라리 〈파워레인저〉를 시청한다.

이젠 그 자체로 브랜드가 되어버린 〈무한도전〉의 장점이라면 일정한 포맷이 없는 열린 체계라는 점이다. 재미없는 내용으로 저조한 시청률을 기록할지언정, 체계에 갇혀 이도저도 못하는 구조적 모순이 〈무한도전〉에는 없다. 도리어 다른 인기 프로그램의 포맷을 일회용으로 패러디하는 것에 자유롭다.

〈무한도전〉이 언제나 한 걸음 앞서갈 수 있는 이유는, 안정된 형식이 아닌 불완전한 체계 자체를 즐길 줄 아는 제작진의 철학에 있다. 확연함을 선호하는 타프로그램에 비해 막연함으로부터 단서를 찾아가는 '무한도전' 정신이, 또한 자신들이 내건 타이틀에 걸맞은 자격을 갖추기 위해 들이는 출연진과 스태프들의 자구적 노력들이 바로 〈무한도전〉의 본질이라고 할 수 있을 것이다. 불완의 결핍을 생성의 가치들로 메워나가는 프로그램은 그렇게 진화를 거듭하고 있다.

이런 '리얼'의 형식으로 소설을 쓰는 작가들도 더러 있다. 이들은 미리 머릿속으로 스토리를 구상하는 대신, 일단 감당할 수 없는 문장 하나를 써놓은 후에 캐릭터의 우연과 필연에 따른 서사로 채워나가는 작법을 이용한다. 즉 조물주가 열어둔 모든 가능성 속에서 창조된 것들끼리 자신들의 이야기를 만들어나가는, 이 사바세계의 인문과도 같은 포맷이다. 〈무한도전〉의 리얼 버라이어티가 오래도록 시청자들에게 사랑을 받는 이유가 그런 인문적 요소들 때문이 아닐까?

막장 작가들이 막장을 벗어나지 못하는 이유는, 스스로가 쳐놓은 딜레마의 그물을 걷어낼 수 없기 때문이다. 일단 논란이 된다는 이유만으로 시청률은 확보된다. 시청자들은 막장을 욕하면서도 또 어떤 막장을 펼칠까를 기대하기도 한다. 모든 작가가 욕망하는 '다음 작품이 기대되는'이라는 수식을 막장으로 실현하고 있는 셈이기도 하다. 시청률에 급급해 한두 번 건드린 막장은, 작가 자신의 정체성을 넘어서 한국 드라마의 필수요소가 되어버린 듯하다.

욕을 먹어가면서 막장을 쓰고 싶은 작가들이 있을까? 어찌 보면 자괴감으로 막장을 유지하고 있는 불쌍한 사람들이기도 하다. 인문으로서의 본질은 이미 사라진 지 오래전이고, 시청률과 막장의 상관관계가 작가적 자존심을 대체하고 있을 뿐이다.

길 없는 길

:

개인적으로 가장 좋아하는 아포리즘을 하나 소개하자면, 사마천의 《사기史記》에 나오는 다음 구절이다.

桃李不言 下自成蹊(도리불언 하자성혜).
복숭아와 오얏은 말이 없지만, 그 밑으로는 길이 난다.

유래가 되는 이야기나 담고 있는 상징적 의미는 차치하고, 그냥 읽히는 그대로의 뜻만을 이해해보자. 복숭아나무와 오얏나무 밑으로는 길이 생겨난다. 열매를 따려고 많은 사람들이 나무 아래를 오가기 때문이다. 나무 아래에 돋아 있던 이름 모를 잡풀이 수많은 발자국에 눌려 사라지고, 이름 모를 잡풀 사이로 '길'이라는 공간이 만들어진다. 그렇다면 과연 어느 사람의 발자국에서부터 길로 인식할 수 있는 공간이 존재하게 됐을까? 적어도 열매가 발견된 초창기는 아닐 것이다.

들뢰즈 철학의 키워드 중 하나인 '홈이 파인 공간'이 이런 개념이다. 건물들이 들어찬 공간에 나 있는 골목길, 혹은 양 둔덕 사이를 흐르는 물길을 생각하면 이해하기 쉽다. 골목길과 물길은 언제부터 길이었을까? 건물이 들어서기 전, 물이 흐르기 전에는 그곳에 길이 없었을까? 그전까지는 사람이 지나다니지 못했고, 물이 흐르지 못했을까? 오히려 건물이 들어서고 물길이 생기면서 사람과 물의 동선이 파인 '홈'에 한정되어버린 것은 아닐까?

길은 '인도引導'의 기능도 하지만 '유도誘導'의 기능도 지니고 있다. 내가 가야 할 방향으로서의 확연함이기도 하지만, 다른 길이 있을 가능성에 대한 재고를 방해하기도 한다. 들뢰즈는 길이 지니고 있는 이런 맹점을 지적한다.

로마제국이나 중국왕조의 유적지에 가보면 마차의 폭을 통일하기 위해서 바닥에 파 놓은 두 줄기의 홈을 어렵지 않게 발견할 수 있다. 이전에는 오고가는 마차들의 무게가 남긴 흔적들이 자연스럽게 길을 만들었지만, 나중에는 정책적으로 마차 바퀴를 유인하는 선로가 길의 형태로 등장한 것이다.

스피노자 식으로 정리하자면, 관성의 독단에서 벗어나지 못하는 '경로의존성'의 전제가 길의 '속성'이며, 길 위로 다니는 모든 것들이 길의 '양태'가 된다. '길'로 표현되는 확고한 가치관이, 실상 자신의 신념이 아닌 사회적 무의식의 관성일 수도 있다. 길은 그 자체로 목적지를 향해 가기 위한 명료함이지만, 다른 경로를 절대 생각하지 못하게 하는 '은폐'이기도 하다. 가던 길로만 다니는 습관 때문에 정류장과 지하철역까지의 최단거리가 종종 나중에 발견되는 경우들이 일상에서 흔히 경험할 수 있는 사례일 것이다.

때론 막연함이 의외의 가능성을 품고 있는 길이 되기도 한다. 가지를 치며 헤쳐 나가야 하는 우거진 수풀이, 능력이 된다면 타고 오르는 암벽이 더 효율적인 길이 될 수 있다. 그러나 익히 알고 있는 길 앞에서 잠재적 길은 추호의 가능성도 되지 못한다. 그냥 기억의 지도를 따라가는 것이 편하다고 생각하기 때문이다. 그래서 늘 지나다니던 길 바로 몇 걸음 뒤에 더 편한 지름길이 있다는 사실이, 영원히 알려지지 않는 미래가 되어버리기도 한다.

　사전지식이란 것 역시 인도의 기능과 유도의 기능을 함께 지니고 있다. 아는 만큼 보인다고들 말하지만, 또 그것밖에 보지 못하게 하는 것이 '앎'이기도 하다. 사전지식이 전혀 없는 상태로 대하는 낯선 느낌이 오히려 더 큰 생성을 가능케 하는 '즉자卽自'일 수 있다.

　음악을 세션 별로 분리해 들을 수 있게 된 과도기적 뮤지션에게 말초적 신경으로 음악에 반응하는 무지의 직관이 더 이상 가능하지 않을 때, 혹은 평생 시를 써온 시인의 '시를 모르겠다'는 결론에서 도리어 끝을 알 수 없는 거장의 풍모가 느껴질 때, 앎과 모름의 관계는 기존의 역학구도에서 벗어난 역설적 진리로 존재하게 된다. 도리어 그 생생한 느낌을 한정하는 모든 수사를 걷어낸, 굳이 보려 하지 않아도 보여지는 그대로의 경외감은 오히려 모름 속에 숨어 있는 경우가 많다. 또한 세밀하고 정확한 분석과 조합이 아닌, 그저 우연적 발견과 나열을 통해서 더 큰 앎을 얻는 경우들도 있다.

명 료 함 의　함 정

:

막막한 상황을 두고 눈앞이 '캄캄'하다고들 표현하지만, 눈앞이 '하얀' 막막함은 사람을 더욱 미치게 한다. 동트기 전이 가장 어둡다고?

어둠을 핑계로 댈 수 있을 때가 차라리 그리운 경우가 있다. 어둠은 아무것도 보이지 않는다는 그 자체로 확실성이다. 하지만 보이지 않는 원인을 어둠에게 돌릴 수 없고, 해가 뜨기를 기다린다고 변명할 수도 없는 때가 있다. 이미 빛의 세상인 안개 속에 갇혔을 때가 그렇다. 그래도 발을 딛고 있는 곳 주변 몇 미터는 보이기에 어떻게든 앞을 향해 걸어갈 수 있다. 주변 몇 미터가 보이기에 내가 걸음을 내딛는 곳이 늪이 아님을, 그리고 절벽이 아님을 안다. 내 눈과 발을 믿고 내딛는 모든 곳이 길이 된다.

우리는 도리어 열악한 시계視界 안에 있을 때 길에 집중한다. 길 주위에 널린 사물들에게 시선을 빼앗기지 않기 때문이다. 내가 가고 있는 길에 대한 철저한 이해가 가능해지는 시간은, 사방이 불확실성으로 가로막힌 막막함으로부터 비롯되는 경우가 일반적이다.

확연히 보이기에 한 번쯤은 들러볼 것 같지만, 도리어 보이기에 단 한 번도 밟아보지 않는 장소들이 있다. 내가 가야 할 곳들이 먼저 시야에 맺히기 때문에, 늘 그 자리에 있음을 알면서도 그저 먼발치에서만 바라보고 지나칠 뿐, 한 번도 들러보지 않는 '아! 거기!'들. 어디인지는 알고 있지만, 정작 멀리서 바라본 거기에 무엇이 있는지는 잘 모른다.

거기를 밟아볼 기회는 길이 보이지 않는 안개 속에서 생긴다. 아무것도 보이지 않아 길을 잘못 찾아드는 것이다. 안개가 걷히고 난 뒤에야 항상 저편에서 바라보던 '거기'를 걷고 있는 자신을 발견한다. 그리고 자신이 잘못 들어선 길이, 그전까지는 눈뜬장님처럼 보고도 들어서지 못했던 지름길이란 사실에 놀라는 경우도 있다.

확연함은 그 자체로 쉬운 길이다. 그러나 쉽게 찾은 길이 지름길인 것은 아니다. 확연함만 좇는 인생관들은 막연함 속에 잠재된 가능성을 둘러볼 생각을 하지 않는다. 그리고 어느 날 갑자기 찾아온 막연함 앞에서 허둥지둥만 하다 그것이 정말 시련이었는지 아니면 기회의 다른 모습이었는지를 확인할 수 있는 타이밍도 놓쳐버리고 만다. 막연함은 다가온 현상이라기보다 유연하지 않은 내 사유의 완고함일 때가 많다.

아무것도 확인되지 않은 불확정의 시점에서 도리어 가능성은 배가가 된다. 아직 확인되지 않았기에 가능성은 여전히 양가적이다. 불확실한 것이 확실한 것보다 더 다양한 가능성을 지니고 있다. 그렇기에 아직 길을 찾지 못했다면 도리어 더 많은 길을 잉태하고 있는 가능성의 상태에 놓여 있는 것이기도 하다.

니체는 '명료함'을 개시開示인 동시에 은폐라고 표현한다. 확연함 앞에서는 막연함이 지니고 있는 가능성은 버려지기 마련이다. 내게 이미 구비되어 있는 도식에 맞는 것들만을 받아들이고, 공고화된 도식에서 벗어난 모든 것을 오류로 판단한다. 대상에 대한 건전한 비판과 분석이 이루어지는 것이 아니라, 그저 내 도식을 개진하는 것에 불과하다. 새로운 정보를 얻기 위해 책을 읽는 것이 아니라 나의 견해를 확고히 해줄 증빙자료를 얻기 위해 책을 읽는 것에 지나지 않으며, 자신이 좋아하는 작가의 생각만이 깊고 그의 필력만을 수사로 인정하는 오류들이다.

길은 필요에 의해 만들어지고 발견된다. 그러나 익숙해진 길은 오히려 새로움에 대한 도전을 막아버리는, 공고한 선입견의 벽으로 둘러싸인 '파인 공간' 이상의 의미는 없다. 우리가 경험과 안목이라 맹신하는 기억의 누적, 내 몸에 습관으로 흐르고 있는 시간의 누적, 나 스스로 차곡차곡 쌓아올린 벽이 나를 가둬버리는 것이다. 그 벽을 허물어뜨리고, '홈이 파인 공간'의 범위를 넓힘으로써 막연함을 끌어안는 것이, 차라리 더 효율적인 '길'이다.

낯섦에 내던져진 후에야 그전까지 모르고 있었던 능력이 비로소 발견되는 경우도 있다. 처음 복숭아와 오얏을 발견하고 다가간 자들에게 정해진 길은 없었다. 잡풀 위로 내딛는 걸음이 모두 길이었다. 길이 생긴 이후에 열매를 발견한 사람들은, 길이 사라지면 복숭아와 오얏을 지레 포기해버린다. 스스로 길을 내본 경험이 없기 때문이다.

삶은 미지의 우연을 맞이하게 된 순간이 모여 이뤄지는 파노라마다. 역동성을 제한하는 일정 도식으로 삶이 고착화되는 순간 삶의 주체는 구조의 제약을 받게 된다. 그러나 제약을 받고 있다는 사실조차 깨닫지 못하고, 그 제약 속의 구성원으로서 충성을 다하며 살아간다. 어느 순간부터 삶과의 대화가 단절되는, 즉 도道가 멈추어진 곳에서부터 구조가 나를 대신해 생각하며 결국 삶과의 대화마저 거부하게 되는 것이다. 니체가 제안하는 방법론인 '망각'은, 새로운 발견의 가능성을 더 많이 확보할 수 있는, 노자가 설파한 무無의 생성력이라고도 할 수 있다.

인생에 막다른 길이란 없다. 그저 익히 알고 있는 길 하나가 사라졌을 뿐이다. 길이 막혔다면 다른 길을 찾아보면 그만이다. 그러나 다른 길에 대한 호기심이 없었기에 모색조차 해본 적이 없다. 이래저래 막막한 상황, 그 막연함 앞에 주저앉아 울고 있을 뿐이다.

　도저히 방법을 찾을 수가 없다면, 지금까지 시도했던 방법론은 모두 잊고 처음으로 돌아가는 것이 더 빠른 방법일지도 모른다. 그러나 지금까지 들인 매몰비용이 아까워 출발점으로 돌아가지도 못하고, 애초부터 잘못 들어선 길이라는 사실은 인정하지 않는 채 길 중간에서 끊임없이 헤매는 것이 우리의 인생이다.

망 각 의 힘

:

운동선수가 슬럼프를 겪게 되는 이유에는 여러 가지가 있을 수 있겠지만, 겉으로 드러나는 증상의 공통점은 자세가 무너져 있다는 사실이다. 어느 것이 먼저였는지 모를 모션(동작)과 이모션(감정)이 서로에게 기대어 오류를 유지하고 있다.

　동작이 물 흐르듯 자연스럽게 연결되다 보면, 동작에 대한 의식을 전혀 하지 않는다. 그냥 몸이 기억하는 대로 차고 뛰고 던질 뿐이다. 하지만 무언가 잘못 돌아가고 있다는 판단하에서는 몸에 힘이 들어가고 생각은 많아진다. 그러나 정작 자신은 지금 자세가 얼마나 엉망인지를 알아채지 못한다. 주변의 연이은 충고에도 계속해서 고집을 피우고 무리하게 진행을 한다. 자신은 최선을 다해 몰입을 하고 있기 때문이다. 그러나 그 의식적인 몰입이 도리어 정상적인 컨디션을 더욱 방해하는 원인이기도 하다. 계속 붙잡아봤자 슬럼프는 더욱 길어진다.

순탄하게 진행되는 것 같던 일이 난관에 부딪힌 순간, 생각은 복잡해진다. 하지만 한 가지 생각만을 계속하다 지치는 경우가 대부분이다. '어떻게 해야 하지?' 보단 '왜 안 되지?'에 대한 고민이다. 그래서 지속해온 방법론을 포기하지 못한다. 그 방법론 덕분에 문제의 실마리를 풀었던 것 같기 때문이다. 하지만 앞으로 나아가지 못하는 이유 역시 지속하고 있는 그 방법론 때문이다.

차라리 방법이 떠오르지 않았던 시간엔 이런저런 노력으로 방법론에 대한 다양성이라도 확보한다. 하지만 어느 정도 효과를 본 방법론 앞에서는 변화를 주저하고, 그것을 가슴에서 덜어내지 못한다. 작곡가들은 악기를 떠나지 못하고, 작가들은 더욱 노트북을 부여잡는다. 하지만 그래 봤자 진전이 없다. 반복된 시도로 나도 모르게 암기된 풀이의 패턴이 창조적인 문제해결을 방해하고 있기 때문이다. 그래서 아무리 다르게 생각을 해봐도 아까 그 코드를 벗어나지 못하고, 아무리 다르게 쓸려고 해도 아까 썼던 그 문장이다.

오류를 반복재생하고 있는 패턴이 몸에 배기 전에 일단 멈추어야 한다. 상념도 멈추면 좋으련만, 그것만은 쉽지 않다. 그렇다면 상념의 장소를 옮겨야 한다. 야구선수라면 야구장을 벗어나고, 가수라면 무대를 벗어나고, 글쟁이라면 자판과 책에서 벗어나야 한다. 그래서 인생 선배들은 여행을 추천한다. 낯선 일상과의 조우를 통해, 내가 지금 행하고 있는 '내가 아닌' 패턴을 잊어버리는 것이다.

　물론 낯선 곳에 정답이 있을 리 없다. 복잡함을 안고 떠난 마음에 겹쳐지는 이런저런 회상들로 오히려 마음이 더욱 복잡해진다. 하지만 휘저음을 멈춘 흙탕물이 서서히 맑아지듯, 이미 포화가 된 생각의 침전물들은 가라앉고, 부유물들은 떠오르며, 순수한 걱정과 고민만이 걸러진다. 스스로에 대한 질문의 범위가 좁혀지면서 대답의 단서들이 보이기 시작한다. 혼란의 소용돌이는 이내 질서의 흐름으로 뒤바뀌게 된다.

　다시 돌아온 슬럼프의 현장, 정답을 찾아서 돌아온 것은 아니다. 하지만 조금은 낯설어진 그것들을 다시 마주하는 몸과 마음은 무너졌던 자세를 기억하지 못한다. 물론 제자리로 돌아가 있는 것도 아니다. 하지만 적어도 자신에게로의 회귀를 방해하던 것들은 사라진 상태다.

　물에 빠진 상태에선 자신이 허우적대는 모습이 보이지 않는다. 물 밖으로 나와 다른 이들의 허우적거림을 보고 나서야 자신이 하고 있던 것이 수영이 아님을 알 수 있다. 나에게서 한 발자국 멀어져야 비로소 자신이 보이기 시작한다. 익숙한 일상에서 벗어난 낯선 일탈 속에서 비로소 삶이 다시 보이기 시작한다.

　세상의 위대한 발명과 발견은 엉뚱한 곳을 지나치고 있던 우연 속에 자리하고 있던 경우가 많았다. 지금 여기에 필요한 해답도 엉뚱한 곳에서 생각지도 못한 모습으로, 나의 미련함에 삐져나오는 웃음을 참아가며 나를 기다리고 있는지도 모를 일이다. 잠시 모든 것을 그대로 내려놓아 보자! 잠시 그것에게서 멀어지면 오히려 보이지 않던 부분이 보일 것이다. 내게서 멀어지면 비로소 내가 보이듯이 말이다. 그냥 내버려두자! 오히려 엉뚱한 곳에서 단서가 찾아질 것이다. 익숙해진 풀이의 패턴을 잊어버린 후 다시 문제 앞에 다가선 순간, 그전까지는 미처 생각해보지 않았던 전혀 다른 풀이 방법이 떠오를 것이다.

자신으로부터 떠남으로써 잃어버린 자신을 깨닫는 멈춤, '나'를 멈춘다는 것은 곧 '나'에게로의 회귀이기도 하다. 니체는 이를 자신에 대한 배려라고 말한다.

어느 광고의 문구처럼, 슬럼프에 빠진 당신, 떠나라!

04
—

새로움에
대   한
찬   양

정 도 전 을 위 한 변 론

:

넘쳐나는 퓨전의 홍수 속에 '정통'의 정공법으로 많은 호평을 얻었던 사극 〈정도전〉. 당연한 이야기이지만, 문학사에서 거론되는 주요인물은 일반 역사학의 커리큘럼과는 그 비중이 조금 다르다. 특히나 한문과에서는 대왕 세종과 충무공 이순신의 실록보다 교산 허균과 연암 박지원의 문학관을 해석하기에 바쁘[87]다. 그러나 문사철 모든 분야에서 메이저가 되는 인물들이 있으니, 율곡, 퇴계, 허균, 정조 그리고 정도전이다.

역사에서 차지하는 비중을 감안한다면, 드라마가 너무 늦게 만들어진 감도 없지 않다. 서점가와 학계에서는 오래전부터 재조명하려는 노력이 있었고, 도올 김용옥 교수는 강연을 통해 누차 삼봉의 정신을 피력했지만, 대중의 관심은 미미했다. 그런 면에서 본다면 드라마의 영향력이란 게 실로 엄청난 것이기도 하다. 그렇기에 팩트의 변형에는 신중을 기해야 할 '역사드라마'가 아닌가 싶다. '팩션'이란 명분으로 모든 것을 정당화하려 들지만 말고.

〈정도전〉에 대한 호평은 일반 시청자들에서 그치지 않았다. 전공자 입장에서도 군소리 없이 재미있게 즐길 수 있었을 정도로 잘 만들어진 명품 사극이었다. 명작은 디테일이 다르다는 유홍준 교수의 어록으로 소급해보자면, 연출의 구성력뿐만 아니라 팩트를 담아내는 연기자들의 디테일이 여느 사극과는 달랐다. '성니메'와 '했지비'의 평안도 사투리에서 이미 시청자들은 매료될 준비가 되어 있었는지도 모른다. 팩트의 변형이란 점에서도 이 정도면 드라마적 각색으로 봐야지, 역사왜곡에 대한 문제제기가 끊이지 않았던 〈기황후〉의 잣대를 들이대는 것은 원형에 집착하는 지식의 쓸데없는 아집이다. 어차피 그 원형이라는 것도 이미 승자의 시선으로 굴절된 역사 아니던가.

왕조를 바꾼 혁명의 여정, 그 출발점은 성리학이었다. 그렇다면 성리학이 어떤 사상이었는지에 대해 먼저 알아야 한다. 흔히 '유학'이라 하면 '공자 왈 맹자 왈'로 대변되는 공허한 공리공론쯤으로 여기는 경우가 많다. 틀린 말은 아니지만, 맞는 말도 아니다. 그것은 유학의 이미지가 아니라 주자朱子가 집대성한 성리학의 이미지다. 성리학은 유학의 한 사조일 뿐, 유학을 대변하는 사유체계는 아니다. 성리학을 비판하며 등장한 실학 역시 주자의 관념에서 벗어나 공자의 실존적 가치로 돌아가자는 유학의 르네상스일 뿐, 전혀 새로운 학문이 등장한 사건은 아니었다.

'공자 왈 맹자 왈'이라고 표현되는 희화코드 속에는 정작 공자와 맹자가 아닌 주자가 자리하고 있다. 슬라보예 지젝Slavoj Zizek의 언어를 빌리자면, '공자 왈 맹자 왈'의 이미지 속에 '사라진 매개'가 바로 주자의 관념인 셈이다.

공자의 사상은 시대와 사조, 경향을 따질 수 없을 정도로 광범위하고 보편적이다. 플라톤의 이데아에서부터 보드리야르Baudrillard의 시뮬라크르Similacre까지 거의 모든 서양철학으로 해석이 가능하다. 한문을 조금 공부했다 싶은 사람들은 입에 거품을 물고서 노자의 도道와 구분해 설명하려 들지만, 실상 도가의 정신까지도 아우르고 있다. 오죽하면 도가의 후학들조차도 자신들의 사상을 피력하기 위한 논거로 빈번하게 공자를 등장시키는 모순을 저지를 정도다.

공자는 관념이니 세계니 하는 개념에는 무심하다. 그저 '삶'이란 키워드 하나로 대변될 수 있을 정도로, 삶 이외의 것들에 대해서는 말을 아꼈다. 생각해보면 삶만큼이나 심오한 단어도 없지 않던가. 비트겐슈타인의 표현대로라면, 언어로 설명될 수 없는 질문에는 결코 언어로 대답할 수가 없음에도, 밑도 끝도 없는 질문과 대답을 주고받았던 인류의 정신사이기도 했다. 그런 면에서 '삶도 다 알지 못하면서 죽음을 알려 하는가?'를 물었던 공자의 철학은 차라리 현대철학에 가깝다.

공자의 제자 중에 증자曾子라는 인물이 있는데, 공자의 정신 중에서恕에 담긴 함의를 자신의 키워드로 삼는다. 《논어》를 조금 읽었다 싶은 사람들이 입에 달고 사는 '기소불욕물시어인己所不欲勿施於人'(자신이 원하지 않으면 남에게도 하지 말아야 한다)을 집약한 단어라고 할 수 있다. 공자의 손자인 자사子思는 《중용》의 저자로 잘 알려졌으며, 할아버지의 철학을 증자를 통해 전수받는다. 그리고 이 자사와 증자 계열에서 슈퍼스타 맹자孟子가 등장한다.

성악설 하나로 인지도를 유지하고 있는 순자荀子 앞에 붙는 수식은 '유학의 집대성'이지만, 일반인들의 심상 속에 존재하는 존재감처럼 유학에서는 오랫동안 이단으로 간주되었다. 그러나 당대當代에는 학계를 주름잡는 맹주의 위치를 점하고 있었으며, 그의 문하에서 한비자와 이사같은 법가의 대가들이 나온다. 왜 유가의 스승 밑에서 법가의 사상가들이 나왔을까 의문이겠지만, 학문의 스펙트럼이 넓었던 순자는 다른 계열의 철학에도 관대했다.

《도덕경》에 최초로 주석을 단 사상가가 한비자란 사실 역시, 열린 사유 체계를 가진 스승의 영향이었다. 어찌 보면 순자가 맹자보다 더 공자에 가까운 학자상이었지만, 예나 지금이나 적통의 가장 확실한 명분으로는 혈통만 한 게 없다. 당연히 공자의 손자를 통해 내려오는 맹자 계열이 적통으로 여겨졌고, 이 라인에서 주자가 기다리고 있었다.

고려시대는 불교를 숭상했지만, 상류층의 학문 기반은 유교였다. 모순이 아닌 당연한 시대상이기도 했던 것이, 유교를 위시한 춘추백가는 기본적으로 정치철학이다. 탈속과 해탈의 논리만으로 정사를 논하고 행할 수는 없지 않았겠는가. 그만큼 고려시대까지는 유교와 불교가 배척과 대척의 입장이 아니었다는 의미이기도 하다.

당시 중국에서는 한창 도가와 불교의 형이상학적 관념론이 유행하고 있었다. 언제나 사상계를 주도하던 유가였지만, 이런 세태를 뒷짐지고 방관만 하고 있을 수는 없었다. 그래서 도가와 불교의 관념을 끌어들여 유가의 경전을 새로이 해석해 낸 학자가 바로 주자다. 이때부터 《논어》, 《맹자》 그리고 《예기》에서 분리된 《중용》과 《대학》이 사서四書라는 범주로 묶이며 지식층의 필수 커리큘럼이 된다. 이런 새로운 유학의 경향이 고려 후기에 전래되었고, 그전까지는 오경(《시경》, 《서경》, 《예기》, 《춘추》, 《주역》)이 주를 이루던 지식의 구조가 '사서삼경'으로 재편된다. 그리고 이런 학문적 풍토가 귀족과 호족 사이에서 지식과 사상으로 굳건할 수 있었던 신진사대부들의 힘이었다.

정몽주는 평소에 아끼는 후배였던 정도전을 성리학의 세계로 초대한다. 그리고 맨 처음 건네준 경전이 《맹자》였다고 한다. 엇갈린 그들의 운명은 여기서부터 시작되고 있었는지 모른다.

공자의 사상은 인간과 삶의 심미적 완성에 중점을 두는 반면, 후학인 맹자는 그 정신을 이어받으면서도 그 심미적 완성의 방법론은 혁명에 가까웠다.

주지하다시피 유가의 핵심 사상은 효孝다. 그리고 이 덕목이 사회적으로 확대된 개념이 충忠이다. 그러나 충忠의 대상이 그에 합당한 덕德을 지니고 있어야 한다는 것이 전제다. 동양이 서양보다 절대왕권을 누릴 수 있으면서도, 왕에게서 '신성'을 제거할 수 있었던 명분이 바로 이 덕에 있었다. 왕권신수설이 전제일 경우에는 아무리 부패한 왕조를 무너뜨리고 들어선 새로운 왕조라 해도, 반역의 굴레에서 벗어날 수가 없기 때문이다.

그러나 어디까지나 왕의 반성과 각성을 촉구하는 담론이 있었을 뿐, 신하된 자의 도리는 못난 주인일지언정 충을 다하는 것이 먼저였다. 그런데 맹자의 사상은 여기서 한 걸음 더 나아간, 충언이 통하지 않을 경우는 역성혁명도 불가피하다는 입장이다. 맹자가 생각한 왕도정치를 단면적으로 보여주는 구절은 다음과 같다.

聞誅一夫紂矣 未聞弑君也(문주이부걸의 미문시군야)
일개 필부인 주(紂, 폭군의 대명사)를 죽였다는 말은 들었지만, 군주를 시해했다는 말은 듣지 못했습니다.―〈양혜왕 하〉

君有大過則諫 反覆之而不聽 則易位(군유대과즉간 반복지이불청 즉역위)
임금이 큰 잘못이 있으면 간언을 하고, 반복하여도 듣지 않을 시에는 군주의 자리를 바꿉니다.―〈만장 하〉

하필인지, 마침인지는 몰라도, 정도전이 처음 접한 성리학이 이런 혁명의 정신이었다. 실상 세간의 평처럼 《맹자》의 성격은 급진적이지만은 않다. 논리적으로는 궤변인 경우가 있을 정도로 화법 자체가 강경할 뿐, 그의 키워드인 인仁으로 대변되는 가슴 따뜻한 주제들도 많이 담겨 있다.

　그러나 같은 자극이라도 저마다의 감각계로 감지하는 임팩트가 서로 다르고 이성적 해석이 다르다. 같은 텍스트를 읽고서도 하나는 '삼봉三峰'이 되었고, 하나는 '포은圃隱'으로 남았다는 점에서도 알 수 있듯, 텍스트 이전에 이미 정도전에게는 이런 급진적 기질이 내재해 있었다.

　정도전에게 있어 고려는 희망이 보이지 않는, 갈아엎어야 하는 체제였다. 혁명의 초창기에는 정도전, 이성계와 뜻을 함께한 정몽주였지만 그가 생각한 새로운 패러다임은 새로운 고려였을 뿐 조선이란 새로운 왕조가 아니었다. 같은 혁명의 기치로 뭉쳤으나, 방법론의 경중이 너무도 달랐다. 결코 같은 길을 걸어갈 수 있는 입장이 아니었다. 이성계의 입장에서 정몽주는 백성의 신망이 두터운 충신이자 가장 껄끄러운 걸림돌이면서도 가장 필요한 존재이기도 한 딜레마였다. 그리하여 이방원이 먼저 운을 띄운 〈하여가何如歌〉의 회유책에 정몽주는 〈단심가丹心歌〉로 독야청청했으나, 한때 친한 벗이었던 정도전을 향한 정몽주의 마음은 서태지의 〈하여가〉에 가까웠다. 너에게 뺏겨버렸던 마음이 다시 내게 돌아오는 걸 느꼈다는…….

　역사의 아이러니라고 해야 할까? 정작 조선이 개국되었을 때의 명분은 정도전의 혁명이었지만, 조선이 안정기로 접어들면서 필요했던 것은 정몽주의 충忠이었다. 더군다나 민중을 위로하던 불교를 배척하면서까지 강조한 유가의 패러다임 속에서는, 같은 반역이라도 이성계와 이방원은 새로운 왕조의 군주였지만 정도전은 개국공신 이전에

왕조를 배반한 신하일 뿐이었다. 개혁을 향한 열망이 같았음에도 대중들에게 정몽주는 '충'의 대명사로 남았고, 정도전은 숭유억불의 이미지로만 남게 되었다.

개 선 이 냐 , 전 복 이 냐

:

변증법이라는 정반합의 피드백은, 반성과 각성을 거친 최종의 것이 진리가 된다는 직선적 시간을 발전의 서사로 전제한 사유방식이다. 니체를 비롯한 많은 철학자가 지적한 변증의 문제점은, 반성과 각성 속에서도 전제하고 있는 큰 줄기는 변하지 않은 채 그 이외의 것들만 반성되고 각성되는 구태의연이었다. 즉 하나의 담론이 '절대' 혹은 '보편'이란 권위를 획득하는 순간, 논점을 비껴가는 '개선'의 공회전만이 반복되는 것이다. 그래서 나중에는 문제점을 모르고 있다는 사실을 인정하지도 않을뿐더러, 모르고 있다는 사실 자체를 모르게 된다. 권위에만 의지하고 있을 뿐, 변화의 의지가 전혀 없는 사회문제 모두가 이런 피드백으로 유지되는 실정이다. 대중의 뭇매를 피해보고자 마지못해 변혁을 외쳐보지만, 실상 변화의 큰 필요성을 느끼지 못한다. 권위를 자처하는 입장에서는 그 구태의연한 인습의 시스템이 도리어 편하기 때문이다. 변혁을 갈망하던 입장이었다가도 일단 권위의 범위 안에 진입하면 그 구태의연을 함께 누리는 변절들이 비일비재한 이유이기도 하다.

진부한 것을 알면서도 새로워지지 못하는 이유, 그 진부함의 공고함을 안정성이라고 믿기 때문이다. 그래서 치사하고 비굴할지언정 어떻해서든 기존의 가치와 의미를 유지하며 살고자 한다. 하지만 어쩔 수 없이 맞이하게 된 허물어짐과 무너짐 앞에서는 새로운 길을 모색하는 도전이 차라리 쉬울 수밖에 없다. 허물어지고 무너져 내린 것들에 대한 집착과 미련으로 가슴이 막히지만, 그동안 가려져 있던 것들을 볼 수 있는 시계視界가 열리기도 한다.

이는 니체가 '차이'를 그대로 인정하는 사유로 나아간 이유이기도 하다. 변증은 반성과 개선이기도 하지만, 버려야 할 낡은 가치를 끌어안는 '회귀'이기도 했다. 소위 '니체주의'라고 불리는 사유의 방법론은 절충과 종합이 아닌 선택과 비약이다. 보다 나은 가치가 발견된다면 기존 가치에 얽매이지 않고 과감히 떠나는 것이다. 그리고 이런 태도를 '반복'하는 삶 속에서 많은 가치가 새로이 창출된다. 그 생성과 창조가 있으려면 먼저 소멸과 파괴가 있어야 한다. '해지면 새로워진다'는 노자의 견해와도 일치를 보는 지점이다.

정몽주와 정도전은 둘 다 새로운 가치를 추구하는 시대의 정신이었지만, 개선과 전복의 입장 차이에서 고려의 충신과 조선의 개국공신으로 갈라졌다. 역사가 판단하기에는 역사 자체가 옳고 그름의 명확한 기준이 되지 못한다는 또 하나의 아이러니가 존재한다. 정도전의 '전복'은 시대의 요구였는지 모르지만, 그 전복으로 탄생한 조선역시 또 하나의 고려였을 뿐이라는 점에서는, 정몽주의 '개선'도 그다지 낡은 가치였다고는 할 수 없을 것이다.

2부

구 조 의
무 의 식

05

아 직 도
구 조 주 의

이 방 원 을 위 한 작 은 변 론

:

오이디푸스 신화에 대한 정신분석적 해석의 요지는 자녀의 무의식 속에 아버지를 뛰어넘어야 한다는 강박이 있다는 것이다. 알에서 시작하는 대부분의 영웅 신화의 전형적인 플롯은 영웅에게 권위적일 수 있는 단 한 사람, 바로 부친의 존재에 대한 부정을 의미한다. 이는 비단 영웅만이 지니고 있는 스토리텔링이 아니다. 제우스 역시 아버지를 죽이고 최고 서열의 신이 되었으며, 예수는 요셉을 곁에 두고서도 성령으로 잉태되어야 하는 메시아의 운명이었다.

우리나라의 경우로 예를 들자면, 저 유명한 명제 '엄마처럼 살기 싫었다'의 함의다. 부모에게 강요받는 삶의 가치를 철저히 거부하며 나아가는 주체적인 자아. 그러나 결국엔 부모의 가치를 고스란히 이어받은 자아를 깨닫게 되는 어느 날, 자신이 그토록 싫어했던 아버지보다 더 아버지다운 모습으로 아버지를 '넘어서는' 자신을 발견하게 된다.

이방원이 일으킨 '왕자의 난' 같은 경우는 인류의 무의식을 역사로 증명한 사례라고 할 수 있다. 아버지 이성계를 존경하지만, 태조가 된 아버지에게서 소외당한 야망은, 자신에게 내재되어 있던 아버지의 기질로 아버지를 넘어서고 만다. 형제들을 죽이면서까지 왕위에 오르는 이방원에겐, 스스로를 변호할 수 있는 일련의 맥락이 존재했다고는 하지만, 결코 정당화될 수 없었던 이 과거가 태종(이방원)의 재위 내내 드리워져 있던 트라우마이기도 했다. 게다가 우리는 그에게서 양녕과 충녕이 태어나고, 그 또한 자신의 기질을 나누어 가진 자녀들에게서 소외당하는 〈뿌리 깊은 나무〉의 서사를 이미 알고 있다.

아버지는 자식을 부정하고, 자식은 아버지를 부정하는, 낯설지 않은 구도가 이방원 자신에게서 역사로 반복되고 있었다. 이방원은 이성계를 떠올렸을지 모른다. 아무리 군주의 자리에 앉아 있는 절대권력일지라도, 자신의 마음대로 어찌할 수 없는 자식이란 존재들……. 자신을 바라보던 이성계의 마음 역시 그러했으리라.

드라마 〈정도전〉의 마지막이 더 애잔하게 다가왔던 이유는, 탤런트 유동근 씨에게 있기도 했다. 〈용의 눈물〉에서 양녕대군 때문에 그토록 눈물을 쏟아내던 이방원, 18년 후의 〈정도전〉에서는 이방원 때문에 피눈물을 쏟아가며 미쳐가는 이성계를 연기하고 있었다. 과거와 미래가 혼재해 있는 현재, 아들은 아버지가 되어서야 비로소 아버지의 아들이었던 지난날을 되돌아보게 된다. 그리고 지금의 자신에게서 아버지의 모습을 발견한다.

왕좌를 '욕망의 불구덩이'로 표현하며, 너는 조선을 피바다로 물들일 것이라고 마지막까지 이방원을 만류하던 이성계. 그러나 아버지의 뜻을 꺾으면서까지 왕좌에 오르고자 했던 것이, 이방원의 개인적인 권력욕이었는지에 대해서는 한번 따져 볼 필요가 있다.

불씨는 정도전의 존재로부터 시작된 것일 수도, 신덕왕후의 욕심에서부터 비롯된 것일 수도 있다. 이성계로부터의 소외가 원인일 수도, 이성계의 존재 자체로부터 예정되어 있던 운명이었을 수도 있다. 자신이 왕위에 오르지 않으면 권력에서 밀려나는 정도가 아니라 자칫 목숨을 부지할 수 없는 정치적 역학관계 속에서 만들어진 복합적 무의식이, 일련의 사건 속에 하나의 고리로 참여하고 있는 이방원이라는 사건이었을 뿐이다. 어차피 삶 자체가 불구덩이였던 이방원에게 '왕자의 난'은, 그저 또 하나의 불구덩이에 지나지 않았다. 선택은 불나방으로 타죽든가 아니면 스스로 불꽃이 되어 타오르는 것뿐이었다.

들뢰즈는 정신분석학자인 가타리와 함께 정신분석의 기원이라고 할 수 있는 오이디푸스 콤플렉스를 전면적으로 부정하는 '반오이디푸스' 이론을 내놓는다. 오이디푸스 콤플렉스는 성장과정에서 자연스럽게 거치게 되는 무의식적 갈등이 아니라, 자본사회 이후 도래한 가부장적 가족제도에서 비롯된 폐단이라는 것이다. 즉 '관계'의 문제를 넘어선 '구조'의 문제라는 것이다.

"주사위는 던져졌다."

들뢰즈에 의하면, 카이사르의 개인적 욕망이 그로 하여금 루비콘 강을 건너게 한 것이 아니다. 여러 사건의 배열적 구조가 '루비콘 강을 건너는 카이사르'를 만든 것이다. 주사위는 카이사르의 욕망으로 던져진 것이 아니라, 주사위가 멈추어 나온 수가 카이사르였다.

이방원 역시 그렇게 변호될 수가 있지 않을까? 이방원이 욕망했던 것은 왕좌가 아니라, 자신을 인정해주는 따뜻한 관심이었을 뿐이었다고……. 사랑은 때때로 무관심보다도 더 큰 증오심을 유발한다. 자신이 사랑했던 아버지, 친모 이상으로 따랐던 양어머니, 혈연 이상으로 믿었던 정도전, 저마다의 이념으로 자신에게서 등을 돌렸다고 느껴버린 감정의 경계에서, 이방원은 태종을 꿈꾸기 시작했다. '왕자의 난'은 권력이라는 구조의 한 표현이었을 뿐이다.

욕 망 의 모 순

:

우리는 스스로의 욕망을 따른다고 생각하지만, 실상 대부분이 구조 속에서 타자화된 욕망을 좇는다. 구조주의 관점에서 바라보는 욕망의 주체는, 개인이 아니라 전체를 이루고 있는 체계이다. 개인의 사유 능력 역시 미미하며, 사회의 무의식이 자아를 대신하는 경우들이 많다. '욕망은 타자의 담론'이라는 정신분석학자 라캉의 유명한 명제 또한 주체를 소외시키는 구조를 전제한다. 예를 들자면, 최근에 초등학생들이 많이 적어낸다는 공무원의 꿈과 대기업을 들어가고자 하는 대다수 젊음의 꿈이 과연 자신들 의지의 투영이냐 아니면 시대적 현실의 반영이냐 하는 문제다.

자본의 시대에서 인문의 정점에 서 있는 학문은 경제학일 수밖에 없다. 이념의 시대가 지나간 지 이미 오래이지만, 경제학에서 마르크스의 그림자가 거두어지지 않는 이유는, 흔히 알고 있는 것과는 달리 마르크스는 자본주의를 부정한 적이 없기 때문이다. 단지 자본주의의 구조적 모순점을 지적했을 뿐이며, 그가 지적한 문제점들이 여전히 산재해 있는 자본주의이기에, 경제를 해석하는 모든 학문의 출발선이 아직도 마르크스인 것이다. 사르트르의 말처럼, 언제나 현재진행형일 수밖에 없는 철학인 동시에 사회학이며 역사이기도 한 경제학이다.

그러나 마르크스의 이론과 현대 경제학의 가장 극명한 차이는 포커스가 생산이냐 소비냐에 있다. 현대 경제학에서는 생산보다 소비에 초점이 맞춰진다. 경제생활을 영위하고 있는 개개인들의 관심 또한 생산보다는 소비에 치중한다는 입장이다. 무언가를 창출하기보다는 무언가를 소비함으로써 허무함과 존재감을 보상받으려는 심리는, 현대인들이 무의식적으로 지니고 살아가는 좌절감의 한 표현이다. 대표적인 경우가 버는 돈에 비해 좋은 차를 끌고 다니는 우리나라의 풍토다. 이는 과소비와 과시욕의 문제만이 아닌, 소유에 대한 좌절감이 얽혀 있는 문제이기도 하다. 하우스푸어의 궁핍한 삶을 택하느니,

차라리 소비를 통해 즐김을 추구하고자 하는 현상으로 이해해야 한다는 목소리도 있다.

청춘들이 말하는 꿈이라는 가치 역시, 소비의 가치로 설정된 구조주의적 산물인 경우가 대부분이다. 그들의 무의식 속에는 욕망에 대한 좌절감이 깔려 있다. 이를 직접적인 경험을 통해 스스로 습득한 것이라고 보기는 어렵다. 기성들에 의해 학습된 것이 대부분이어서 이래야 성공하고, 그래서는 밥을 빌어먹고 살기 십상이라는 식으로 주입되는, 실상 기성들도 경험해보지 못한 '통념'들이다. 그 통념의 기준은 결국 '돈'이다. 그래서 선진국에서는 선호도 100위권 밖으로 밀려나 있는 의사와 변호사가 아직도 우리나라에서는 선망의 직업군으로 통하는 실정이다. 그러나 그런 직업군은 머리가 비상한 이들만의 리그라고 인정하는 대다수의 청춘들은, 그보다는 마이너리그이면서도 고액의 연봉을 보장해주는 직업군에 도전한다. 그 결과 청춘의 꿈들이 특정분야로 쏠리는 병목현상이 빚어지고, 경쟁률을 높이면서 점점 더 어려운 게임을 만들어가고 있다.

그런데 이런 문제점에 대한 자각은 쉽지 않다. 무의식조차도 자신의 것이 아닌 도시의 무의식으로 살아가는 현대인들이기 때문이다. 그래서 자신의 적성을 고액의 연봉에서 찾으려 들며, 그것을 정말 꿈으로 알고 자라난다. 막상 이루어진 꿈 뒤에서 자신을 기다리고 있던 것은 자아실현이 아니라 도리어 자아정체성이었음을 깨닫게 되는 원인이기도 하다. 그러나 자신이 그리던 삶이 아니라는 사실을 깨달은 이후에도 그 자리를 쉽사리 떠나지 못한다. 이미 소비의 수준이 결정돼버렸기 때문이다. 원하던 삶은 아닐지언정, 자동차를 굴릴 수 있고, 명품을 소유할 수 있으며, 도시의 서비스를 모두 누릴 수 있다. 그 모든 것을 가능케 하는 월급을 포기할 수 없다. 소비를 위한 돈을 버는 게 목적이 된 이상, 소비가 가능한 상태를 행복으로 믿고 살아가는 것이다.

이는 젊음의 패기를 질타하기보다는, 먼저 질타하고 있는 입장의 소비패턴부터 돌아봐야 할 사안이기도 하다. 정말 청춘들에게 오지랖을 떨 수 있을 정도로 자본의 가치에서 자유로운 삶을 살아가고 있는 기성들인지……. 더군다나 요즘처럼 어려운 시절엔, 직업이 욕망 이전에 생존과 직결되는 문제이다보니, 실업난에 허덕이고 있는 청춘들에겐 적성과 흥미가 반영될 여유가 없다. 이방원의 '난'이 개인적 욕망의 결과가 아니었다는 해석과 마찬가지로, 던져진 구조 안에서 사력을 다해 살아남고자 하는 수많은 이방원의 취업'난'일 뿐이다.

자본을 매개로 하는 세계에서는 꿈이란 가치도 자본에서 자유로울 수가 없다. '예술적 자아'의 표방도 먹고사는 일이 어느 정도 해결되어야 한다는 전제가 출발점이다. 예술적 삶을 말했던 니체, 아렌트, 푸코, 하이데거도 그런 현실적인 고민에서는 어느 정도 벗어나 있는 '교수'들이었다. 그들의 천재적인 사유능력이 매개하고 있던 시대와 환경은 지금과 다르다. 그들이 오늘날의 한국에서 태어난다면 그 천재성이 제대로 된 가치로 환산될 수 있을지는 장담할 수 없는 일이다.

지긋지긋한 돈에서 해방되고자 하는 사람들에게 자유를 선사하는 매개물 역시 돈이 될 수밖에 없는 세상이다. 실제로 오늘날 많은 사람들은 현재 당면하고 있는 문제의 대부분이 돈만 있으면 해결될 수 있다고 생각한다. 그리 틀린 이야기는 아닐 수 있다. 절대로 순수의 가치로 폄하될 하등의 이유가 없다. 돈보다는 꿈을 좇으라며, '마음이 따뜻해지는 101가지 이야기'로 설득한다 해도, 원시자급자족사회가 아닌 이상 102번째 에피소드는 돈일 수밖에 없다. 생계가 보장되지 않는 자아실현 앞에서, 결국엔 그도 자아정체성에 대한 갈등과 불안으로 순환할 수밖에 없는 구도 속에서 어찌 '스펙보다는 꿈'이란 캐치프레이즈를 함부로 강요할 수 있겠는가. 그것들은 분리된 것이 아니라 서로 상감象嵌된 상태다.

아무리 꿈에 대해 명강연을 펼치는 명강사라 해도 자신을 증명할 수 있는 스펙이 구비되지 않았다면, 아예 그런 강연을 할 기회가 주어지지 않을 것이다. '비우는' 행위에 종교인들이 자유로울 수 있는 이유는, 매개하고 있는 세계가 다르기 때문이기도 하다. 즉 그들은 시장에서 자유롭기에 비우는 삶에도 주저하지 않을 수 있다. 시장에서 생산자 그리고 소비자로 살아가는 이들에겐 비워진 공간을 둘러싸고 있는 벽조차 시장의 산물이다.

내가 현실을 사는 것이 아닌, 현실이 나 대신 나의 시간을 살아가는 삶. 멘토들은 그 앞에서 욕심을 버리라는 말만, 꿈을 가지란 말만 해댄다. 그러나 어디까지를 '욕심'으로, 어디서부터를 꿈으로 정의해야 할까? 그러기에는 욕심인 줄 모르고 욕심을 부리고, 꿈이 무엇인지도 모른 채 꿈으로 믿고 있는 가치만을 좇는 현대인들이며, 청춘들이며, 또한 멘토 자신들이기도 하다. 실상 이런 현상은 현대뿐만 아니라 중세에도, 근대에도 존재했다. 그러나 그에 대한 확실한 답변은 중세에도 근대에도 없었으며 현대에도 없다.

구 조 의 심 리 학

:

자급자족 사회에서는 공동체 내에서 공급과 교환이 가능했기 때문에, 굳이 화폐의 필요성이 제기될 필요가 없었다. 그러나 도구의 발달로 인한 생산력의 증대가 가져온 문제는 잉여의 생산물에 대한 처리방법이었다. 그냥 썩히느니 외부와의 거래를 통해 공동체 내에서 생산되지 않는 물건과 바꾸는 행위는 누가 봐도 합당한 처사였다. 자급자족 시스템에서 생산되지 않는 물건들은 공동체 내에서는 굳이 필요가 없는 것들이었다. 즉 공동체 내에서는 생필품이 아니었던 것들이 외부와의 교환을 통해 공동체 내로 들어오기 시작했다. 공동체 내에서는 소비될 일이 없는 잉여의 가치가 교환의 수단으로 쓰이기 시작하면서 점점 지불의 개념을 획득하게 되었다. 마르크스의 이론에 의하면, 자생적 공동체의 품이 아닌 그것이 멈추는 경계에서 화폐의 개념이 생겨난다.

교환의 편이를 위해 생겨난 화폐는 그 자신이 지니고 있는 가치로 모든 생산품에 가격을 매기는 바로미터가 되고, 예전에는 처치 곤란이었던 잉여의 생산물들이 화폐로 상환되면서 부가 쌓이기 시작한다. 교환되고 소비되던 가치가 저장되기 시작한 것이다. 이제 필요한 만큼만을 생산하는 것이 아니라 부의 축적을 위해 일단 생산부터 하고 본다. 효율적인 생산을 위해 생산도구는 점점 더 진화하고, 생산 시스템에서도 전문화, 분업화가 이루어진다. 그 결과 수요와 공급에 따라 가격이 책정되면서, 어제 산 물품과 오늘 산 물품의 가격이 달라지기 시작한다. '경제'가 발생한 것이다.

문제는 인간의 필요가 아닌 시장에서 책정되는 가격에 따라 공급이 조절된다는 점이다. 그 결과 인간의 편의를 도모하기 위해 만들어진 화폐가 도리어 인간의 필요를 좌지우지하는 기준이 되어버렸다. 자본주의를 비판하는 철학자들의 핵심은, 자본주의 사회의 상징인 '자유'를 비집고 들어와 오히려 개인을 구속하는 자본의 구조적 모순이다. 인간이 하나의 인격으로서가 아니라 공급되는 부품으로 '세어지는' 현실, 마르크스는 이런 비인간적인 속성을 지적했을 뿐이다.

'구조주의적 모순'이란 마르크스의 사적유물론에서 비롯된 개념이다. 처음에는 개인의 욕망과 편의를 최대한으로 구현하고자 성립된 사회적 협의가 나중에는 도리어 개인을 제한한다는 이론으로, 훗날 소쉬르의 언어학과 라캉의 정신분석으로 이어진다.

한국 사람에게 푸른 산과 푸른 바다의 '푸른'은 서로 다른 색이지만, 다른 나라 사람들에겐 엄밀히 'green'과 'blue'로 구분되어야 한다. '앞으로 가다'와 '앞으로는 이런 일이 없을 거야'에 쓰인 '앞으로'는 둘 다 어떤 기준보다 앞서 있다는 뜻의 '앞'이지만, 영어로 번역하면 전자는 'front'의 뜻이고 후자는 'after'의 뜻이다. 우리는 순수한 대상을 인식하는 것이 아니라 이미 언어로 개념화된 표상을 인식한다. 그 결과 언어를 배움과 동시에 언어에 담겨 있는 사회의 무의식까지도 습득하게 된다. 언어는 생각을 정리하고 표현하는 기능을 지니고 있지만, 동시에 언어체계에 비껴나 있는 사유방식을 배제 혹은 소외시키기도 한다. 즉 자신이 납득할 수 없는 견해와의 접점을 찾지 못하는 현상들은, 생각 이전에 말이 통하지 않는 것이다. 사유 체계의 근원은 바로 그 사람의 세계를 지배하고 있는 언어라는 것이 소쉬르의 입장이다.

라캉은 소쉬르의 '언어'에서 '욕망'과의 호환성을 발견한다. 우리는 태어나 처음 부모로부터 언어를 배운다. 이렇게 언어를 습득하는 과정에서 부모의 가치관까지도 전수받는다. 그런데 언어를 습득하게 되는 최초의 동기는 자신의 욕구를 관철시키기 위함이라는 것, 즉 '엄마'를 부르게 되는 동기는 '맘마'를 위해서라는 것이 라캉의 입장이다.

신에게 죽음을 언도한 니체는 종교와 신앙 자체를 이런 구조주의적 모순으로 보았다. 인간이 느끼는 불안에 대한 대답으로 설정된 신은, 그 존재 자체만으로 이 세상을 살아가는 사람에겐 정신적 위안이었다. 그러나 역사의 어느 순간부터는 신이 인간의 현재 삶을 위해 존재하는 것이 아닌, 죽음 이후의 시간을 위해 존재하는 개념이 되어버렸다. 삶을 위한 종교가 아닌 종교를 위한 삶, 마르크스의 일갈을 빌리자면 '천상의 힘으로 지상을 지배하는' 형국이 되어버린 것이다.

개인을 제약하는 구조적 문제를 놓고 볼 때, 신은 화폐의 속성과 유사하다. 마르크스는 자본을 아예 세속적인 신으로 규정했다. 신의 가호로 살아가던 세상에 자본의 가호가 도래한 것이다. 담론의 중심은 더 이상 예수 그리스도가 아닌 가룟 유다이며, 모든 것을 이루어 내던 신의 '말씀'은 모든 걸 가능케 하는 돈으로 대리가 돼버린 실정이다. 타고난 환경을 그저 신이 부여한 소명으로 알고 살아가던 인류는, 이제 자본주의의 프레임 안에 배치된 어느 한 포지션을 점하고자 인생을 소비하는 형국이 되었다. 한 인격으로서의 자신이 아닌 안정적인 구조를 유지하기 위한 톱니바퀴로 전락한 것이다. 그러나 톱니바퀴들의 착각은 자신들의 욕망으로 시간의 바늘이 돌아가고 있다고 생각한다는 점이다. 시계를 필요로 하는 상부구조의 욕망이 자신들을 움직이고 있다는 생각은 결코 하지 않는다.

이렇듯 욕망의 근저에는 개인의 가치가 아닌 사회의 무의식이 존재한다. 그러다 보니 욕망은 자신의 기호로 밀고 나아가는 것이 아니라 자본의 논리에 끌려가는 것이 된다. 자신이 하고 싶은 것보다는 돈이 될 만한 무언가에 혈안이 되는 세태. 음악은 아이돌과 섹시를 포기하지 못하고, 청춘들은 대기업 입사 너머에 행복이 있을 것이라는 막연한 기대로 영어를 놓지 못한다. '차이'의 다양성보다는 소위 '먹힐' 만한 것들에만 혈안이 되어 있는, 즉 다양성이 보장되지 않는 사회. 창조와 생성보다는 호황과 트렌드의 분석과 조합으로 탄생하는 문화. 이는 철학이 규정하는 '발화된 자아'들의 특성이기도 하다. 철학적으로 미화된 표현일 뿐, 결국엔 생각 없이 산다는 이야기를 그렇게 고급스럽게 돌려 말하고 있는 것이다. 그저 관성에 머무는 게 더 안전하고 편한 방법이라고 생각한다. 그래서 도통 판이 바뀌질 않는다. 걸핏하면 스티브 잡스의 '무모'와 '갈망'을 들먹이면서도, 끝내 '긍정'과 '힐링'을 포기하지 못하는 출판계도 모순이긴 마찬가지다.

06

연극
속에서

소 유 와 소 속

:

영화 〈트루먼 쇼〉에서 트루먼은 자신이 살아가고 있는 세상이 커다란 세트장이란 사실도, 자신의 삶이 시청자들에게 관찰당하고 있다는 사실도 알지 못한다. 그러나 트루먼은 이미 관찰의 시선을 느끼고 있다. 인간의 삶 자체가 타인에게 관찰되고 있다는 전제하에서 이루어지는 연기다.

트루먼의 타자로 등장하는 배우들은 시청자들과 마찬가지로 비밀을 공유하고 있는 트루먼의 관찰자이지만, 그들 역시 시청자들에 의해 관찰당하는 입장이다. 트루먼과 차이가 있다면, 관찰당한다는 사실을 감지하는 영역이 무의식과 의식으로 나뉘어 있다는 정도다. 그렇다면 시청자들은 어떨까? 그들 역시 타자의 시선 속에서 살아가는 페르소나들이다. TV 안에서 펼쳐지고 있는 트루먼의 삶을 향한 시선은 '훔쳐보기'에 앞서 '돌아보기'인 셈이다.

프로듀서는 세상 밖에서 세상을 만든 신의 입장이다. 세계의 비밀을 알아버린 트루먼에게 프로듀서는 마이크로 지시를 내린다. 트루먼에게 프로듀서의 음성은 하늘 아래로 울려 퍼지는 '말씀'이 된다. 그러나 신 역시 시청률이란 '절대정신' 앞에서 시청자들의 시선을 의식할 수밖에 없다. 아이러니는 세트 밖에 있던 신이 이미 세트 속에 들어와 있는 것이나 다름없다는 점이다. 트루먼의 신은 세상 밖의 절대적인 존재가 아니라 세상에 참여하는 인문적 존재이면서 동시에 자본적 존재였다.

우리는 순수한 나의 모습으로 살아가지는 않는다. 태어나는 그 순간부터 관계를 유지하게 되는 사회적 존재에게, 아무것도 매개하지 않는 순수의 존재는 애초부터 성립 불가능한 개념이다. 우리에겐 '나'로서가 아니라 남들이 '나인 줄 아는 모습'으로 살아가는 시간이 더 많다. 즉 대부분의 시간을 '나'로 살기보다는 타자의 인식 속에 존재하는 '너'로 살고 있는 것이다. 그런데 내가 생각하는 '나'조차도 순수한 내가 아니라, 이미 세계와 관계하고 있는 세계의 한 부분일 뿐이다. '남자는 배, 여자는 항구'라지만, 항구의 정의를 완성시키는 것은 배고, 배는 항구의 일부인 것과 마찬가지다. '나'와 '너'의 접점에서 발견되는 3인칭 주인공 시점이라는 모순, '나'의 무의식 속에 잠재해 있는 수많은 타자의 담론들이다.

"너답지 않게 왜 이래?"

"나다운 게 뭔데?"

일상에서 쓰기에는 다소 손발이 오그라드는 질문과 대답이지만……, 이 명대사, 아니 명대화에서 알 수 있듯, 상대가 생각하는 '나'는 따로 있고, 정작 나는 나 자신에 대해서 잘 모른다.

"난 누군가? 또 여긴 어딘가?"

이 물음에 대답하기 쉽지 않은 이유는, 자아가 오롯하게 독립적인 매트리스를 지니고 있지 못하기 때문이다. '나'에게 있어 자아는 소유인 동시에 어딘가로의 소속이다. 소속을 이루고 있는 수많은 개체들, 그 사이를 흐르는 시선 속에서 '너'로서 규정되는 '나'. 즉 자아는 집단의 문제이기도 하며, 그렇기에 내가 누구인지에 대한 대답은 내 발이 걸치고 있는 세계 전체까지 고려해야 답할 수 있는 문제다. 관계의 범위가 점점 더 넓어지고 있는 현대인들은 자아의 문제에 대해 전문가의 소견까지 필요한 지경에 이르렀다.

우리 세계는 서로의 시선으로 직조되어 있는 형국이다. 그렇기에 우리는 결코 타자의 시선에서 자유로울 수 없다. 그 시선들이 부담이면서도, 권력인 동시에 욕망이기도 하기 때문이다. 청년실업의 문제도 그런 시선의 욕망을 충족시키지 못한 좌절감에서부터 짚어봐야 할 사안이다. 시선을 소유하고자 하는 것은 곧 시선에 소속되려는 욕망이기도 하다. 학생이라는 소속으로 있다가 처음으로 소속을 잃어버린 채 사회로 내몰린 청춘들의 방황은 교육에 쏟아부은 그간의 매몰비용으로 아무것도 소유할 수 없다는 박탈감으로부터 시작된다.

소유와 소속은 같은 것이라는 니체의 결론을 뒷받침하는 전형적인 사례가 오늘날 청춘들의 현실이 아닌가 싶다.

시 선 의 욕 망

:

욕구위계 이론의 최정점에 자리하고 있는 자아실현이란 것도, 결국 엔 타자의 시선에 걸려 있는 욕망이다. 타자의 시선이 닿지 않는 곳 에서는 굳이 자아와 피아가 구분될 이유가 없다. 결국엔 '자아'도 남 들과 더불어 살아가는 사회에서만이 '실현'이 가능한 사안이다. 어떤 면에선 남의 시선을 의식하지 말라는 말처럼 공허한 결론도 없다. 그 러나 이 공허함이 숨기고 있는 함정은, 타자의 시선이란 것이 결국엔 자신의 욕망이 빚어낸 환영이라는 점이다.

우리는 인생을 곧잘 연극에 비유한다. 그리고 내 삶의 주인공은 '나'라는, 조금은 식상한 주제가 항상 뒤따른다. 우리는 관객의 시선 에 노출된 연기자다. 그리고 주인공의 삶을 연기한다. 자신이 무대 위에서 행하고 있는 모든 동작이 관객들에게 '상연'되고, 관객들의 시 선에 닿고 돌아오는 자신의 시선으로 상상한 모습이 자신의 머릿속 에 '상영'된다. 그 각자의 시선으로 연극이 이루어지고 있는 것이다.

상연과 상영의 이미지는 같지 않다. 그래서 남들이 보는 '나'와 내 가 상상한 '나'의 속성에는 차이가 있다. 남의 시선을 염두하는 자의 식이 조금 더 미화된 모습을 상상해낸다. 오가는 시선의 변증 속엔

'상영'의 지분이 더 많은 셈이다. 겸손과 양보, 희생과 봉사, 심지어 나눔과 사랑 속에서도 우리는 연기를 한다. 그것은 오롯하게 상대를 위한 것이 아닌, 선의로 점철된 자신에게 도취되어 행해지는 경우도 적지 않다.

선거철이면 민생으로 출두하는 정치인들은 감정과 동작 모두가 과도하게 과장되어 연출되는, 진정성 없는 연기를 펼치고 있는 페르소나들임을 우리는 모르지 않는다. 그러나 정치인들 수준까지는 못 미칠 뿐, 우리 모두가 그런 시선의 욕망을 지니고 있다. 그래서 우연히 가시거리 안으로 들어와 있는 목격자를 필요로 하며, 여의치 않다 싶을 땐 의도적으로 초대하기도 한다.

결국 페르소나라는 것도 '타자의 시선'을 전제한 자기 믿음이며, 과잉된 몰입으로 설명될 수 있는 일종의 자애감이기도 하다. 그 단적인 예가 바로 '넌 내가 얼마나 힘들 줄 알아?'의 명제다. '명제'라고 표현한 이유는 질문의 형식을 취했지만, 그 자체로 대답이기도 하다는 점에서다. 이 퀴즈에 대한 올바른 대답은 없다. '몰라!'도 안 되고, '알아!'도 안 된다. 모른다고 하면 상대에 대한 무관심이며, 돌아오는 대답은 '그럴 줄 알았다' 혹은 '그것 봐!'다. 그러나 '나도 네 마음 알아!'처럼 위안을 착취하며 얄깥게 다가오는 위로도 없다.

"넌 몰라! 네가 알긴 뭘 알아?"

이어지는 대답은 항상 이렇다. 그럴 거면 차라리 묻지나 말던가, 그 말을 들어주는 상대방이 얼마나 힘들지는 생각하지 않는다. 그냥 이 세상에서 자신이 가장 힘들고 안쓰러운 존재여야 한다.

니체는 이런 경우를 고행과 수난으로 타인에게서 존재감을 쟁취하려는 욕망으로 규정한다. 우리의 일상생활에서 흔히 겪을 수 있는 또 다른 사례가, '누가 더 힘든 시절을 보냈는가'를 놓고 겨루기를 하듯 늘어놓는 '왕년'의 영웅담들이다. 그러면서 차라리 그때가 좋았노라 하며 아름답게 회고하는……. 다시 가라고 하면 못 간다는 술회로 마무리되는……. 정작 남들보다는 평탄한 시절을 살아온 이가, 남들보다 나약했던 시절을 소중함으로 붙잡아두고 있는 '진상'인지도 모를 일인데 말이다.

'절망'의 행위를 남세스럽다고 지적하고자 함은 아니다. 오히려 그 반대다. 조언에 대한 강박이 있는 자들은 흔히 절망에 빠져 있는 이에게 너 자신부터 사랑하는 법을 배우라는 말을 반복한다. 그러나 관심이 없으면 실망도 없는 법. 절망하고 있다는 것은 스스로를 사랑하고 있다는 반증이기도 하다. 절망은 자존감에서 비롯되는 행위다. 그래서 역사에 한 획을 그은 어떤 위대한 사상가도 '절망'을 부정한 적은 없다. 정말로 위험한 상태는, 절망조차 하지 않으며 모든 것을 놓아버리는 평온함이다. 그러나 절망의 역치(반응을 일으키는 데 필요한 자극의 세기)를 높이고자 한다면 스스로가 상상하고 있는 타자의 시선을 분산시킬 필요가 있다. 남들은 당신이 생각하는 것만큼 당신에게 관심이 있는 것은 아니기 때문이다.

07

타 자 의
담 론

본 질 을 겉 도 는 표 상

:

(선우가 묻는다)

"저한테 왜 그랬어요? 말해봐요."

(보스가 대답한다)

"넌 나에게 모욕감을 줬어."

― 영화 〈달콤한 인생〉 중에서

　틀어질 대로 틀어지고, 비껴갈 대로 비껴간 두 남자의 의리는, 더 이상 갈 곳 없는 파국의 끝자락에서 언뜻 별 의미 없어 보이는 의리에 관한 대사를 주고받는다.

질문을 던진 선우 스스로도 알고 있다. 보스가 나에게 왜 그런 짓을 했는지를……. 그러나 당신이 아끼는 희수에게 자신은 마음을 준 적이 없다는 듯, 보스에게 따져 묻는다. 보스의 대답 속에도 희수는 없다. 너의 충정심이 이전 같지 않았다는 뉘앙스로 에두른, '모욕감'이라는 단어로 대리하고 있을 뿐이다.

선우는 재차 묻는다.

"아니 그런 거 말고, 진짜 이유를 말해봐요. 저 진짜 생각 많이 해봤는데, 저 정말 모르겠거든요."

선우는 알고 있다. 그 모욕감이 무엇을 의미하는지. 이유가 무엇인지에 대해서 많이 생각한 것도 아니다. 자신이 확신하는 단 한 가지의 이유만을 수없이 곱씹었을 뿐이다. 그러나 자신은 결백하다는 듯, 설움에 겨운 시선으로 보스의 이마를 겨눈 포커스. 그 모욕의 의미가 정확히 무엇이었는지에 대한 물음이라기보다는, 자신의 예상이 틀리지 않았음을 확인하고 싶을 뿐이다. 그러나 보스는 한 치의 흔들림도 없는 눈빛으로 선우를 응시한다. 보스는 끝내 선우의 질문에 선우가 원하는 대답을 주지 않고, 다른 질문을 던진다.

"도대체 무엇 때문에 흔들린 거냐? 그 애 때문이냐?"

보스의 질문이 깔고 있는 전제는, 자신은 '그깟 여자 하나' 때문에 부하를 질투하는 그런 못난 남자는 아니라는 것, 너의 흔들림에 관한 정당한 처사였을 뿐이었다는 것이다. 선우는 '그깟 여자 하나' 때문에 보스를 저버렸거나, '그깟 여자 하나' 때문은 아닐지언정 흔들렸다는 증명에서 벗어날 수 없는, 어떤 대답도 변명이 되어버리는 상황이다. 보스는 '그깟 여자 하나'에 대한 문제에서 한 발자국 벗어나 있다. 의리를 겉도는, '그깟 여자 하나'로 빚어진 '충동'과 '질투' 사이에서 보스는 질투를 숨길 수 있었지만, 선우의 충동은 드러날 수밖에 없었다. 논리와 심리, 모두 보스의 승리다. 선우는 둘의 사이가 왜 이런 극단으로 치닫게 되었는지를 보스에게 물었지만, 그에 대한 대답은 결국 자기 자신이었다. 일련의 사건들이 자신의 잘못으로 일어난 일들이 되어버렸다. 선우는 이제 여자에 대한 충동 때문에 의리를 배신한 그런 남자다. 선우의 '충동'은 방아쇠로 이어지고 만다.

〈달콤한 인생〉의 이 마지막 시퀀스는 영화를 위한 미학이기에 앞서 실생활에서도 종종 연출되는 남자들의 세계이기도 하다. 사소한 서운함에 감정이 상해도 그 문제에 대해서는 절대 언급하지 않는다. 당장의 순간에는 대범한 척 웃어넘기지만, 어색한 웃음만큼 비집고 들어오는 서먹함을 제때 해소하지 못하면, 전혀 의도한 바가 아니었음에도 관계가 소원해지기도 한다. 골이 깊어지기 전에 한 번쯤 대화를 시도했다면 간단하게 해결될 일 같지만, 그것이 말처럼 간단하지 않다. 스스로가 '사소함'이라고 정의할 정도로 별거 아닌 사안을 다시 거론한다는 자체가 '남자다움'과는 거리가 먼 '삐침'을 증명하는 일이기 때문이다. 더 골이 깊어진 후에야 주먹의 대화로 폭발하는 일은 있어도, 결코 속내를 드러내지 않는다. 나는 결코 삐친 게 아니라는 사실을 유지하기 위해서 서로에게 애먼 질문들만 늘어놓는다. 가령, '나한테 요즘 왜 그러냐?'에 대한 대답으로 '뭐가?'라는 질문을 다시 던지는……. 실상 마음의 소리는 둘 다 '내가 왜 이러는지 몰라서 그래?'이다. '남자다움'의 표상이 빚어내는 궁상의 역설이다.

　선우의 질문은 '너 나한테 요즘 왜 그러냐?'에 해당한다. 나는 너한테 최선을 다했다. 그런데 네가 어떻게 나한테 이럴 수 있는가에 대한 질문을 선점한 것이다. 실상 보스를 향한 '모욕'은 이때부터였다. 당신은 남자답지 못하게 삐쳐 있다는. 그러나 보스의 대답은 '뭐가?'가 아니었다. '내가 왜 이러는지 몰라서 물어?'였다. 이미 한참 전부터 너에게서 '모욕'을 받았다는, 삐침의 고백이다. 그러나 결코 너처럼 여자에게 흔들린 감정의 문제가 아니라, 남자 간의 의리에 대한 문제라는 사실을 표명한 것이기도 하다. 이 구도에서는 차라리 삐치는 것이 배신하는 것보다 몇 배 더 가치 있는 남자의 덕목이 되어버린다. 그리고 의리도 없는 게 남자답지도 못하다는 '모욕'은 선우에게로 되돌아간다.

우 월 치 의　미 덕
:

공허함을 알면서도 지켜야 하는 남자의 '도덕', 그 중 하나가 '의리'를 다른 어떤 가치보다 중시해야 한다는 일종의 연대의식이다. 그러나 솔직한 '마음의 소리'를 억지스럽게 떠밀어내는, 피곤하기 그지없는 상징적 폭력일 때도 적지 않다. 가기 싫어도 가야 하고, 하기 싫어도 해야만 한다. 특히, 남성들의 술자리에서 두드러지는, 객기와 호기의 경계를 아슬아슬하게 넘나드는 치기가 대표적인 사례일 것이다.

나의 사회성을 주량과 술자리 참여도로 검증받기 위해서는 마시기 싫어도 마셔야 한다. 나는 남자니까! 남성의 평균치를 깎아먹는 오차 따위는 되고 싶지 않다는 괜한 자존심. 이 비합리 속에서 서로 어려운 게임을 만들어가는 남자란 족속들이다.

물론 이런 대타자적 전제는 여자들에게서도 발견된다. 가령 길에서 만난 모르는 아이에게 다가가 귀엽다며 쓰다듬는 낯선 손길 중에는, 모성의 본능이라기보다는 작위적이고도 과도한 연출로써 자신의 여성성을 증명하고자 하는 경우들이 아예 없어 보이지는 않는다. 마치 자신은 이만큼이나 아이를 예뻐한다는 듯……. 그리고 이런 행위가 일어나는 현장에는 남자 친구이든 동성 친구이든 늘 관찰자가 있다. 하지만 자기 아이가 예쁨을 받고 있음에도 아이 엄마의 표정이 밝지 않은 경우도 분명 있다. 본능이든 연출이든 요즘 같은 시절엔 적정의 수준을 모르는 무리수들이 자칫 아이 엄마와의 싸움으로 번지기도 한다. 그 역시 낯선 손길로부터 아이를 지키고 싶은 모성이건만, 그런 본능에 대해서는 공감대가 없는 듯하다. 남자들은 다소 이해하지 못하는 습성이기도 하다. 아이가 귀엽지 않아서가 아니라, '모르는 아저씨가 말 걸면……'의 '모르는 아저씨'로서 지켜야 할 거리감, 그것을 모성에 대한 예의라고 생각하기 때문이다. 모성의 본능까지는 아닐지라도 공감능력은 남자에게 더 있다고 해야 맞지 않을까?

'남성'과 '여성'을 대표하는 속성은 개인들이 모여 이룬 산술적 평균이 아니라, 가상의 좌표 위에 설정된 '미덕'에 준하는 '우월한 평균치'일 때가 많다. 체면과 정절을 중시했던 조선시대의 가치가 아닐지 언정, 아무리 시대가 바뀌고 의식이 변해도 타자의 시선을 염두하며 연출되는 남자와 여자의 표상들이 존재한다. 그런데 그 타자라는 사람들이 결국엔 표상을 연출하고 있는 남자이며 여자이기도 하다. 시선의 주체이면서도 객체가 되어 서로의 논거와 사례로 순환하는 구도다.

분명 우정보다는 사랑이 더 소중한 가치인 사람들이 있고, 욕망의 대상이 서로 다른 감정을 같은 기준으로 비교한다는 것도 상식적이진 않다. 그러나 실제가 어떻든 미덕의 담론 속에서 우정이 더 높은 위치를 차지하는 게 사실이다. 진정한 우정이라면 우정이 택한 사랑에도 예의와 의리를 다해야 한다는 생각까지는 하지 않는다. 분명 표현에 서툰 모성도 존재한다. 살갑지 못할 뿐 모성이 덜한 것도 아니다. 오히려 그 서투름이 진정성의 한 표현이란 사실까지는 생각하지 못한다.

'미덕'의 표상들은 보편으로의 회귀 근거로 존재하며, 개인에게 그 기준에 부합할 것을 은근히 강요한다. 사회학 이론으로 설명하자면 이른바 '소속의 욕구'다. 관계 속에서 이탈하기 싫어하는 사회적 동물의 '본능'인 것이다. 이 본능은 자본주의가 표방하는 미덕의 표상인 '소비'로 이어진다. '소속은 곧 소유'라는 니체의 어록은 이렇게 사회학과 경제학으로도 증명이 되는 통찰이기도 하다. 그래서 중·고등학생들의 '등골브레이커'를 치기 어린 허영심과 과시욕으로만 치부할 수 없는 것이다. 그다지 욕망하지 않는 아이템이라도 '관계'라는 문제에 얽히면서 '욕망'이 될 수밖에 없다. 남자는 남들도 다 지니고 있는 자동차를 소유해야 하고, 여자는 남들도 다 지니고 있는 명품백을 소유해야 한다. 서로가 다 지니고 있는 '남들'이 되어주면서 시장을 키운다. 결국, 자동차는 의리의 산물이며, 핸드백은 모성의 연장이라는 궤변.

"넌 나에게 모욕감을 줬어."

우리는 서로가 모욕감을 주거나 받는 자극제로 존재하고 있는 셈이다. 그리고 그렇게 오가는 모욕감 속에 기업들이 돈을 번다. 사회학과 경제학의 인문적 보편성으로 설명해내기에는 한국에서 유독심한 현상이기도 하다. 그만큼 한민족의 유대감이 강하다는 반증일까? 아니면 체면과 명분을 중시하는 유교문화의 관성일까? '비쌀수록 잘 팔린다'는 '베블런 효과veblen effect', 한국에서는 '과시'하고자 하는 일부의 욕망보다는 '무시'당하지 않으려 하는 다수의 욕망으로 실현되고 있는 실정이다. 결국 경제 전반에 걸쳐 한국은 외국 기업에게 '봉'이라는…….

가 상 의   타 자

:

"남들은 다 괜찮다던데……."

설득이 쉽지 않을 때 자신의 의견을 관철하기 위해 꺼내드는 궁극의 카드는, 누구인지가 명확하지 않은 불특정 다수를 논거로 삼는 것이다. 그러나 간과하고 있는 사실은, 설득에 실패한 대상 역시 당신의 논거로 존재해야 하는 '남들' 중 한 명이어야 한다는 점이다. 그런데 설득에 실패한 대상이 배제된 '남들'이란 집단은, 실상 실재하는 현상이라기보단 자신의 욕망으로부터 분리되어 나온 허구적 표집일 때가 많다. 당연히 그들에게 의견을 물어본 적도 없다. 자신의 직관이 모두가 공감할 수밖에 없는 '보편' 혹은 '공감', 적어도 '기발'이라는 전제하에서 설정되는 가상의 데이터일 뿐이다.

욕망의 환영들로 산출되는 관념의 평균치, 대표적인 사례가 그 유명한 '엄마 친구 아들'과 '친구 남편'이다. 그들은 절대 상부구조에 속해 있는 선망의 모델이 아니다. 적어도 내게서 구현되어야 할 보편이라고 생각하기 때문에 그토록 욕망하는, 이른바 '남들처럼'의 논거다. 재미있는 사실은, 그 '남들'이 영위하고 있는 구체적인 삶의 맥락으로 들어가 보면, 모두 저마다의 고민으로 힘들게 살아가고 있다는 점이다. 도리어 세상에서 자기가 제일 불행한 줄 알고 사는 인생들도 적지 않다. 그러나 그 '각자의 데이터'가 '타자의 평균'으로 환원될 시에는 행복의 기준으로 둔갑한다.

우리는 부단히도 '남들처럼', 혹은 '남들보다'의 기준으로 자신의 삶을 비교한다. 남들이 가진 것을 소유하기 위해서, 혹은 남들이 소유한 것을 자신도 소유함으로써 '남들'에게 소속되고자 한다. '남들'은 분명 명확한 기준이 아닌 '허상'이지만, 너도나도 소유하길 원하기에, 결국이 '남들'이라는 집단은 무언가를 공통적으로 소유하게 되는 '현상'으로 존재하는, 결과가 원인으로 순환하는 괴이한 구조가 된다.

'왜 나만 이럴까?'

전적으로 나의 무능과 불성실 때문만은 아니다. 어떤 다른 인연이 기다리고 있기에 이렇게 비껴가고 있는 것인지도 모른다. 그러나 '남들'로 소급되지 못하는 현실 앞에서는 자신의 삶도 '타자화'된다. 평균으로부터의 거리감은 개성과 희소의 가치보다는 결핍과 결함으로 느껴지기 십상이고, 심할 때는 도덕적 자책으로까지 이어진다.

소속에 대한 강박이 짓누르는 상황에선, 선택에 대한 판단은 조급하게 이루어질 수밖에 없다. 여기서부터 청춘들의 비극이 시작된다. 직업은 적성과 포부가 아니라, 남들과 같은 '소비력'의 자격을 부여해주는 곳이면 된다. '꿈'이라는 그야말로 꿈같은 단어는 청운 너머 저 멀리 안드로메다로 사라지고 만다. 그러나 그렇게 원하던 '타자의 평균'에 소속되었다는 안도감도 잠시, 결국 내가 원했던 삶은 이런 게 아니었다며 '각자의 데이터'를 회복하게 되는 '순환'으로 회귀한다.

이런 문제는 인생의 전제를 행복으로 규정하고, 그 잣대인 '타자의 평균' 역시 행복으로 전제하기 때문에 빚어지는 오류다. 자신도 남들처럼 행복해져야 함에도, 남들만큼 행복하지 않은 자신의 현실을 결핍으로 느끼는 것이다. 인생이든, 타자든, 행복을 전제하는 것이 문제될 것은 없지만, 행복의 정의가 스스로 설정한 욕망에 부합하는 완벽한 만족감이라는 것이 문제가 된다.

석가모니는 인간사의 전제를 고통으로 봤다. 우리는 욕망 너머로 가기 위해 고통을 짊어진 채 발을 끌며 걸어간다. 그리고 그 욕망이 실현되면 또 그 너머의 욕망을 갈구한다. 결핍이 채워지는 순간, 만족은 무화無化가 되고, 새로운 결핍을 설정하는 무한 반복. 고통이란 결국 능동적으로 반복하고 있는 허무이기도 한 셈이다. 그래서 프로이트는 욕망을 완전히 충족시키는 방법으로 죽음을 제안하기까지 했다.

들뢰즈의 욕망이론은 같은 결론이면서도 다른 해석을 내놓는다. 그에 따르면 욕망은 결핍에서 기인하는 것이 아니라 생성의 결과다. 욕망이 실현된 상태에서는 기존의 결핍이 채워진 것으로 느끼지 못하고, 또 다른 수준의 결핍을 욕망하게 된다는 것. 결국, 욕망이란 무한히 생성되는 결핍 자체라는, 라캉의 '욕망 자체를 욕망하는' 명제의 다름 아니다.

욕망은 욕구와 달리 충족되지 않는 속성을 지닌다. 욕구의 불만은 그럭저럭 해소될 수 있지만, 욕망의 불만은 결코 해소되지 않는다. 그리하여 행복은 언제나 등거리로 떨어져 절대로 다가오지 않는 무지개로 존재한다.

들뢰즈는 충동구매를 조금 더 구체적인 예로 든다. 이런 소비 패턴은 욕망하는 물건을 사는 것이 아니라 욕망하고자 물건을 사는 것이다. 즉 욕망의 대상은 구매품이 아니라 구매 행위 자체다. 소비의 목적은 제품의 기능보다는 소비라는 행위 자체에서 얻는 심리적 안정감이다. 물건과 관계하고 있지 않은 나 자신의 공허함을 채우고자, 늘 구매에 대한 갈증으로 유지되는 피드백이다.

'남들'이라는 가상 역시 행복의 공허함을 대신하기 위해, 결코 만족할 수 없는 욕망으로 설정해 놓은 충동의 피드백이다. 결국엔 '행복하지 않음'을 유지하기 위한……. 도대체 뭘 어쩌라는 것이지 모를, 도저히 답이 나오지 않는 불만들에 대한 현실적이고도 확실한 대안을 제시해준 인물은 아무도 없었다. 공자, 소크라테스, 예수, 석가모니도. 나 개인적으로 가장 공감가는 대답을 적어보자면, 염세주의 철학자라고 불리는 쇼펜하우어와 긍정의 철학자라고 불리는 니체의 상반되면서도 그리 다르지 않은, 그도 결국엔 인식의 전환이라는 범주를 벗어나지 못하는 방법론이다.

쇼펜하우어는 인도철학에서 영감을 많이 받은 철학자로 알려져 있지만, 그에 못지않게 《탈무드》 또한 많이 인용했다. 그래서 쇼펜하우어의 철학을 욕망에서 한 걸음 떨어져서 삶을 관망하는 종교적 '관조'로 해석하는 이들도 있지만, 고집불통의 철학자란 수식과는 다소 어울리지 않는 키워드이기도 하다. 아무튼 그의 해법은 고통을 기꺼이 감수하면서 욕망대로 살아가든가, 만족의 수준을 낮추든가를 선택하라는 정도로 해석해야 온당하지 않을까 싶다.

삶에 대한 쇼펜하우어의 전제는 행복이 아니라 고통이다. 그리고 그것은 좌절된 욕망으로부터 기인한다. 인생이 차라리 낮은 역치로부터 시작되기에 오히려 작은 행복도 소중할 수 있다는 쇼펜하우어식 염세주의가 지니는 역설이다. 이는 쇼펜하우어의 저서를 읽고 철학자의 길을 택했던 니체가 쇼펜하우어에게 결별을 고하며 갈라져 나온 지점이기도 하다.

니체는 삶의 순간들을 긍정으로 충만한 가능성으로 보았다. 그러나 그 가능성이 '인생은 비극'이라는 전제에서 시작되고 있다는 면에서 쇼펜하우어와 그다지 다른 견해도 아니다. 욕망을 없애는 방법, 즉 고통을 없애는 방법은 열반뿐일까? 아니면 모든 욕망을 버리고 무소유의 삶을 택해야만 하는 것일까? 이도 저도 아니라면, 고통자체를 긍정하는 수밖에 없다. 그야말로 'No pain, No gain'이다. 기대하지 않았다면 실망하지 않았으리라. 사랑하지 않았다면 상처받지도 않았으리라. 그럼 평생 기대하지 않고 사랑하지 않고 살아가겠는가? 쇼펜하우어의 대답이 '네 마음대로 하세요!'라면, 니체의 대답은 'No!'이다. 아프고 슬플지언정, 기대하고 사랑하겠노라고 대답한다. 다가온 것이 아픔과 슬픔이라 하더라도 기꺼이 맞이하겠노라고……

〈she's gone〉의 매끄러운 고음처리를 욕망한다면, 목에 핏대를 세우는 도전을 멈추지 마라. 피를 토해내며 득음을 하게 되거나, 아니면 임재범의 〈고해〉 정도는 부를 수 있는 가창력을 갖추게 될 것이다. 이것이 절망으로 절망을 넘어서는 니체식의 긍정이다. 피를 토하면서까지 고음을 고집하겠다면 얼마든지 욕망해라! 그렇지 않다면 지금 당장 리모컨을 집어 들어 키를 낮춰라! 이것이 쇼펜하우어식 부정이다. 고통을 넘어서고 싶다면 먼저 고통의 담벼락에서 욕망의 벽돌을 빼내어 높이를 낮추라는 것, 그렇지 않다면 욕망의 높이까지 고통을 감수하라는 것이 쇼펜하우어의 행복론이다. 욕망의 높이만큼 고통의 깊이를 끌어안으라는 것, 이것이 니체의 행복론이다.

욕망은 결핍의 허기일까? 생성적 충동일까? 철학자들의 복잡하고 난해한, 종교인들의 단순하고 피상적인 설득에도 불구하고 충족되지 않는 현실을 우리는 절망이라고 인식한다. 어쨌거나 그것들을 해

갈할 수 있는 방법론은 간단하다. 스스로 넘어서든가 아니면 만족의 역치를 낮추는 것이다. 힐링과 긍정의 담론들은 여기에서 한 발자국도 벗어나 있지 않다. 그러나 인생의 비극은, 만족의 역치는 쉽게 낮아지지 않고, 욕망을 넘어설 수 있는 도약력은 쉽게 고양되지 않는다는 점이다. 인생의 전제를 행복으로 규정하고, 그 잣대인 '타자의 평균' 역시 행복으로 전제하며, 행복의 기준이 욕망 자체라는 문제로 다시 '순환'한다. 결코 좁혀지지 않은 괴리의 틈바구니에서 행복전도사들이 여전히 밥을 먹고 산다.

사 랑 그 대 로 의 사 랑

:

서로에게 지쳐 헤어지게 된 두 남녀는, 과학의 힘을 빌려 서로가 사
랑했던 시간을 아예 기억에서 지워버린다. 서로를 떠나보냈지만, 그
와 그녀를 따라가지 않은 상처로 들러붙어 있던 기억들을 차라리 들
어내기로 한 것이다. 하지만 망각과 망각 사이에 여전히 흐르고 있던
인연은 다시 서로를 서로의 앞에 데려다 놓았고, 그와 그녀는 처음으
로 기억하는 두 번째 사랑에 끌리게 된다. 그러나 서로가 서로에게서
지워냈던 그와 그녀였다는 사실을 알게 된 이후, 기억에서 지워낸 이
별까지도 재연되고 만다는 것이 영화 〈이터널 선샤인〉의 줄거리다.

　　러닝타임 내내 그들을 비추고 있던 햇볕은 겨울 햇살이었다. 여전히 환하지만, 결코 따뜻하지 않은……. 여전히 사랑의 속삭임을 습관적으로 내뱉지만 더 이상 온기를 느낄 수 없는 그런 사랑의 비유인 듯한……. 내가 여기 있고, 너 역시 여기 있다는 것을 확인시켜주는 밝음 이외에는 아무런 의미도 아닌…….

중간에 삽입된 알렉산더 포프의 시 한 편으로, 영화는 사랑에 관한 감독의 생각을 대변한다.

처녀의 제비뽑기와
잊힌 세상에 의해 잊혀가는 세상과
흠 없는 마음에 비추는 영원한 빛과
이루어진 기도와 체념된 소망은 얼마나 행복한가.

사랑을 확신할 수 없는 거리에서 서로에게 끌리던 설렘. 거절이 두려워서, 상대를 그저 시선 안에만 잡아두기도 하고, 인연으로 상기시키려 우연을 가장해 서로의 시선 안으로 나타났다 사라지기를 반복하기도 한다. 그러나 막상 가까운 거리에서 마음껏 지켜볼 수 있는 사이가 되고, 사랑하는 사람에 대해 많은 것을 알게 되면, 사랑은 식어가고 그 냉각의 속도만큼 사람은 지쳐간다.

사랑은 오해에서 시작된다. 그가 아닌 그인 줄 알았던 모습에 끌린 그녀와, 그녀가 아닌 그녀인 줄 알았던 모습에 끌린 그가 만나 사랑을 한다. 시간이 지나면서 한꺼풀 착각을 벗겨낸 커플은, 그 언젠가 '미지' 뒤에 서 있던 지나간 날의 '그'와 '그녀'를 한없이 추억하며 서로에게 따져 묻는다. 예전의 너는 어디로 갔느냐고…….

　이미 알아버린 '그'와 '그녀'에게 받은 실망과 상처를 그럭저럭 용서하며 끌어안기도 하지만, 포화점을 넘어버린 얕은 설렘의 기억에 맺히는 눈물이 되어, 사랑의 끝자락에서 꺼지지 않으려 분투하고 있는 작은 불씨 위로 떨어지고 만다. 그리고 싸늘히 식어간 심장이 지어 보이는 차가운 미소를 상대의 마지막 시선에 남기며, 이별의 승자가 되기를 원하는 어리석음을 저지르기도 한다.

　사랑의 이유는 단순하다. 바로 '너'이기 때문이다. 이별의 이유도 단순하다. 더 이상 '너'를 견디지 못하는 '나'이기 때문이다. 훗날 찾아오는 깨달음은, 사랑도 이별도 그 모두가 너를 향했던 내 이기적인 욕망과 관대한 '나'인 줄 알았던 합리적인 착각 사이에 채워져 있던 무지의 결과였다는 사실이다. 그와 그녀에 대해 미처 다 알지 못한 것들, 그 뒤늦은 각성보다 한발 앞서 찾아오는 반성은 너와 향했던 사랑이란 것이 그저 너를 지켜보던 나에 대한 것들이었다는 사실이다. 그리고 내 틀에 맞춰넣기 위해서 덜어내버린 너를, 내가 사랑하지 않았다는 사실이다.

　니체가 내린 사랑의 정의는 안 줄 수가 없어서 줄 수밖에 없는 것이다. 니체의 화법답지 않게 순애보를 말하고 있는 같아 보이지만, 니체의 부연은 니체답게 까칠하다. 흔히 우리가 하는 사랑이란 게, 사랑의 대상을 사랑하는 것이 아닌 대상을 향한 자신의 사랑을 사랑하는 것이라는……. 그리고 가까워질 때가 아니라 헤어질 때야 비로소 서로의 인연이 강하고 깊다는 사실을 깨닫게 되는 것, 그것이 사랑이라는…….

　그때는 미처 알지 못했던 이별의 또 다른 서사를, 이미 한참을 흘러온 오늘의 우연 속에서 깨닫는다. 그와 그녀가 떠나간 것이 아니라, 그와 그녀를 내가 떠나보냈다는……. 네가 없는 '지금 여기'에서 네가 있던 '언젠가의 여기'를 다시 상기하며, 너와 내가 같은 시간과 같은 공간에 함께 할 수 있다는 것이 얼마나 큰 행복이었는지를 뒤늦게야 깨닫는 것. 그것이 사랑이다.

바 넘 효 과 Barnum Effect
：

여자에 관한 니체의 애증을 대변하는 대표적인 아포리즘.

　"남자들은 자기들 멋대로 여성의 이미지를 규정해놓고, 여자는 남자들의 이미지에 맞추어 산다."

　이 문장은 여자만을 비꼰 것이라고도 할 수 없다. 인간을 풍자했다고 해야 맞지 않을까 싶다. 더군다나 여자들에게만 국한되는 이야기도 아니다. 남자들도 여자들의 시선을 기준으로 터프가이와 로맨틱가이를 선택해 자신으로 유지하며 산다. 여자들은 흔히 남자는 여자를 의식하고, 여자는 다른 여자를 의식한다는 말을 진리처럼 믿고 사는 경향이 있다. 그러나 니체의 견해로 돌파하자면, 그 또한 박약한 논리의 자기변호일 뿐이다. 다른 여자를 의식한다는 것은 그 여자가 남자들의 시선에 어떻게 비칠까를 염려한다는 뜻이기에 결국엔 남자를 의식하고 있다는 결론이 나온다. 또한 그런 논리로 치자면 남자도 다른 남자들을 의식하며 산다. 다른 점이 있다면, 여자들의 기준이 다른 여자가 몸에 걸치고 있는 모든 것이라면, 남자들의 기준은 다른 남자의 자동차 열쇠에 박힌 브랜드로고라는 정도. 이 구도가 안고 있는 아이러니는 어떤 남자는 여성의 시선을 의식하며 여성으로 살다가 죽고, 어떤 여자는 남성의 시선을 의식하며 남성으로 살다가 죽는다는 사실이다.

정작 화성인들도 다 공감하지 못하는 이유를 화성인의 전형적 특질로 설정해놓고, 그것으로 금성인을 설득하겠다는 것인지 화성인을 설득하겠다는 것인지가 애매했던 어느 베스트셀러. 그러나 적지 않은 오류들이 산재해 있던 그 텍스트는, 화성인들은 금성인에 관한 부분만을 읽고 금성인들은 화성인에 대한 정보만을 취하면서 '베스트셀러'가 되었다. 남녀의 실제 성질이 어떤 것인지에 대해서는 관심이 없고, 작가의 기준으로 취합하고 분류한 사례연구를 토대로 다른 별에서 온 외계인들에게 임상실험을 해보지만, 검증되는 것은 '이별'뿐이다. 당연한 결과이기도 하다. 우리 삶은 사례로 정리될 수 있을 정도로 논리적이거나 서사적이지 않다. 더군다나 사랑의 문제는 더욱 비합리적인 성질의 것들이다.

남녀가 사랑에 빠지는 데에는 그저 '너'라는 간단한 이유밖에 없다. 헤어지는 이유 역시 그렇게 어렵지 않다. 서로 싫어졌거나 이젠 더 이상 서로를 좋아하지 않기 때문이다. 단지 그 싫은 이유가 혹은 더 이상 좋지 않은 이유가 명확하지 않을 뿐이다. 그렇게 서로 싫어서, 더 이상 좋아하지 않아서 이별을 말하지만, 그 이별이 아파서 다시금 되돌아보는 사랑 뒤에는 여자는 어떻고 남자는 어떻다며 상대에게서 원인을 찾는 부질없는 노력이 남아 있다. 재미있는 점은, 아직 더 좋아하는 쪽에서 이별의 원인을 찾아내고자 하는 수고를 아끼지 않는다는 점이다. 자신이 왜 '싫음' 혹은 '좋지 않음'의 대상이 되어버렸는지, 그 납득할 수 없는 결과에 대한 이유를 찾아내야만 마음이 편해지기 때문이다. 인간의 이성이란 게 때로는 그렇게 쓸데없이 합리적이다. 더 재미있는 점은, 어떻게든 그 이유를 찾아낸다는 점이다.

내 모습 그대로보다는 사람들이 아는 나의 모습과 나처럼 보이고 싶은 모습으로 살아가는 시간이 더 많은, 관계 속의 삶. 그러나 사랑의 관계 앞에서만큼은 나도 미처 알지 못했던 '나'를 적나라하게 들키기 마련이다. 내가 얼마나 옹졸하고 유치한 인간이었는지를, 내가 얼마나 나약하고 감정적인 인간이었는지를……. 우리 대부분은 사랑 앞에서 담대하지 못하다. 그러나 그런 모습이 싫어서 그냥 착각을 한다. 네가 그랬기 때문에 나 역시 어쩔 수 없었노라고……. 그리고 이 시간 이후부터 담대하겠노라, 지혜롭겠노라는 다짐으로 이별에 관한 지침서들을 집어 든다.

화성에서 온 남자와 금성에서 온 여자는 지구에서 만난다. 그렇다면 함께 살아가는 이 지구에서 벌어지고 있는 맥락을 이해해야 하는 게 당연함에도 불구하고, 각자의 거리로 떨어져 서로의 생태를 관망하면서 책으로 배운 지식에 대입만 할 뿐이다. 결국 사랑 속에 너와 나는 없고, 화성인과 금성인만 존재하고 있는 셈이다. 사랑을 책으로만 배운 사람들의 특징, 사랑을 잘 알고 있다고 자부하면서도 사랑으로 인해 펼쳐지는 의외의 상황 앞에서는 거의 속수무책이다. 자신이 아는 공식에 끼워 맞추어 사랑을 해석하고, 아는 원리대로 사랑을 하다 여의치 않으면 다시 다른 책을 집어 든다. 분명 끼워 맞출 수 없는 패턴들도 존재하지만, 최대한 비슷한 경우를 찾아 대입하고 자의적 해석까지 동반하면서, 스스로 담론의 사례와 논거가 되기를 마다하지 않는다. 화성에서 온 남자와 금성에서 온 여자의 지구탐험기는 결국엔 맞는 이야기가 되고 만다는 이 어처구니없는 아이러니.

니체에게도 자신의 일생을 함께하고 싶을 만큼 사랑했던 사람이 있었지만, 가장 슬픈 사랑으로 끝나고 만다. 죽을 때까지 독신이었던 니체가 사랑했던 여인, 니체뿐만이 아닌 당대 많은 지식인의 흠모를 받았던 루 살로메. 니체가 그녀에게 청혼을 했다가 거절당한 사연은, 니체를 좀 공부했다 싶은 사람들에겐 늘 거론되는 스캔들이고, 니체에 발을 담그고 있는 텍스트의 상당수가 이 이야기로 분량을 채운다.

니체는 사랑과 여자에 관한 어록도 많이 남겼다. 독신으로 사는 자신의 처지에 대한 항변이었을까? 사랑에 관해서는 전문가인 양, 이젠 사랑 따위는 지겹다는 듯 조금은 냉담한 어조로 일관한다. 뭐가 그렇게 꼬였는지, 여성을 바라보는 시선이 곱지 않은 것도 사실이다. 이런 니체의 성향은 페미니스트들의 지탄을 받는 단초이기도 하다.

그러나 그의 아포리즘에서 느껴지는 분위기로 섣불리 판단해보건대, 천재라 불리는 사상가도 사랑에는 많이 서툴렀던 것 같다. 너무도 논리적이고 충분히 공감할 수 있는 사랑에 관한 니체의 정의이지만, 인류 역사상 사랑이 합리적이었던 적은 없었다. 니체 자신의 언어로 표현하자면, 디오니소스적인 도취, 이유가 없는 이유로 이끌려가는 숭고함이다. 그래서 이성적 도덕 앞에서 저지른 불륜과 배신을, 죽음도 갈라놓을 수 없는 로맨스라고 믿고 살아가는 우리가 아니던가.

통계로 사랑을 수치화하고 '객관'을 피력하는 '사랑학'개론'들은, 니체 자신이 싫어했던 우월적 평균치의 전형들이기도 하다. 그러나 니체가 생각한 사랑 역시, 이런 전형들과 차이가 없다. 니체에겐 사랑에 대한 인과와 상관이 너무 많다. 사랑에서만큼은 자신이 혐오했던 오류를 스스로 범하고 있었던 셈이다. 사랑만큼은 천재에게도 어려운 것이었다.

"우리는 삶을 사랑한다. 살아가는 것에 익숙해서가 아니라 사랑하는 것에 익숙하기 때문이다."

니체의 철학을 대변하는 대중적 키워드, 아모르파티amor fati. 자신의 운명을 사랑하는 것은 가능했어도, 운명적인 사랑은 가능하지 않았던 철학자. 인류의 사랑은 받았지만, 정작 자신이 사랑하는 한 사람의 마음은 얻지 못했던 철학자, 그가 바로 니체다.

09
—
통 계 의
오 류

기 계 적 진 화 론

⋮

통계의 평균치를 진리로 삼아버리는 일반화의 오류, 이런 오류를 안고 있는 대표적인 사례가 바로 함량 미달의 자기계발서들이다. 심리학적 인문을 표방하는 자기계발서들도 '파블로프의 개'로 대변되는 고전적 조건화의 수준을 벗어나지 못하는 경우가 적지 않다. 문제는, 우리의 삶이 그렇게 논리적이지도 서사적이지도 않다는 점이다. 삶은 씨줄과 날줄이 얽힌 직조에 가까운 모델이며 그마저도 변칙적이다. 게다가 개의 삶보다는 조금 더 복잡다단한 인간의 삶이다.

'성공'과 '계발'을 말하는 서점가의 텍스트들은 부단히도 '상관'과 '인과'를 늘어놓는다. 니체의 견해를 빌리자면, 삶에서 원자原子를 분리해내어 삶 전체를 설명하려는 오만일 뿐이다. 나의 의지만이 아니라 타인의 의지와 상황의 의지도 섞여 살아가는 삶의 현장이기에, 필연으로 정해진 루트를 나 홀로 살아가는 것이 아니라 타자와 공유하는 우연 속을 살아가는 인생이기에, 의외성이라는 것이 늘 존재한다. 그래서 희박한 가능성이 실현되기도 하지만, 충분히 능력을 가지고 있으면서도 되지 않을 때가 있고, 될 만한 검증과 확신으로도 되지 않기도 하며, 똑같은 노력에도 불구하고 누군가는 되지 않는 게 인간의 삶이다. 나만 조건을 갖춘다고 해서 되는 것이 아니라 세상과 맞아 돌아가는 합도 고려해야 하는 사안이다.

어떤 이가 어떠한 현상을 거치면서 자신의 경험으로 쌓은 데이터들을 수합하여 통계를 내고 평균을 따지는 실증주의는, '이럴 때는 이렇더라. 그러니 이렇게 해야 한다'를 객관으로 규정하면서 '하고 싶다'는 주관적 의지들을 가로막기도 한다. 명분은 '내가 해보니 이게 맞다. 그러니 나와 다른 너의 방법론이 맞을 리가 없다'는 식이다. 그러나 그것은 그저 한 개인의 사례일 뿐이고, 좋게 봐줘도 평균치일 뿐이다.

'성공'과 '계발'을 말하는 담론들은 이미 이루어낸 자들의 이야기만을 늘어놓는다. 그리고 사후적으로 추출한 공통 요인들을 자신이 최초로 발견한 성공의 지름길인 양 떠들어댄다. 그런데 그 요인들이라는 게 결코 우리가 모르는 것들이 아닌, 성실과 끈기, 열린 사고와 진정성 등의 덕목들이다. 결국에는 열심히 살면 복을 받을 것이라는, 일종의 도덕에 관한 관념적 논리다.

《성공하는 사람들의 7가지 습관》으로 돈방석에 앉았다가 결국에는 파산한 스티븐 코비의 변명은 '자신이 쓴 글대로 살지 않아서'였다. 그런데 그가 제시한 7가지의 키워드도 묘법은 아니다. 우리는 그 방법론을 이미 다 알고 있다. 오히려 그 방법론으로 열심히 살고 있음에도 잘 되지 않아 다시금 들춰어보며 위로를 받고, 페이지를 덮으면 여전히 눈앞에 버티고 있는 현실에 또 한숨을 내쉬는 경우가 비일비재하지 않던가. 그러나 반복해서 들춰어 본 페이지에는, 같은 노력으로도 같은 성공을 이루어내지 못한 수많은 사례가 조명되어 있지 않다. 다 셀 수 없는 실패의 사례를 다 적어 넣는다면, 책의 두께는 한 질의 백과사전이 되어버릴 것이다. 또한 그 실패의 기록들이 더할 나위 없는 진정성일지언정, 대중들에게 팔릴 리도 없다. 그래서 작가가 전제한 데이터에 부합하는 결과들만을 갈무리해놓았을 뿐이다. 이랬기 때문에 실패했고 저랬기 때문에 성공했다는…….

관념의 절정에서 피어난 헤겔 철학이 그토록 후대에 욕을 먹는 이유는, 관념으로 체계를 조직한 후에 이 체계를 가지고서 개체를 해석했다는 점이다. 전제 안에서의 인과와 상관을 제시할 뿐, 그 인과와 상관에 비껴나 있는 사례들에 대해서는 언급하지 않는다. 그래야 전제 안에서의 가설이 논리적으로 증명되기 때문이다. 이는 헤겔뿐 아니라 그전까지의 철학이 공유하고 있던 공통의 분모이며, 계몽주의가 맹신했던 '이성'에서 비롯된 폐해이기도 했다. 이를 비판했던 쇼펜하우어는 이성으로 설명되지 않는 비합리성에 초점을 맞춘다. 그리고 니체가 열어젖힌 현대철학은 비로소 합리와 경험에서 벗어나 있는 '우연'을 철학의 범주로 인식하기 시작했고, 철학에서 나아갈 길을 찾은 과학에서는 '불확정성'이 '원리'로 참여하게 된다.

니체의 '망치'가 파괴하고자 했던 것은 인과로 설정된 모든 필연의 서사였으며, 끌어안은 것은 우연이 털어내고 가는 가능성과 우연으로 넓혀지는 생성의 잠재범위였다. 아직 다가오지 않는 미지의 우연을 맞이하며 살아가는 순간의 연속이라는 점에서, 우리의 삶은 도리어 많은 가능성을 내재하고 있는 셈이다. 이 '가능성'의 '존재' 범주가, 키르케고르가 현대철학에 선사한 '실존'의 정의이기도 하다.

물론 통계의 데이터를 무시할 수는 없는 일이다. 그러나 그 평균의 수치를 인문적 보편성이라고 말한다면, 이는 '최대 다수의 최대 행복'의 낡고 무딘 정의론과 다를 게 없다. 그 평균치에서 각자의 거리로 떨어져 있는 편차들이 이 세상을 살아가는 개개인의 삶이다. 그리고 평균과 편차의 간극을 메우고 있는, 개개인이 처한 맥락 속을 스치는 저마다 다른 '우연'들이, 저마다가 사는 인문이기도 하다.

누구의 삶도 결코 필연적 평균치가 될 수는 없다. 그것은 누군가의 결과일 뿐, 다른 누군가에게 적용되어야 할 원인이 아니다. 이런 이유로 니체는 다윈의 진화론에까지 비판을 퍼부었다. 살아남은 개체들이 결국엔 '우월적 평균'이 되어버리는, 결과가 도리어 원인으로 존재하는 오류라는 지적이다.

관념과 사변의 철학이 전통이며 적통으로 여겨지던 독일이었기에, 니체의 철학은 그의 조국에서는 비주류 취급을 받았다. 아이러니는 라이벌 국가였던 프랑스에서 오히려 환영을 받았고, 파리가 현대철학의 도움이 된 지금에 이르렀다는 점이다. '우연'의 담론을 사랑한 철학자 중에서는 프랑스의 베르그송Henri Bergson이 유명하다. 그 역시도 다윈의 진화론을 비판했다. 유인원들은 얼마든지 다른 식의 진화도 가능했고, 순간순간의 다른 선택에 따라 인류의 모습은 지금과 사뭇 다를 수도 있었다. 그러나 진화론은 유인원들이 오늘날의 인류가 되기 위해서 진화를 했다 식의 목적론을 취하고 있다는 점이 비판의 요지다.

얼핏 뭐가 어떻게 다르다는 것인지 이해가 안 될 수도 있다. 다른 예로 바꾸어 설명하자면, 월드컵에 참가한 모든 나라는 저마다의 최선과 간절함으로 본선의 문턱을 넘는다. 그러나 냉정한 승부의 세계, 어떤 사연들을 지니고 있든지 간에 승부는 갈려야 하고, 최후의 승자는 한 팀이 될 수밖에 없다. 목적론이 쉽게 빠져드는 오류는, 최종 우승팀이 정해진 뒤에 4강전, 8강전, 16강전, 심지어 지역예선까지 조명하며 그들이 우승할 수밖에 없었던 필연의 서사를 만들어낸다는 점이다. 경기마다 있었던 우연적 요소들을 감안하지 않은 채, 오직 실력과 정신력으로 이루어낸 감동의 다큐만 있을 뿐이다. 같은 원인을 갖고서도 그날의 우연에 따라 다른 결과가 되어버린 국가들의 인과에는 시간을 할애하지 않는다. 런던올림픽에서 동메달을 땄을 때는 선수에 대한 믿음을 저버리지 않았던 홍명보식 리더십으로 추앙받지만, 월드컵 16강에 실패한 이후에는 고집을 꺾지 않은 홍명보식 인맥축구로 전락하지 않았던가. 이는 결과를 원인 삼아 시간을 거슬러 올라간, 돌아보면 모든 게 다 필연이었다는 식의 '뒤돌아선 예언'

이나 다름없다. 화살을 쏘고 나서, 화살이 박힌 곳에 과녁을 그려 넣고 있는 것이다.

그들 각자의 인문학

:

김영하 작가가 강연에서 간간히 인용하는 사례 중 '아침형 인간'이 있다. 아파트 단지 내의 주차장을 살펴보면, 사회 고위직 인사들의 차일수록 아침 일찍 빠져 나간다는 일화에 대해, 김영하 작가는 넌지시 딴지를 건다. 조직의 아랫사람들 중 누가 일찍 출근하는지 감시하기 위해 일찍 출근하는 것일 수도 있지 않겠느냐고……. 물론 다른 이유가 있을 수 있다. 출중한 능력으로 이루어낸 초스피드 승진이 아니고서야, 고위직을 맡아볼 정도가 되면 아침잠이 없을 나이다. 할 일이 없어서 일찍 출근하는 것일 수도 있다.

우리나라처럼 이른 출근과 늦은 퇴근을 성실함의 잣대로 들이대는 나라도 없을 것이다. 그래서 아침형 인간일수록 성공할 가능성이 높다는 통념이 존재하기도 하지만, 이것이 강요가 되기도 한다. 그러나 실상 아침형 인간과 저녁형 인간 사이에는 직업 및 사회적 성취도, 사회경제적 지위 등에서 큰 차이가 없는 것으로 보고된 바 있다. 물론 이 또한 통계에 근거한 미국의 사례보고서이지만. 여하튼 일본 작가의 '아침형 인간'은 자기계발서를 쓰기 위해 자신이 필요한 사례만을 인용하고 있다.

성공에 대한 디테일한 방법론을 늘어놓는 자기계발서일수록 이런 우를 범하는 경우가 흔하다. 세상에 존재하는 모든 사례로 데이터를 낸다고 해도, 그 또한 통계의 오류를 벗어날 수 없는 잠정적 수치일 뿐 누구에게나 적용될 수 있는 필연적 원인은 아니다.

얼리버드early bird 증후군이 매개하고 있는 전제는, '일찍 일어나는 새가 더 많은 벌레를 잡는다'이다. 스피노자가 지적한 합리론의 한계는, 이미 결과를 포함하고 있는 전제에 대해 의심하지 않는 비합리다. 즉 설정한 가설 안에서의 검증임에도 가설 밖의 가능성을 전혀 고려하지 않는다는 것이다. 일찍 일어난 새는 일찍 일어난 독수리에게 잡아먹히기도 하며, 늦게 일어나는 새에게도 굶어 죽지 않을 만큼의 영양분을 남겨 두는 것이 야생이다. 더군다나 문명은 더 많은 영양분을 밤에 숨겨놓기도 한다.

타고난 체질에 따라 몸에 맞는 음식도 다른데, 아침형 인간의 생활방식을 일률적으로 권유한다는 것 자체가 사람에 대한 이해가 부족하다는 반증이다. 분명 훌륭한 자기계발서가 존재하면서도 많은 자기계발서가 인문으로 인정받지 못하는 이유가 바로 이 때문이다.

"사례는 그저 하나의 사례에 불과하다."

《탈무드》에 나오는 말이다. 《탈무드》에만 적혀 있겠는가? 그 전에 누가 먼저 했어도 했을, 내가 먼저 생각해내지 못한 게 아쉬울 정도로 멋진 어록이다. 멘토의 조언도 단지 하나의 견해에 지나지 않는다. 조언은 그저 조언일 뿐, 마음에 담은 조언을 어떻게 삶에 적용할 것인가는 온전히 당사자의 몫이다. 가슴 따뜻한 힐링이든 돌직구의 독설이든 그것이 '정답'일 리 없고, 당사자를 대신할 수 있는 방법론인 것도 아니다.

청춘에게는 가혹하리만큼 힘든 시절, 그러나 방법을 모색하려는 노력도 없이 과도하게 멘토링에만 의지한다는 것도, 청춘이란 이름엔 어울리지 않는 무기력이다. 더군다나 힐링이냐 독설이냐의 기준으로 자신에게 맞는 조언의 구질을 따지고 있는 건 무슨 경우란 말인가? 그러나 더 경우가 아닌 사례는 멘토를 자처하는 어른들이다. 자신의 조언을 받아들이지 않는다는 이유로 그 나름의 방법론으로 열심히 살아가는 삶에 '건방'을 들먹이는 멘토링도 건방지긴 매한가지다. 직구이든 변화구이든, 노릴 것은 노리고 거를 것은 거르는 것은 어차피 타자의 몫이다. 그러나 감독과 코치를 자처하는 사람들이 경기의 흐름과 상관없이, 투수와 타자 간의 전적에 대한 고찰 없이, 무조건 직구를 노려야 한다는 둥, 변화구를 노려야 홈런이 된다는 둥, 말들만 무성하다. 정작 야구에 대해 잘 모르는 것이다.

멘토를 자처하는 이들이 가장 흔하게 저지르는 오류는, 삶에 대한 이해가 충분하지 않은 체험으로 청춘 개개인의 의지와 성실성, 방법론에 질문을 던지고 있다는 점이다. 그러나 이 오류의 담론을 통해서 멘토들은 자신들을 위한 자기계발은 가능하다는 사실을 확인하기도 한다. 그래서 청춘 개개인의 절망이 모여 이룬 구조 속에서 '멘토'라는 상품으로 존재하고자 하는 욕망들이 넘쳐나는 것이다. 청춘의 절망 앞에 가르침을 늘어놓는 이들은, 그 자신들이 불합리한 사회적 구조의 한 표집인지, 아니면 청춘 개개인의 절망이 모여 이룬 구조를 통해 장사를 하는 것인지를 스스로에게 먼저 물어봐야 한다.

그들은 행복의 열쇠를 찾는 혹은 만드는 방법론에 대해서도 입에 거품을 물며 떠들어댄다. 그러나 정작 자물쇠에 대한 설명이 없다. 자신들도 자신 앞의 자물쇠를 연 경험만 있을 뿐, 다른 자물쇠를 열어본 적이 없기 때문이다. 교수 임용에서 떨어진 아픈 사연을 늘어놓는 현직 교수님들, 직원들 월급을 못 주는 슬픔을 겪어봐야 정말 슬픔이 무엇인지를 안다는 현직 사장님들. 평생 교수도 사장도 될 수 없을지 모르는 청춘의 절망 앞에서 위로랍시고 건네는 이야기가 자신들의 '절망 극복 신화'다. 자물쇠 안에 걸려 있는 수열은 생각지 않고, 자신이 무언가를 열었던 열쇠만 팔고 앉아 있는 격이다. 문제는 이 열쇠가 제법 잘 팔린다는 점이다. 게다가 아무것도 열어본 적 없는 열쇠가 만능키로 둔갑해 팔려나가기도 하는 시절이다. 청춘의 꿈과 절망으로 사기를 친 자기계발서 작가의, 성공을 위해선 어쩔 수 없었다는 쓸쓸한 변명. 그러나 지금도 버젓이 멘토 행세를 하는 더 쓸쓸한 현실. 비록 사기였어도 적어도 그 구조를 파악하고 있었다는 점에서 작가 자신은 자기계발로 자아를 실현한 셈이다. 그러나 그 역시 구조가 만들어낸 절망의 한 표현인 동시에, 절망을 생성하는 구조의 한 표현일 뿐이다.

물론 자기계발서는 충분히 읽을 가치가 있는 장르다. 그러나 작가의 경험과 간접경험의 사례들로 우연의 다양성을 한정하는 경우들도 적지 않은 것이 사실이다. 독자들은 그 한정의 사례들을 다양하게 읽는 방식으로 자신 앞에 다가오는 우연을 대신하려고 든다. 결국엔 자신의 삶을 경험하고 있는 것이 아니라 작가의 이론을 검증만 하는 셈이다. 그러나 자신 앞에 닥쳐왔던 우연은 그 어느 페이지에도 적혀 있지 않았음을 충분히 경험하고 있지 않은가. 그 어떤 베스트셀러도 시점時點과 시점視點 너머에서 우리를 기다리고 있는 우연에 대해 정확히 설명해줄 수 없다.

시간이 털어내고 간 퇴적물들을 짓이겨 만든 톱니바퀴로 흘러가는 시간, 저마다의 시간은 서로 다른 질료와 질량으로 흘러간다. 누군가의 초침에 맞추어 다른 누군가의 맥박을 뛰게 할 수는 없다. 어쩌면 멘토들의 생각이 맞을지도 모른다. 하지만 '모른다'라는 말은 아닐 수도 있다는 의미를 내포한다. 참인지 거짓인지는 아직 당사자에게서 검증도 되지 않은, 한낱 가정의 전제일 뿐이다. 인생이란 난제는 단순한 공식으로만 해결될 수 있는 사안이 아니다. 상수는 그저 '나'라는 요소 하나일 뿐, 나머지는 온통 미지수로 가득한 방정식이기 때문이다. 그 고차방정식 앞에서 '일만 시간'도 '마시멜로'도 정답일 수는 없다. 삶의 미분 값은, 매 순간을 살아가는 '나'일 뿐이다.

먼저 걸어갔다던 누군가의 이야기만을 따라가다 보면, 정말 내가 가야 할 길은 영원히 찾아지지 않는다. 정해진 하나의 길, 그런 것은 존재하지 않는다. 애초부터 길 같은 건 존재하지 않았다. 내가 지나가고 난 뒤에야 비로소 나의 길이 생겨난다. 내 발길이 닿는 모든 곳이 나의 길이다. 길은 내 앞에 주어지는 것이 아니라 내 뒤에서 발견되는 것이다.

3부
———

절망에
관한
단상

10
—
고 독 의
양 면 성

캐 스 트   어 웨 이

:

뭐 하나 제대로 풀리는 것이 없는, 무엇 하나 자기 맘대로 가져본 적
이 없는 어느 비루한 인생. 그에게는 죽음마저도 자유의지의 영역을
벗어나 있었다. 죽겠노라 한강 다리에서 투신했지만 정신을 잃은 채
물결에 실려 당도한 삶의 공간은 밤섬의 모래사장. 영화 〈김씨 표류
기〉의 황당하면서도 애절한 스토리는 바로 여기에서 시작된다.

　실패로 돌아간 자살 기도, 죽음을 향한 충동이 삶에 대한 미련으
로 흩어지기 전에 다시 자살을 시도해야 한다. 그래야 이 지옥 같은
삶에서 벗어날 수 있다. 때마침 시야에 들어온 근처의 63빌딩. 극강
의 타나토스thanatos, 죽음의 본능로 점철된 순간의 끌림은, 저기에서 투신

한다면 결코 실패할 가능성이 없다는 확신 때문이었다. 그런 완벽한 방법이 있음에도 왜 63빌딩에서 투신한 사람이 없었는가에 대한 질문은 던지지 않는다. 그러나 그보다 앞서 있던 대답은, 이 밤섬에서 빠져나갈 방법이 없다는 것이었다.

헤엄을 쳐서 섬을 빠져나갈 궁리를 하다가, 자신이 수영을 하지 못한다는 사실에 도강渡江을 포기하는 김 씨. 죽기로 마음먹은 마당에 죽음에 이르는 방법론이 그렇게 의미가 있는 것일까? 어떻게든 죽을 수만 있다면 끝나는 간단한 문제 앞에서, 물에 빠져 죽을까를 걱정하고 있는 이 순간의 모순은 무엇이란 말인가? 이미 63빌딩에서의 추락사로 결정한 선택, 삶의 마지막만큼은 자신의 뜻대로 관철시키겠다는 의지였을까? 그렇다면 한강 다리에서 물로 뛰어내린 선택은, 익사의 가능성이 배제된 오롯한 추락사를 의미했던 것일까?

도저히 섬을 빠져나갈 방도가 없다고 판단한 김 씨는 결국 넥타이를 이용해 나뭇가지에 목을 매려고 하지만, 죽음의 순간에도 참을 수 없었던 것은 삶의 마지막 생리현상이었다. 어차피 목을 매고 죽게 되면 정액과 대소변이 쏟아져 나온다. 깔끔하게 죽고 싶다는 의지가 앞선 무의식이었을까? 아니면 죽음 직전까지 삶을 놓을 수가 없었던 무의식의 의지였을까? 바지를 벗고 한 움큼의 복통을 배설하고 나서, 속으로 '휴! 살았다'는 안도감을 내쉬고 있는 순간의 모순. 어쩌면 안도감으로 터져 나오는 한 줌의 삶이 허락되지 않아서, 우리는 죽음을 생각하는 것인지도 모른다.

어정쩡한 자세로 볼일을 보고 있는 동안, 김 씨의 시야에 맺힌 것은 밤섬에서 자생하던 샐비어였다. 안도감으로 내쉰 한숨의 공간에 들어차던 샐비어 꽃물은, 김 씨의 눈물과 콧물이 되어 쏟아져 내린다. 삶의 어느 순간부터 여간해서는 따지 않게 되는 샐비어 꽃잎, 잠깐을 스치고 가는 그 옅은 당도의 여운 하나에 행복해하던 시절이 있었다. 그러나 어른이 되어서는 짙은 당도만을 탐하다가 설탕물에 빠지는 파리 꼴이 되어버리는 경우를 종종 겪게 되는 인생이다. 그리고 더 '종종'은, 설탕물이 아닌 '파리지옥'에 걸려들었다는 사실을 너무 늦게 깨달아버리는 경우들도 있다. 도시의 중심에서 고립된 '김' 씨는, 도시를 살아가는 평범한 우리들에게 순간순간으로 찾아드는 외로움이며, 자본의 시스템이 희망으로 제시했던 끈적하고 질퍽한 설탕물에서 허우적거리고 있는 우리의 현실이기도 하다.

이 고립된 일상을 먼발치에서 망원렌즈로 지켜보고 있던 여자 김 씨는, 집 밖으로 한 발자국도 나오지 않는 사회부적응자다. 그녀 역시 자신의 공간에 고립된 채 모든 관계를 거부하고 살아가는 '섬'이나 다름없는 단절 속을 살아간다. 스스로가 선택한 고독이었건만 늘 바깥세상을 훔쳐보는 '관음증'은, '선택'이란 행위가 결코 자신의 의지만으로 이루어진 주체적 결단이 아니었음을 보여준다. 사회에 적응한 이들의 객체로 밀려난 '부적응'의 주체는, 안정으로 확보된 자신만의 공간 속에서도 늘 자신이 떠나온 불안의 공간을 궁금해한다. 그러던 어느 날 자신과 같은 단절과 고립 속에 갇혀 있는 다른 누군가를 발견하게 된 것이다.

두 고독을 이어주는 매개물은 가장 흔하게 시켜먹는 배달 음식인

짜장면이다. 이 시대를 살아가는 한국인들에게 가장 보편적인 음식문화는, 귀찮음을 덜어주는 편리함이기도 하지만, 모르는 사람들 사이에서 홀로 식사를 해야 하는 '뻘쭘함'을 예방해주는 음식문화이기도 하다. 타인의 시선이 닿지 않는 혼자만의 공간에서는, 홀로 밥을 먹는 행위가 외로움일지언정 남세스러움은 아니다.

안정으로 끌어안은 자신의 영역을 벗어나지 않으려는 현대인의 성향은 비단 짜장면에 그치지 않는다. 수많은 사람이 스쳐지나가는 거리에서, 혹은 수많은 사람이 타고 가는 버스와 지하철에서, 홀로 있는 시간의 대부분을 이어폰으로 무언가를 듣고 있는 현대인들. 공유의 공간속에서 외부의 소리를 차단하는 방법으로 자신만의 공간을 확보하는, '다 함께 있지만 외로운 사람들'이다. SNS 역시 확보된 자신의 공간을 통해서 이루어지는 소통이다. 그러나 참여에 의미를 두는 쌍방향적 커뮤니케이션이라기보다는, 자신의 존재감을 알리기 위한 일방적 통보들이 모여 참여의 형태를 취하는 경우가 더 많다. 실상 '가슴 속에는 모두 다른 마음, 각자 걸어가고 있는'(신해철, 〈도시인〉 중) 도시인들의 겉도는 소통이기에, 넘쳐나는 커뮤니티 속에서도 공허함의 갈증은 속 시원히 해갈되지 않는다.

여자 김 씨의 황당한 주문에, 투덜대면서도 오리보트를 타고 기어이 섬까지 들어가 짜장면을 배달해주는 '진짜루'의 배달원. 고독과 고독 사이의 요원한 거리를, 빌어먹을 소명의식으로 밟아대는 오리보트의 페달. 그렇게 후들거림을 안고 도착한 밤섬이건만, 배달원을 주저앉힌 사건은 남자 김 씨의 거부였다. 이것들이 장난하나? 아니 진즉부터 장난을 의심하기도 했다. 그러나 오래된 고객이었던 여자 김 씨의 요청이었기에 그토록 똥빠지게 달려왔건만, 남자 김 씨는 짜장 면을 먹지 않겠단다. 그냥 돌아가란다.

김 씨가 죽음에로의 의지를 거두고 단절과 고립 속에서 살기로 결심하는 계기는 단순하다. 섬으로 떠밀려온 짜장 라면의 분말 스프와 새똥에서 발견한 낱알이, 그가 잠시라도 더 살아 있어야 할 이유가 되었기 때문이다. 김 씨는 자신이 직접 경작해서 한 그릇의 짜장면을 만들어 먹기 위해서…… 산다. 배달된 짜장면을 먹었다면 당장의 배고픔은 해결되었을 것이고, 더군다나 배달원이 타고 온 오리보트를 타고서 섬을 탈출했으면 고립에서도 벗어날 수 있었다. 그러나 김 씨는 배달원과 짜장면 그리고 오리보트를 돌려보낸다. 지금껏 견뎌온 자신의 시간이 아무것도 아닌 것이 되어버리기 때문이다. '진짜 루'의 배달원을 통해 배달된 간편한 짜장면은, 김 씨의 살고자 하는 의지를 꺾는 여자 김 씨의 배려인 셈이었다.

이미 알고 있다고 생각하지만, 실상 미처 모르고 있던 것들……. 어린 시절에 맛보았던 샐비어 꽃물과 전화 한 통화로 주문하던 짜장면을 통해 한국에서 가장 흔한 성을 가지고 있는 김 씨는, 흔한 것들의 소중함을 흔하지 않은 상황에 닥쳐서야 비로소 깨닫는다는 사실을 체험하고 있었다. 그리고 삶의 아름다움은 곁에 두고서도 돌아보지 않았던 평범함들 속에 이미 다가와 있었다는 사실도 알아가는 중이었다. 흔하게 널린 일상의 소중한 가치들을 등가의 소중함으로 습득하기 위해서는, 결코 평범하지 않은 절망을 겪어내야 한다는 역

124

설. 소중함이란 인생의 전제로 주어지는 것이 아니라 나 스스로 습득해야 하는 것이란 사실은, 그렇듯 궁핍과 결핍 속에서 깨달아진다. '진리는 내게서 확인된 한에서만 진리'라는, 이른바 키르케고르의 실존이다.

아는 것과 사는 것의 간극을 메우고 있는 괴리감, 이는 김 씨가 나뭇가지의 마찰열을 이용해 불을 피우던 장면에 함축되어 있다. 말 그대로 '열나게' 문지르다가 포기하고, 바지 주머니에서 라이터를 꺼내 담배에 불을 붙이며 내지른 김 씨의 한 마디.

"죄 다 뻥이야!"

사실이 '뻥'이 되지 않기 위해서는 먼저 몸에 구비되어 있어야 할 능력들이 있다. 우리는 나뭇가지를 비비면 열이 난다는 사실을 안다. 그러나 그것이 내게서 확인된 사실이 되기 위해서는 몸에 축적된 시간이 필요하다. 나뭇가지를 문지르면 열이 난다는 지식은, 나뭇가지를 문지르는 숱한 시도들을 통해 사실로 확인되는 것이다. 앎은 그렇게 삶을 통해서만 사실로 확인된다. '사유의 체계는 가능할지 몰라도 삶의 체계는 불가능하다'는 키르케고르의 실천이다.

모름지기 따르려 했던 한 줄의 명언, 긍정의 힘으로 믿어버렸던 한 줄 이상의 희망, 그러나 될 수 있을 것 같던 희망은 곧잘 나에게서 거짓으로 증명되어버리곤 한다. 힐링과 긍정의 페이지들이 한 권을 넘어 한 질이 되어가도록 여전히 내 삶은 절망만을 써내려가고 있을 뿐이다. 그러나 우리에겐 애초부터 그것을 증명해낼 만한 능력이 없었다. 거짓으로 증명되는 것은 나 자신뿐이라는 결론이, 진리가 항상 나에게 승리하는 이유다.

낯섦 앞에 내던져진 순간은 나의 데데한 문제해결력이 여실히 드러나는, 너무도 모르는 게 많다는 사실 하나만을 알게 되는, 언젠가 느껴본 막막함이 다시 익숙해지는 시간이기도 하다. 어찌해야 할지를 모르고, 어디로 가야 할지를 모르며, 언제쯤 벗어날 수 있는 것인지를 모르는……. 우리는 절망이 다가오고 나서야, 나 자신이 얼마나 삶에 취약한 존재였는지를 깨닫게 된다. 늘 입버릇처럼 늘어놓는 '산다는 게 그런 게 아니겠니' 하는 푸념, 그러나 푸념을 내뱉은 자리로 들어차는 들숨이 내면의 깊은 곳에 가닿는 순간, 내가 삶의 일부분도 제대로 알지 못하고 있다는 각성이 싹을 틔운다.

석가모니의 '뗏목의 비유'를 인용해 다른 비유를 하자면, 우리는 앎이란 뗏목으로 거친 삶의 물살을 헤쳐 나가는 것이 아니라, 앎이라는 뗏목에 의지해 삶의 결대로 표류하는 경우가 많다. 그리고 그것을 '산다는 건 그런 게 아니겠니' 식의 순리와 무위로 받아들인다. 어느 정신 나간 철학자가 당신의 푸념에 부합하는 촌스러운 철학을 욕망했겠는가. 삶의 결은 스스로가 바꾸는 것이다. 삶의 결이 당신을 싣고 가는 것이 아니라, 당신의 결대로 삶이 흘러가야 한다.

외 로 우 니 까 사 람 이 다

:

평소 인간에게 호기심이 많았던 저승사자 '조 블랙'은 죽음을 앞둔 영혼을 인도하러 사바세계로 내려왔다. 그는 교통사고로 죽게 된 브래드 피트의 육신을 빌린 채로 자신이 데리고 가야 할 앤서니 홉킨스 앞에 나타난다. 그리고 생의 시간을 늘려줄 테니 인간 세상을 구경시켜 달라는 거래의 제안으로, 영화 〈조 블랙의 사랑〉은 시작된다. 목숨을 빌미로 삼은 저승사자의 제안을 거절할 수 있는 인간이 있을까? 물론 굳이 거절할 이유도 없다.

문제는 인간들과 어울리면서 서서히 인간을 이해하기 시작한 저승사자가, 곧 있으면 죽게 될 앤서니 홉킨스의 딸과 사랑에 빠졌다는 점이다. 저승사자는 그녀마저 저승으로 데려가려고 한다. 아버지로서 당연히 허락할 수 없는 일이다. 그러나 이미 저승사자는 죽음도 갈라놓을 수 없는 사랑에 빠져 있다. 그러나 미처 생각지 못한 것은 그 자신이 죽음의 육화라는 사실. 목숨과도 바꿀 수 있는 사랑은 애초부터 그에게 가능하지 않은 일이었다.

졸지에 저승사자의 사랑이 되어버린 그녀의 직업은 의사였다. 저승자사에게서 생의 시간을 지켜내는……. 사랑하는 연인의 직장으로 찾아간 저승사자는 세상과의 작별을 준비하던 한 노파와 마주치게 되고, 저승사자의 정체를 알아본 노파는 지금 너무 고통스러우니 빨리 저승으로 데려가 달라고 애원한다. 하지만 아직은 떠날 시간이 아니라며 노파의 삶을 설득하는 저승사자. 초연하게 여분의 삶을 받아들인 노파는 이후 저승사자의 말벗이 되어준다.

저승사자는 죽음을 앞둔 노파에게 평소 궁금했던 인간의 삶에 대해 질문하곤 한다. 삶이 다하는 순간에 나타나 다한 삶을 거두어만

가던 입장에서는, 자신이 알지 못하는 것들에 대한 당연한 호기심이 있었는지도 모른다. 급기야는 인간의 삶을 살아보면서 알게 된 사랑이란 감정까지도 노파에게 털어놓는다.

"여기선 나도 외롭지 않아요. 나를 필요로 하는 사람이 있다고요."

저기에선 저승사자도 외로운 존재였다. 저승사자뿐이겠는가? 신도 외로워서 만물을 창조하고 지켜보시지 않던가.

노파는 저승사자를 조용히 타이른다.

"좋은 경험을 했군. 좋은 추억으로 간직하고 이제 집으로 돌아가. 더 이상 속지 말고……. 우리는 이곳에 살지만, 대개가 다 외로워."

외로우니까 사람이라고 했던가? 인간은 결국 외롭지 않으려 누군가를 만나고, 누군가를 사랑한다. 욕망이란 것 역시 자기소외를 헤치고 타인의 시선 앞으로 나아가는 삶의 의지이기도 하다.

인간은 외로워서 모여 살게 된 존재들이다. 그러나 그렇게 모인 집단이 진보시켜온 사회는, 도리어 외톨이를 양산해내는 현대가 되었다. 현대인들은 실상 어느 정도 고독을 긍정하며 살아가는 경향이 있다. 관계로부터 일정한 거리로 떨어져 서로의 위성으로 존재하는 로빈슨 크루스들은, 저마다의 '윌슨'과 함께한다. 그것이 바로 소통의 창구라고 생각하는 인터넷과 SNS라는 상품이다. 휴대전화가 정말로 휴대품이 되어버린 지금에는 집 전화로 걸려오는 친구의 음성을 인계해주던 부모의 역할도 사라졌다. 마주 보고 있는 상대와의 대화 중에도 스마트폰에 뜨는 메시지를 확인하면서, 소속과 소유의 안정감을 느끼는 모순적 소통. 소통의 루트는 다양해졌지만, 얼굴을 맞대고 서로의 숨결로 주고받던 소통은 점점 사라지는 시대. 결과적으로는 곁에 있어도 외로운 '윌슨'의 사양만 업그레이드되고 있을 뿐이다.

《팔레르가 운트 파랄리포메나Parerga und paralipomena》라는 쇼펜하우어의 저서는, 제목을 우리말로 번역하면 '소품과 부록'이란다. '희망에 대하여'라는 제목의 번역서가 나와 있지만, 소장하고 있는 도서관이 흔하지 않다. 삶에 관한 상념을 적은 가벼운 수필이기에 간추려진 내용이 다른 에세이와 섞여 단행본으로 출간되는 경우가 많다. 쇼펜하우어의 인생론, 행복론, 쇼펜하우어 따라잡기 식으로……

이 《팔레르가 운트 파랄리포메나》에는 여러 작가에 의해 자주 인용되는 고슴도치 우화가 나온다. 고슴도치들이 추위를 이기기 위해서 서로에게 가까이 다가서지만, 자신들의 가시로 서로를 찌르기 때문에 다시 떨어지는 것을 반복하다가 결국엔 적당한 거리를 유지하는 법을 알게 된다는 이야기.

이 우화를 인용하는 이유는 대부분 사람 사이의 '적절한 관계'를 설명하기 위함이지만, 정작 쇼펜하우어의 원전은 조금 다른 식의 해석이다. 거리가 너무 멀게 되면 외로움을 느끼고 너무 가깝게 되면 성가시고 부담을 느끼게 된다. 그래서 우리는 그 '적당한 거리'를 훌륭한 매너로 간주한다는 것이다. 쇼펜하우어가 생각하기엔 그 거리감은 공허한 것이다. 혼자 있으면 외롭지만 함께 있으면 불편한 모순 속에서, 멀지도 가깝지도 않으면서 적당한 거리를 두는 인간관계에 대한 풍자는, 상처받지 않겠다며 다가서지 않는 간극이 과연 올바른 거리인가를 묻고 있다.

극복이라는 것도, 자신이 두려워하는 것들 속으로 뛰어들어 그것들과 직접 부딪히는 행위 속에서 실현될 수 있다. 그러나 현대인들이 택하는 극복의 방법론은 극복의 대상에서 일정 거리로 떨어져서 지식으로만 습득하는 것이다. 삶에 관한 문제 전반이 이 맥락을 벗어나지 않는다. 앎으로만 알고 있을 뿐 삶으로 살지 못하고 고립과 단절을 전제로 소통을 갈망하는……, 외로우니까 현대인이다.

외 로 우 면 비 로 소 보 이 는 것 들

:

반면, 고독은 역사의 위대한 정신들이 가장 필요로 했던 '가치'였다. 모든 관계가 단절된 격리는, 구조 속에서의 역할이 아닌 하나의 '인격'으로 돌아가는 시간이며, 태초의 상태를 회복하고 자신으로 돌아가 자신을 더 깨달을 수 있는 공간이기도 하다. 니체는 이를 중력의 무거움에서 벗어나 자유롭고 가벼워질 수 있는 상태라고 표현한다.

우리가 어느 정도의 고독은 긍정하면서도 자신이 원하지 않는 정도의 고독을 기피하는 이유는, 그 자유로움의 무목적성과 무방향성을 '궤도'에서 이탈한 표류라고 생각하기 때문이다. 이는 우리가 얼마나 '궤도'에 집착하며 살아가고 있는지를 보여주는 반증이기도 하다. 물론 인'간間'이기에 관계를 벗어난 채로 살아갈 수는 없지만, '인人'간이기에 관계에 예속되어 하나의 부품으로 전락한 채 살아갈 수도 없다. 이러한 성찰은 단절과 고립 속에서만 가능하다.

고독이란 감정마저도 관계를 매개로 한 이름일 정도로, 우리는 관계의 울타리를 벗어나 나 자신과 마주하는 시간을 낯설어한다. 그러나 원래 '발견'이란 것도 익숙한 것들의 낯선 뒷모습인 경우가 많다. 고독은 소외된 나를 낯설게 돌아보는 발견의 시간이다. 물론 발견 따위에 관심이 없다면, 그 낯섦을 온몸으로 감당해야 할 이유는 없다. 다만, 고독의 도래에 나의 의지가 전혀 고려되지 않는다는 점이 슬플 뿐이다.

밥도 혼자 먹느니 굶고 마는, 홀로임에 익숙하지 않았던 생활습관은, 초라해질 대로 초라해진 모습이 된 후에는 모두에게서 멀어지는 고립과 단절을 택한다. 기댈 누군가를 기대하기도 하지만, 자신의 초라함을 들키기 싫은 마음이 그 기대감마저 밀어내고 차라리 타인의 시선이 부재한 고독의 시공간을 안정감으로 끌어안는 것이다. 능력과 시선의 결핍이 맞닿은 곳에서 습기처럼 묻어나는 무기력은, 누구에게도 들킬 염려가 없는 나의 가장 솔직한 모습이기도 하다. 원망으로나마 대화를 이어갈 가해자조차 없는 텅 빈 공간 속에선 스스로의 이름을 부르며 묻고 답하는 푸념의 메아리만이 함께한다. 자기에게 그 정도의 관용도 베풀지 못하게 하는 긍정의 복음을 야속해하면서 암흑의 에너지에 기꺼이 생기를 빼앗겨주는, 타나토스적 충동만이 넘쳐난다. 하지만 그도 적극적인 욕구는 아니다. 그저 죽지 못해 사는 것. 더군다나 나를 둘러싼 외로움들이 절망의 원인이 아니라 그저 절망의 한 증상일 뿐이라는 사실에 더욱 힘이 빠지는 일상. 겨우 다시 피워낸 긍정의 작은 불씨도 얼마 가지 못해 사그라지고,

차라리 지독함의 짙은 농도에 적응해가던 절망을 그냥 놔둘 걸 하는 짜증까지 덧얹어지지만 이미 짜증낼 여력마저 없다.

그렇게 스스로 가두어버린 소외감이었음에도 우리는 그것에게 곧잘 지독함이란 수식어를 붙인다. 그렇기에 오랜 시간을 외로움과 함께하며 그것에게 익숙해지고 무뎌질지언정 그것과 친해지기란 쉽지 않은 일이다. 고독의 그림자에서 조금 벗어날 즈음에야, 단지 인생에 있어 한 번쯤은 겪어볼 만한 시간이었다는 사실 정도만을 깨달을 뿐이다. 외로움 속에서만 가능한 여러 가지 것들을 발견하기 때문이다.

다른 이와 이야기할 기회가 없다 보니 나 자신과 이야기를 나누는 시간이 많아진다. 남들과의 이야기는 소통이지만 자신과의 이야기는 반성이다. 누구도 지적해주지 않던, 아니 지적해주었어도 곧이듣지 않았을 과거의 잘못된 점들을 거울 속의 내가 충고해준다. 스스로가 스스로에게 하는 충고이기에 상당히 포용적인 자세로 받아들이게 된다. 그렇게 훈련된 관용으로 그동안 인정하지 않았던 다른 이의 생각에도 귀를 기울이게 되고, 남의 입장에서 헤아릴 줄도 알게 된다.

안 되면 늘 남을 탓하던 태도는, 탓할 누군가가 없으니 비난의 대상을 스스로에게 돌리기 시작한다. 한 꺼풀 자존심을 걷어내면 적나라하게 드러나는 자신의 무능함과 무너진 자존감의 파편들 사이로 그동안 긍지의 미덕으로 감춰져 있던 자신의 오만함을 보게 된다. 왜 이렇게까지 되었는가 하는 의구심이 드디어 해결되는 긍정 속에서 삶에 대한 예의와 타인을 향한 겸손의 필요성을 깨닫는다.

132

3   부
절망에 관한 단상

그렇다고 외로움의 찬양자가 될 필요는 없다. 외로움에 너무 익숙해지는 것도 문제가 되긴 마찬가지다. 하지만 사부의 원수를 갚기 위해 스스로 강호를 떠나 은자隱者의 삶으로 무술을 연마하는 고수처럼, 고립과 단절 속에서 강해지고 현명해질 필요가 있다. '일만 시간의 법칙', 그 분야의 전문가가 되기 위해서 꼭 필요하다는 그 적량의 시간을 채우는 데에도 외로움보다 좋은 조건은 없다. 도와주는 사람도 없지만, 방해하는 사람도 없다. 더군다나 의도치 않게 다가온 것들이라면, 오히려 행운일 수도 있다. 법력이 높은 선사가 아닌 이상, 자진해서 그 깨달음의 시간 속으로 걸어 들어가는 경우는 평생 없을 것이다.

피할 수 있다면 피해야지, 굳이 온몸으로 얻어맞고 있을 이유는 없다. 그러나 이미 피할 수 없기에 우리가 그것을 절망이라고 부르는 것이 아니던가. 분명 '피할 수 없다면 즐길' 수 있는 성질의 것도 아니다. 그러나 이왕 다가와 있는 시간이라면, 피할 수 없어 부득이하게 부딪혀야 하는 시간이라면, 차라리 철저히 이용해야 하지 않겠는가? 고치 속에서 비행의 능력을 만들어낼 어둠의 시간이다. 지혜와 능력의 부를 창출할 외로움의 시간이다. 선택은 당신 몫이다. 어떤 식으로도 해결되지 않는 외로움을 무한히 곱씹고 있을 것인가, 외로움이 제안하는 가능성에 도전을 해볼 것인가.

11
—

죽 음 에
관 한
단 상

공 포 가 만 들 어 내 는 용 기

:

우물 안으로 떨어진 어린 시절의 브루스 웨인, 그리고 그곳에 서식하고 있던 박쥐 떼와의 만남. 어린 맘에 이겨낼 수 없었던 공포는 트라우마로 남아 그의 성장기를 지배한다. 그러나 자신의 두려움을 넘어서기 위해 그가 택한 방법은, 두려움 속으로 걸어 들어가 그 스스로 두려움이 되는 것이었다. 악당들에게 자신이 겪은 공포를 똑같이 느끼게 하기 위해서 그는 배트맨이 된다. 브루스 웨인이 히어로의 표상을 박쥐로 선택한 사연에는, 더 강한 존재가 되기 위해 공포 자체를 그대로 인정하고 받아들여야 한다는 니체적 긍정이 자리하고 있다.

자신을 가로막고 서 있는 것들이 두려워 피하려고만 하고 있지는 않은가? 그 두려움을 극복하지 못하는 이상, 어차피 피하는 곳마다 따라와 가로막을 녀석들이다. 그것들을 이겨낼 방법을 다른 곳에서 찾으면서 박복한 팔자만을 탓하고 있지는 않은가? 그것들을 이겨낼 수 있는 방법은 그것들을 통해 얻는 수밖에 없다.

"문제 속에 답이 있다."

지금 겪고 있는 절망의 해답이 도리어 그 절망 속에 숨어 있는 경우가 있다. 절망 속에서의 고통은 그 해답을 찾아가는 과정이며, 과정 자체가 해답인 경우도 있다. 피할 수 있었다면 애초부터 휘말리지도 않았을 절망이었으리라. 차라리 절망 속으로 들어가 자기 스스로 절망이 되어 그 절망을 넘어서는 것은 어떤가? 자전거를 배우려면 쓰러지는 쪽으로 핸들을 꺾어야 한다는 사실을 먼저 알아야 한다. 절망을 딛고 일어서고 싶다면, 페달을 밟아야 할 방향은 희망이 아니라 절망이다. 절망의 폭풍 속으로, 그 중심의 고요함을 향해……

어둠 속에서 태어난 '다크 나이트'는 다시 어둠의 트라우마에 갇히는 사건을 맞게 된다. '지옥'이라 불리는 감옥에 갇히게 된 브루스 웨인. 어릴 적 우물 밑에서 바라본 하늘과도 같은, 늘 열려 있는 채로 밝은 햇빛이 쏟아져 내리는 탈출구. 하지만 지금까지 단 한 명만이 탈출에 성공했다는 그곳은, 가시거리에 놓여 있으면서도 결코 손이 닿지 않는 희망처럼 더욱 절망인, 말 그대로 지옥이었다.

두 번째 탈출자가 되고자 했던 브루스 웨인은 탈출에 번번이 실패하고 있었다. 그 모습을 딱하다는 듯 지켜보고 있던 동료 수감자가 그에게 다가와 충고를 건넨다.

"당신은 죽음을 두려워하지 않는군. 그것이 당신을 강하게 만들 거라고 생각하나? 당신을 약하게 만들 뿐이야. 어떻게 당신 능력 이상으로 빠르게 움직일 것인가? 당신 능력 이상으로 오래 싸울 것인가? 가장 중요한 영혼의 자극제 없이……"

동료 수감자가 말한 영혼의 자극제란 죽음의 공포였다. 지옥에 갇힌 절망 속에서, 브루스 웨인은 자신이 택했던 박쥐의 상징을 잠시 잊고 있었다. 충고를 받아들인 브루스 웨인은 몸에 두르고 있던 밧줄을 내던진다. 그리고 지옥의 감옥에서 빠져나온 두 번째 탈출자는 다시 배트맨이 되어 고담시로 돌아온다.

인간은 절박한 상황에서 자신을 넘어서는 힘과 정신을 발휘한다. 그 절박함은 기회가 단 한 번뿐이라는 '유한'에서 나온다. 죽을 것을 각오하는 의연함보단 이 끝이 죽음이라는 공포가 자신을 더욱 강하게 만드는 것이다. 흔히들 말하지 않던가. 스스로를 절벽 끝에 세우라고…….

"실패를 두려워하지 말라!"

이런 말 같지도 않은 말은 귀담아들을 필요가 없다. 누구에게나 실패는 두려운 것이고, 두려워해야 하는 것이다. 단, 그 두려움을 감내할 수 있는 자에게만이 성공도 허락된다. 진정한 용기는 담력에서 비롯되는 것이 아니다. 두려워하지 않는 것이 아니라 두려워도 나아가는 것이 진정한 용기다. 어린 양을 잡아먹는 늑대가 아니라 새끼를 지키고자 늑대를 들이받는 어미 양이 용감한 것이다. 진정한 용기는 두려워하는 자들에게서만 가능한 역설의 산물이다. 오히려 두려워하지 않는 담대함에서 곧잘 곡해된 무념무상이 싹튼다.

두려움을 앞세우고 조심조심 걸어온 시간이기에 그것이 소중한 경험으로 각인될 수 있는 것이다. 이력이란 단순히 쌓아놓은 시간이 아니라 각성된 기억에 실시간으로 새겨지는 기록이다. 그리고 체내를 흐르는 문자들이 삶의 순간마다 당신에게 말을 건네는 내공으로 쌓이는 것이다.

끝 의 의 미

:

"신은 죽었다."

분명 니체가 한 말이다. 그러나 세상이 알고 있는 상식으로 그를 무신론자로 분류할 것인지에 대해서는 생각해볼 여지가 있다. 그가 부정한 것은 인간의 인식대로 인간의 편의대로 존재하는, 인류가 '신'이라 이름 붙인 '개념'이었을 뿐, 결코 인간의 인식능력으로 이해될 수 없는 창조의 힘을 부정하진 않았다.

니체에 의하면, 인류는 알 수 없는 내일에 대한 불안, 더 정확히 말하면 죽음에 대한 불안으로 '신'을 만들어냈다. 인간의 인식으로는 절대 알 수 없는 것들에 대한 불안의 열쇠를 신에게 맡긴 것이다. 그리고 죽음 이후의 시간을 인간의 인식대로 창조한 후 삶을 위로하기 시작했다. 더군다나 아무리 열심히 살아도 가진 자들에게만 유리하게 돌아가는 세상의 부조리 앞에서 민초들은 그 허무함과 억울함을 알 수 없는 죽음 이후의 불확실성으로 보상받고자 했다. 그러나 역사의 어느 순간부터 인간 스스로가 조작해낸 상상이란 사실을 잊고, 그것이 정말로 존재한다고 믿기 시작했다.

니체가 지적한 문제는, 그런 필연의 믿음이 어떤 부조리에도 맞서 싸우지 못하고, 그 부조리를 운명으로 받아들이는 나약한 인간상을 양산해내고 있었다는 점이다. 모든 것이 신의 뜻이라며, '저 너머'에는 분명 다른 삶이 기다리고 있을 것이라며, 신의 견해는 단 한 마디도 들어 있지 않은 신앙으로 살아가고 있는 체념의 삶. '저 너머'에 설정된 또 한 번의 기회로 이 삶을 그저 '준비'의 단계로만 간주하며, 삶의 시간을 모조리 죽음을 위해 소비하게 하던 허무주의. 이것이 니체가 비판한 니힐리즘의 정체다.

이 허무주의를 돌파하기 위해 니체가 제안한 방법론은 죽음 그 자체를 받아들이는 것이었다. 인간에겐 죽음이란 끝이 있기에 이 삶이 더욱 소중해지는 것이다. '저 너머'에는 영원한 삶이 있는 것이 아니다. 영원한 죽음이 있을 뿐이다. 그 죽음이 어떤 것인지 우리는 알지 못한다. 우리가 아는 것은 죽음이 시작되는 곳에서 멈출 수밖에 없다. 그러나 그 확연한 끝이 있기에 우리의 삶은 더욱 역동적일 수는 있게 된다.

"살라! 오늘이 마지막인 것처럼……." 그 이유는, 우리가 내일 죽을지도 모르기 때문이다. 무한대로 보장되는 삶이라면 굳이 시간을 쪼개고 나누어 살 필요가 없다. 산다는 건 무엇일까? 이 질문에 대한 대답이 지금 우리가 살아가고 있는 순간순간이다. 죽음이 다가온 순간, 지나온 삶을 돌아보며 비로소 깨닫게 될 삶의 의미를 부단히 창출해가고 있는 '지금 여기'이기도 하다. 그래서 니체는 신에게 죽음을 선포하고 신에게 맡겼던 불안의 열쇠를 인류에게 되찾아준 것이다.

누구나 잘살다 가는 인생을 바란다. 그 '잘'의 완성은 죽음이라는 끝을 통해서 가능하다. 단 한 번이기에 더욱 소중한 삶. 하지만 끝을 향해 다가서는 우리의 하루하루는 어떻게 소비되고 있는가? 인생의 끝자락에 후회로만 가득한 삶을 남겨두고 떠나려 하는가?

죽음이 거기 있기에

:

중국의 길거리 음식 중에 탕후루糖葫蘆라는 것이 있다. 과일에 설탕 옷을 입혀 꼬치에 꽂아 파는 것으로, 과일로 만든 맛탕이라고 생각하면 된다. 나는 이 음식을 볼 때마다, 가장 아름답고 화려했던 장국영의 모습을 간직한 영화 〈패왕별희〉의 한 장면을 떠올리곤 한다.

고된 훈련과 모진 매질을 운명으로 생각하며 살아가던 주인공은, 경극학교의 지겨운 일상을 견디지 못하고 사형과 함께 바깥세상으로의 탈출을 감행한다. 두 아이는 죽기 전에 가장 먹어보고 싶었다던 탕후루를 손에 들고, 축제 분위기가 한창 무르익은 저잣거리에서의 자유를 만끽한다. 그러나 우연히 관람하게 된 어느 경극배우의 거리 공연에 감명을 받은 후, 결국 자신들이 돌아가야 할 곳은 도망쳐나온 경극학교였다는 사실을 깨닫는다.

다시 돌아와 학교의 문을 열자마자 그들 앞에 펼쳐진 광경은, 도망간 자기들 때문에 노한 스승에게 매를 맞고 있는 다른 사형, 사제들의 발가벗겨진 엉덩이였다. 주인공은 모든 것이 자신의 잘못이라며 다른 형제들에게 용서를 구하고 매를 자청한다. 같이 도망쳤던 사형은 살이 터져나가도록 매를 맞는 주인공의 모습을 지켜보다 몰래 학대의 현장에서 빠져나온다. 잠깐의 일탈 속에서 일상의 희망을 깨달았지만, 돌아온 일상 앞에 여전히 버티고 있던 모진 현실. 세상 어디에서도 행복을 찾을 수 없었던 어린 꿈은 훈련장으로 가서 자살을 한다.

자살 직전의 장면이 인상적이다. 주머니 속에 남아 있던 몇 알의 탕후루를 자신의 입으로 모두 집어넣고, 가득 차오른 볼 안에 그것을 설움에 겨운 흐느낌으로 꾸역꾸역 씹어대던 어린 영혼은, 평소에 자신이 오르내리던 훈련용 밧줄에 목을 맨다. 죽기 전에 가장 먹어보고 싶다던 그것을 죽기 직전에 '마음껏' 먹어본 것이다. 다른 집 아이들에겐 별것 아닐 수도 있는 탕후루 하나가 가장 큰 소원이었던 어린아이, 그 어린아이를 죽음에 이르게 한 스승의 훈련방식. 어느 것 하나 상식적이지 않지만, 지금을 살아가고 있는 누군가에겐 현실인지도 모르겠다. 하지만 가장 상식적이지 못한 선택은, 꿈을 안고 돌아왔어도 그 대가가 무서워 선택한 죽음이다. 잔인하고 혹독한 매를 견뎌낸 주인공은 결국 최고의 경극배우가 되었건만, 고작 탕후루 하나와 삶을 맞바꾼 것이다.

니체의 철학에 따르면, 이 어린 죽음은 죽음 사용법이 잘못된 경우다. 그것은 다가오도록 내버려두는 것이지, 굳이 먼저 다가가는 것이 아니다. 우리의 임무는, 죽음이 곁에 다가와 있는지도 모르게, 그저 열심히 현재를 살아가는 것, 그러다 마주하게 될 갑작스러움에 화들짝 놀라주는 것, 갖은 떼를 쓰고 억지를 부려보다가 통하지 않는다 싶을 때 못 이기는 척 따라가주는 것이다. 너무도 이른 체념과 포기는, 전혀 예상하지 못하다 갑작스럽게 불려온 죽음을 놀라게 하는 짓이다. 너무 놀란 나머지 이따금 제 역할을 하지 못하고 자신의 자리로 돌아가기도 한다. 자살이란 행위는 삶에게는 예의가 아니며, 죽음에게도 배려가 아니다.

쇼펜하우어는 죽음을 인생의 고통에서 벗어날 수 있는 시간으로 보았으며, 자살이란 문제에도 그다지 부정적인 시각이 아니다. 하지만 그가 말하고자 하는 궁극적 의미는, 절망을 감당하지 못한 나약함이 절망을 벗어나고자 선택하는 가장 손쉬우면서도 경솔한 방법이 자살이라는 것이다. 즉 행동화된 체념이다.

절망의 철학자 키르케고르 역시 자살을 절망의 결과로 보지 않았다. 생각에 생각을 거듭한 끝에, 보다 수월한 방향으로 기운 의지일 뿐이다. 자살은 절망에 내몰린 결과가 아니라 절망을 피하려다가 스스로 다가가는 적극적인 어리석음이라는 것이다. 키르케고르는 절망을 '죽음에 이르는 병'으로 정의했다. 그리고 문맥에서 독립된 이 격정적인 문장이 대중들의 오해를 불러일으킨다. 그러나 절망은 곧 죽음이 아니라, 아직 병이다. 병에 동반되는 아픔은 위험요소를 감지하고 '정지'를 촉구하는 역할을 한다. 어느 베스트셀러의 제목처럼 '아파야 산다'는 것이다. 절망인지도 모르고 살아가는 무지가, 절망을 회피하기만 하다가 결국엔 더 큰 절망인 죽음이 된다는 의미. 절망을 긍정한 것도 아니지만, 철저히 부정한 것도 아니다.

죽을 용기로 살라고들 하지만, 또 얼마나 살 용기가 없으면 죽음을 결심하겠는가. 그런 극강의 절망 앞에서 프로이트의 타나토스니 뒤르켐의 자살론이니를 떠들어봤자 다 부질없는 짓이다. 도저히 여기서는 살 수 없을 만큼 힘들어서 먼저 건너가겠다는 용단일 수도 있는데……. 그의 시간을 살아보지 못한 그 무정한 마음들이, 가는 발걸음을 더욱 서럽게 하는 것인지도 모른다. 하지만 분명 필요한 무정함이기도 하다. 그런 마음으로 넘어간 세상이 또 얼마나 천국이고 극락이겠는가. 그 너머에서 바라본 이쪽 세상에 대한 미련과 연민이 더욱 큰 절망일지 모르는 일인데 말이다. 넘어서야 할 것은 삶의 곡절이지 결코 삶의 경계가 아니다.

부 활 의 신 호

:

니체의 철학 기저에 존재하는 신이 있으니 바로 '디오니소스'다. 철학과 예술에 대한 담론에서 심심찮게 등장하는 '디오니소스적'이라는 용어는, 니체의 '우연'과 '긍정'에서 유래한다.

올림퍼스에 마지막으로 합류한 신이면서 올림퍼스의 신 중 유일하게 인간의 혈통을 지니고 있는 그는, 질투에 눈이 먼 헤라의 계략에

142

육신이 갈기갈기 찢겼다가 다시 제우스에 의해 부활한다. 그런데 그의 육신을 갈기갈기 찢었던 가해자들이 바로 타이탄족이다. 함의된 상징을 해석하자면, 뜻하지 않은 우연으로 파괴되었다가 삶의 의지로 부활하는 필연이라는 의미다. 즉 인간의 삶은 필연의 믿음에 기대지 않고, '나'라는 필연적 요소 하나로 우연을 헤쳐 나갈 때야 비로소 자주적일 수 있게 된다는 것이, 인간이면서 동시에 신이기도 했던 디오니소스의 존재 의미다.

'술의 신'이라고 불리는 그는, 포도재배와 포도주를 만드는 법을 인간에게 가르쳐줬다고 전해진다. 당연히 그의 상징은 포도다. 죽음에서 부활한 생명의 신은, 항상 포도주를 마시고 있다. 그리스인들에게 이 스토리텔링은 무엇을 의미하는 것일까? 술이 되려면 포도는 짓이겨져야 한다. 열매는 무엇인가에 의해 부수어져야 다시 열매가 될 수 있다. 파괴의 고통은 스스로를 다시 태어나게 하기 위해 감당해야 할 산고다.

죽음에 직면했다가 다시 살아난 사람들에게 삶은 더욱 가치 있는 절실한 시간이다. 어쩌면 그전까지의 자신은 죽은 것인지도 모른다. 영화나 드라마의 흔히 등장하는 대사처럼, '네가 알고 있는 나는 죽었어'이다. 차라투스트라의 경멸과 몰락 또한 그런 의미였다. 부처의 고행과 그리스도의 광야가 또한 그런 것이었다. 이전까지의 자신을 파괴해야 더 나은 자신이 될 수 있다는, 파괴와 생성, 고통과 환희가 뒤섞인 모순으로의 의지다.

정신분석에서 해석하는 죽음에 관한 꿈은 새로운 탄생을 의미한다. 무의식이 보내는 죽음의 신호는 익숙함으로 끌어안고 있는 것들에 대한 사형선고다. 그것에서 벗어나 새로움을 향해 가라는 의미다. 그러나 우리는 종종 그 신호를 잘못 알아듣고, 오히려 그것들에게 익숙한 자신을 죽이려 든다.

12

절 망 을
걷 고 있 는
여 행 자

여 행 자 그 리 고 조 난 자

:

그저 시간에 떠밀리고 시선에 이끌려 숨 막힐 듯 피어오르는 열기를 가로질러 터벅터벅 걷고 있었다. 왜, 언제, 어떻게, 여기로 들어오게 된 것인지의 기억조차도 건조하고 까칠한 모래바람에 뒤덮여 가물가물하다. 가장자리라곤 없는 것 같은 이곳, 언제나 가운데를 걷고 있는 듯한, 가도 가도 끝이 없는 모랫길, 사막이다.

긍정도 해보았다. 스스로 강해질 기회라고……. 아무도 봐주지 않았던, 어디에도 쓸데가 없었던 강인함만을 키워오면서 넘어온 모래 언덕이 이미 수십 개. 희망도 가져보았다. 가다보면 언젠가 끝이 보일 거라고……. 도저히 끝나지 않는 기다림과 떠날 줄 모르는 외로움을 이끌며 넘어온 모래 언덕만 벌써 수십 개. 그러나 기대와 바람으로 오른 언덕 너머에는 언제나 또 다른 사막이 펼쳐져 있었다. 포기하지는 않았다. 그렇다고 긍정과 희망 때문에 그런 것은 아니다. 사막 한가운데서 말라 죽느니 걸어가다 지쳐 죽는 게 덜 고통스러울 것 같다는 생각. 조금 덜 비참한 것을 택한 절망이었을 뿐이다.

'타는 목마름으로' 수백 개의 모래 언덕을 넘어 사막을 빠져나왔을 땐, 내 인생을 다 허비한 시점이었다. 드디어 살아볼 만한 시간이 다가왔다고 생각했는데, 나를 길러준 시간은 내 곁에서 죽음도 함께 기르고 있었다. 내 삶은 그저 사막이었다. 모래와 열기 이외엔 아무것도 없었던……. 나는 무엇을 위해 살아온 것이고, 왜 여기까지 걸어온 것일까? 허무함으로 흘러내리는 눈물로 흩어지는, 저 지겹던 사막도 이젠 마지막이다. 뜨거운 모래 위에 머리를 눕히며, 수백 개의 모래 언덕을 넘으며 너덜너덜해진 두 다리를 바라보며 깨달은 것은, 내가 낙타라는 사실이었다. 내 삶은 여행일 수 있었으나 내가 살아온 삶은 조난이었다. 그 사실을 죽음을 앞두고서야 깨달았다. 허무함의 정체는 삶이 아니라 바로 나 자신이었다.

차라투스트라는 인간의 정신이 낙타, 사자 그리고 아이의 단계로 변모하는 과정을 상세히 적고 있다. 그리고 대부분의 인생이 아직도 사막을 빠져나오지 못하는 낙타의 시간으로 사는 세상이란 사실까지도 덧붙이고 있다. 굳이 나까지 낙타의 개체 수에 참여할 필요가 있을까? 낙타로서의 시간을 살아가고 있으면서 사막을 탓하고 있다는 사실 또한 우스운 일이다. 낙타들은 생존을 위해 스스로 사막을 택한 것이다. 스스로 선택한 '안정'이란 공간에서 벌어지고 있는 무미건조한 시간일 뿐이다.

"사막 너머에는 사막이 있을 뿐이다." 영화 〈동사서독〉의 구양봉이 사막의 중심에서 읊조린 인생무상의 내레이션이다. 사방이 '너머'로 둘러싸인 '한가운데'를 살아가는, 삶의 의미를 잃어버린 지 오래돼버린 검객은, 사막 너머에 무엇이 있는지 궁금해하지 않는다. 어차피 그 너머에도 사막이 있을 뿐이다. 그러나 다시금 깨달아야 했던 허무는, 자신이 딛고 있는 '한가운데'도 돌아본 적이 없다는 점이었다.

그저 목적지만을 바라보며 달려가다가 어느 순간 목적지까지 오는 여정이 여행이었음을 깨닫는 얼치기 여행자처럼, 삶을 알기 위해 삶을 소비하며 살아가는 현실. 정작 그 깨달음의 순간에 발견되는 것이라곤 눈앞에 다가와 있는 죽음이라는 허무. 삶이란 무엇인가? 언제 명쾌한 대답이 주어지기나 하던가? 영원히 알 수 없을 것이다. 그럴 바엔 차라리 자신을 둘러싸고 있는 모름을 즐겨야 하지 않을까? 저 사막 너머에는 또 하나의 사막이 있을 뿐이다. 모름을 넘어서는 순간, 또 모르는 무언가를 발견하게 될 뿐이다.

너 머 를   넘 어 서

:

감옥에 갇혀 있는 사람, 사막을 걷고 있는 사람. 어느 경우가 더 막막한 상황일까? 사방이 막혀 있는 경우나, 사방이 뚫려 있는 경우나,

방향이 의미가 없긴 마찬가지다. 한정된 공간 속에서 시간이 끝나길 기다리는 경우, 무한한 시간 속에서 공간이 끝나길 기다리는 경우, 반복되는 시간과 반복이나 다름없는 시간은 시간으로서의 의미가 없기는 매한가지다. 반복되는 공간과 반복이나 다름없는 공간이 지겹기는 마찬가지다.

감옥에 갇혀 있는 것과도 같은 시절이 있다. 내가 어찌할 수 없는 것들에 둘러싸여, 한 발자국도 앞으로 나아가지 못하고, 그저 그것들이 빨리 지나기만을 바라고 있을 수밖에 없는……. 그러나 우리의 기억 속에는 사막 같은 시절의 지분이 더 많다. 무언가를 할 수 있는 가능성이 아예 차단된 경우에는 차라리 포기라도 할 텐데, 무언가를 할 수 있는 가능성이 조금이라도 열린 경우에는 포기조차도 어렵다. 조금만 더 하면 될 것 같고, 조금만 더 가면 될 것 같고, 조금만 더 기다리면 될 것 같은……. 될 것 같은 기대로, '되지 않은 채'가 지속되지만, 네가 포기한 지점 바로 앞에 '됨'이 기다리고 있을지도 모른다는 숱한 격언은 희망이면서도 그만큼의 절망이기도 하다.

그 어떤 변명과 핑계도 내 편이 되어주지 않는다. 세상은 '이미 된 자'들의 사례로, 내 잘못이었음을, 내 나약함이었음만을 일깨워준다. 나도 한다고 한 건데, 산다고 산 건데……. 어느 순간부터는 벗어나기 위해서가 아니라 그저 걸음이 이끄는 대로 무작정 걸어갈 뿐이다. '여기'를 걷고 있는 이유도 서서히 잊혀간다. 수많은 '지금'을 밟아왔지만, 어제도 걷고 있던 사막이고, 내일도 걷고 있을 것 같은 사막일 뿐이다. 나는 그냥 애초부터 이 사막을 걷고 있었던 것 같다.

감옥과 사막의 차이는, 모든 것을 놓아버린 채 끝이 다가오기만을 기다린다는 소극과 나 스스로 희망에 다가선다는 적극이다. 그런데 뭐 하나 제대로 되지 않는 순간에는 이 둘이 헷갈린다. 사방이 벽이 아님에도, 보이지 않는 벽에 둘러싸인, 막힌 것이나 다름없는 광활한 열림 안에 '간혀'버린다.

길이 되기 위해선 길이 아닌 곳은 막혀 있어야 한다. 모든 방향이 열려 있으면 도리어 방향을 잃는다. 하지만 방향만의 문제도 아니다. 이 길 끝에 무엇이 기다리고 있는지, 언제까지 걸어가야 하는지 알 수 없는 모름이 더 큰 불안이다. 인생은 속도가 아닌 방향이라는 허울 좋은 말도 전혀 귀에 들어오지 않는다. 내 방향이 맞다는 단서가 발견되지 않는 판국에 무슨 방향을 논한단 말인가? 그저 '앞'을 향해 걸어갈 뿐이다.

그러나 뭐 어쩌겠는가? 격언을 진리로 믿고 살아갈 수밖에 없는 이유는, 당장 현실을 헤쳐 나갈 다른 방법이 없기 때문이기도 하다. 다른 방법이 있다면 그렇게 하면 된다. 격언을 향한 불평과 성화가 그대가 찾아낸 뾰족한 수인가? 차라리 사방이 벽이기에 '문'도 존재할 수 있다. 문 없는 감옥이라면 애초에 들어가지도 못했을 것이다. 열린 공간에서 길을 잃었다면, 모든 방향이 길이 된다. 이런 말 같지도 않은 말을 위로 삼아 또 하루를 성실히 살아가는 수밖에⋯⋯.

불확실성에 거는 기대는 주관적인 희망이다. 절망은 객관적이라고 착각하는 주관적인 확신이다. 즉 희망은 확률이지만, 절망은 확신이다. 그래서 절망은 희망보다 설득력과 감화력이 강하다. 실상 절망 속에선 아무것도 할 수 없는 것이 아니라 아무것도 하지 않겠다는 의지가 실현되고 있는 것이다. 절망감의 정체는 아무것도 할 수 없는 것이 아니라 딱히 할 일이 없는 것이다. 오직 절망하는 것밖에는……. 그럴 바에는 그 시간적 여유로 격언들을 체험하고 증명하는 기회라도 가져보는 것이 어떨까? 어차피 차고 넘치는 게 시간인데! 계속 걸어가다 보면 또 무엇이 나올지 알 수 없는 게 인생이 지닌 불확실성의 매력이다. 인생 아직 모르는 거다. 여기서 나를 멈추게 하는 것은 나의 확신이다.

어린 왕자가 말한다. "사막이 아름다운 이유는 어딘가에 오아시스를 숨겨두고 있기 때문이야." 삶이 아름다운 이유는 삭막하고 거친 여정 속에 숨겨둔 반전 때문이다. 절망이 아름다운 이유는 어딘가에 희망을 숨겨두고 있기 때문이다.

하지만 모두에게 희망이 되는 것은 아니다. 사막의 오아시스는 희망이면서도 곧 절망이기도 하다. 타들어 가는 갈증은 혼미해지는 정신으로나마 적응되지만, 갈증이 해소되면 또렷해지는 정신 때문에 절망은 더욱 선명해지기만 한다. 더군다나 오아시스에서 영원히 살아갈 수는 없는 법. 걸어야 할 사막은 여전히 멀고 길다.

그렇다고 오아시스의 물을 다 퍼갈 재간도 없다. 오아시스에서 챙겨온 물은, 떠나온 오아시스가 시야에서 사라지기도 전에 바닥나곤 한다. 몇 번을 돌아가 물을 마시다 차라리 오아시스에 빠져 죽을 생각을 한다. 사막에서 익사라니? 참으로 아이러니지만, 벗어날 수 없는 것은 사막이 아닌 오아시스가 되어버린다.

우리가 절망을 빠져나가지 못하는 이유는, 그 절망이란 것조차 내게서 떨어져 나온 나의 가치들로 유지되는 안정성일 때가 많기 때문이다. 절망이라고 표현하지만, 실상 고난 앞에서 취할 수 있는 가장 손쉬운 방법을 택한 연민에 가깝다. 즉 절망마저도 내가 편한 방법론으로 취하고 있으면서도, 힘들어하고 있다는 사실만으로도 자기 자신에게 느끼는 측은지심. 어차피 이래저래 절망인 것을……. 이제는 오아시스를 떠나야 할 때이다.

니체는 '너머'의 시공간이 아닌 '넘는' 행위 자체를 긍정한다. 고통을 끊임없이 넘어서는 것, 고통으로 거듭나는 자신을 긍정하는 것이다. 인생무상이라고? 그래서 뭐 어쩌란 말인가? 우리의 결론이 허무라면, 그 허무의 전제를 성실히 살아가면 그만이다. 허무 너머에는 다른 허무가 있을 것이다. 그렇다면 모든 허무의 순간에 충실하면 그만이다. 니체의 니힐리즘Nihilism, 허무주의은 적극적으로 그 허무를 살아주는 것이다. 인생의 전제는 허무이지만, 인생의 주체가 겪고 있는 사태는 허무가 아니라 '넘어'여야 한다.

허무란 무엇일까? 니체의 대답은, 가장 중요한 가치가 그 가치를 잃어버린 것. '왜?'라는 질문을 던지지 않는 것이다. 인생은 무상한 것이라며 허무에만 고착된 삶은, 사막 한가운데에서 사막을 돌아보지 않았던 구양봉과도 같은 경우다. 결국 인생도, 무상도 깨닫지 못한 자들의 어리석은 결론에 불과하다.

긍정의 끝판왕

:

'데우스 엑스 마키나deus ex machina'는 심형래 감독의 영화 〈디 워〉에 대한 진중권 교수의 비평으로 이슈가 된 용어다. 그리스의 고대극에서 도르래 줄에 매달린 신이 무대로 내려오는 연출기법으로, 억지스럽게 외부에서 개입한 우연이 비극의 서사를 단번에 해피엔딩으로 전환시키는 해결사로 등장하는 경우를 일컫는다.

데우스 엑스 마키나는 원래 낙관주의적 권선징악의 스토리로 완결하고자 신의 강림이라는 대단원을 설정한 것이었다. 문제는 비극적으로 흘러가는 서사를 극작가 자신도 해결할 방법이 없다 싶을 때면, 이 갑작스러운 우연을 끌어다 억지스러운 합리로 관객을 설득한

'남용'이었다. 스토리 전개에 전혀 포함되어 있지 않았던 우연적 캐릭터가 전지전능한 끝판왕으로 등장하는 '기승전신神'의 포맷. 그러나 우연을 책임질 필연의 설정이었다는 사실은, 인간의 현실에서 더불어 살아가고 있는 신의 입장과 같다. 우연 끝에 기다리고 있는 필연적 존재로서 말이다.

니체는 처녀작인 《비극의 탄생》에서 비극이 지니는 인문적 가치를 되돌아보고 있다. 비극이야말로 삶의 진정성을 담아내는 도취적 스토리텔링이라고. 비극은 연기하는 자와 관객이 혼연일치가 되어 '극복의 의지'와 '절망 앞에서의 좌절'이란 공감을 통해 감정을 정화시킬 수 있는, 페이소스와 카타르시스의 기능을 지니고 있다.

그리스인들의 예술적 기원은 비극이었다. 그러나 소크라테스의 도덕적 가치관이 성행한 이후에는 어떻게든 해피엔딩으로 끝나야 하는 결말이 필요했다. 그래서 비극에서 희극으로 도약을 이루는 억지스러움이 저 '데우스 엑스 마키나'로 실현된다. 이렇게 전형을 추구하는 문법 속에서는 스토리가 지니는 흐름의 미학이 도태될 수밖에 없다. 어차피 결말이 '신'이라는 사실을 모든 관객이 알고 있다. 굳이 스포일러를 따질 필요가 없고 어떤 반전의 가능성도 존재하지 않는 필연이다. 후레쉬맨이 '로닝 발칸'을 외치기를 기다리는 동심들이 아닌 이상 그런 전개에 흥미를 느낄 사람은 없지 않겠는가?

니체는 비극을 비극 자체로 감상하지 못하는 소크라테스적 도덕주의를 비판한다. 그리고 계보학의 작업을 통해 인류가 견지하고 있던 규범과 도덕의 기준이 과연 무엇인가를 파헤친다. 니체가 철학사에 던진 '차이'와 '관점'이라는 주요 화두는 소크라테스가 원인이었던 셈이다. 철학적 화법으로 표현하자면 니체는 소크라테스의 '증상'이었다. 그래서 니체는 소크라테스를 무척이나 싫어했다. 저작을 남기지 않은 소크라테스의 출처가 되는 플라톤 역시 좋아했을 리 없다. 서양철학을 플라톤주의와 니체주의로 구분하는 기준은, 어쩌면 '데우스 엑스 마키나'로부터 시작되는 문제인지도 모르겠다.

그러나 이는 가상의 스토리 속에서의 문제다. 더 큰 문제는 삶 속에 들어와 있는 '데우스 엑스 마키나'다. 삶의 서사와 맥락을 무시한 채, 긍정적인 마음으로 살아가다 보면 무엇이든 이룰 수 있다는 식으로 뻗어지는 긍정론들이 그것이다. 그저 기적과 귀인이 다가오기만을 기다리는 저 죽일 놈의 긍정적인 마인드……

"삶은 멀리서 보면 희극이지만, 가까이서 보면 비극이다."

찰리 채플린의 어록을 곱씹어볼 필요가 있다. 우리는 너무 거시적인 시각으로 긍정의 재림만을 기다리다 이미 다가와 있는 미시적 순간들을 놓치고 사는 경우가 많다. 니체가 설파한 비극의 효능은 다가올 '언젠가'보다는 다가와 있는 순간에 충실할 수 있게 해준다는 것이었다. 그것이 비록 슬픔이고 절망일지언정……

이런 긍정과 절망의 구도를 문학적으로 정의한 카뮈의 한 줄, "삶에 대한 절망 없이, 삶에 대한 사랑도 없다."

우연히 나타나서 우리를 구원해주는 필연의 끝판왕 같은 것은 없다. 예수 그리스도도 끝내 끝판왕을 소환하지 않았다. 거룩한 죽음으로 위대한 정신을 완성할 따름이었다.

"네 믿음이 너를 구원할 것이다."

신은 언제나 우리와 함께 하지만, 우리 스스로 이루어내는 모습을 지켜볼 뿐이다. 이는 동양의 진인사대천명盡人事待天命의 모토와도 맥이 닿아 있다. 하늘을 뜻을 기다리기 전에 인간으로서 할 수 있는 모든 것을 했는가를 돌아보라는 것. 어찌할 수 없는 것은 어찌할 수 없다면, 어찌할 수 있는 것들을 돌아보라는 것이다. 그것은 '저기'에 있지 않다. 그토록 벗어나기를 갈망했던 '여기'에 존재한다. 비록 그것이 절망일지라도, 저기에 놓인 희망보다 여기에 놓인 절망에 충실하라는 것. 저기의 희망은 하늘의 뜻에 맡기라는 것이다.

불 안 의   기 능

어느 심리학자의 조사 결과, 우리가 하는 걱정의 30퍼센트는 이미 지나간 일, 40퍼센트는 결코 일어나지 않을 일, 22퍼센트는 사소한 일, 나머지 8퍼센트는 아직 생기지도 않은 일이라고 한다. 그렇다면 이 심리학자는 무슨 걱정으로 이런 조사를 했을까? 결코 일어나지 않을 일과 별것 아닌 사소한 일의 기준이 도대체 무엇이란 말인가. 그렇다고 보통 사람들이 지구 멸망의 시나리오를 걱정하면서 살아가는 것도 아닌데, 별것 아닌 사소한 것들이 원인이 되어 더 큰 재앙을 불러들이는 경우가 비일비재한데 말이다. 이런 이유로 니체는 연구실에만 들어앉아 연구에만 전념하는 학자들을 싫어했다. 개개인이 마주하고 살아가는 인문적 맥락을 전혀 고려하지 않은 상태에서 통계적 평균치에만 몰두할 뿐, 그것을 직접 삶으로 해석해내지 못하고 문헌을 통한 해독만을 일삼기 때문이다. 니체의 표현을 빌리자면, '평균적인 인간의 삶을 척도로, 다른 모든 피조물의 삶을 측정하는' 그 모든 것이 오류다. 더군다나 이 경우에는 척도의 설정 기준조차 애매하다. 그럼에도 불구하고 웬만한 심리학자들이 다 가져다 쓰는, 긍정의 전형이 되었다.

지나간 일을 걱정하는 것은 그것이 어떤 결과를 가져올지 모르기 때문이다. 걱정은 모두 미래의 사태에 대한 것들이다. 걱정이란 것은 '인간적인, 너무도 인간적인' 현상이며 행위다. 그 걱정들로 인해 철학, 종교, 문학, 예술이 발전해온 인류의 역사이기도 하다. 걱정 없이 사는 것이 도리어 무지이고 나태일 수도 있는 것이다. 긍정을 이유로 들어 부정에게 인색하게 굴고 걱정을 폄하의 대상으로 만들어버리면, 걱정 많은 자신을 걱정해야 하는 걱정이 생겨날 뿐이다. 걱정해도 된다. 근심해도 된다. 그 모두가 삶을 풀어가기 위한 방법론일 뿐, 걱정과 근심이 최종의 목표는 아니지 않던가.

진리가 너희를 자유케 하리라! 불안 속에서 어떻게든 뭘 해보려고 필사적으로 생각을 거듭하는 과정들이 우리를 자유케 하는 진리다. 키르케고르가 설파한 '실존' 역시 이런 불안으로부터 출발하는 개념이며, 사르트르에게는 실존적 '자유'의 원천이 되었다.

절망도 필요하다. 정말 위험한 것은 그 절망마저 놓아버리는 평온함이다. 방황도 필요하다. 너무 걱정하지 마라! 언제고 다시 돌아갈 테니까. 제발 절망하지 말라고, 방황하지 말라고 하지 마라! 어차피 자기 맘대로 되지도 않는 절망이고 방황이다. 그저 절망과 방황 곁에서 지켜봐주기만 하면 된다. 절망과 방황에 대한 지나친 관여와 간섭은 그를 더욱 절망하고 방황하게 할 뿐이다.

니체의 견해에 따르면, 동정이란 것은 동정의 대상이 아닌 동정의 주체 자신을 의식하는 자기애적 행위다. 남의 슬픔 앞에서 느껴야 하는 자신의 무능에 대한 모욕감이 행하는 복수이며, 동정받는 대상에게서 타인과 동등하다는 긍지를 박탈하고 있는 월권이다. 위로하지 말고 동정하지 말라는 소리가 아니라, 위로와 동정은 그만큼 어렵고 정교함을 요하는 관계의 기술이라는 것이다. 그렇지 못할 바엔 차라리 입을 닫고 따뜻한 눈빛으로 곁을 지켜주던가, 그도 자신이 없다면 차라리 다정한 무심함이 상대를 위한 배려일 수 있다.

청춘을 향한 니체의 '다정한 무심함'은 우리의 절망이 결코 우리만의 잘못이 아니라면서 다독거리지만, 결코 절망을 허락하지도 않는다. 니체가 자기연민을 비난했던 이유, 다시 자신에게 일어서려는 의지보다는 '치명적인 고독의 특권'을 부여하기 때문이다. 무너져 있는 스스로를 위로하는, 그 고귀한 감상을 통해 자기 자신에게 저지르는 '무례'라고…….

니체는 소위 '긍정의 철학자'라고 불리운다. 그러나 서점가에 넘쳐나는 긍정의 복음과는 차이가 있다. 니체는 절망 그 자체를 긍정한다. 긍정의 철학자이면서 동시에 절망의 철학자라는 역설은, 키르케고르의 절망과도 상통한다.

절망은 죽음에 이르는 병이다. 그러나 병일뿐 그 자체로 죽음은 아니다. 아픔이란 것은 몸이 보내는 경고의 메시지다. 더 가면 위험하니 거기서 멈추라는 것이다. 아픔이 없다면 도처에 널려 있는 죽음이 다가와도 그것을 깨닫지 못할 것이다. 차라리 지금의 절망이 주고 가는 아픔 속에서 왜 아픈 것인지를 깨달을 수 있는 성찰이 가능해진다. 지금 내 앞에 닥친 현실이 절망이라면 아파해도 된다. 아니 아파해야 한다. 그 아픔으로 인해 허물어진 공간의 크기만큼 성숙해지는 것이다.

14
—
이 소 룡
커 넥 션

그들 각자의 정무문

:

팝 칼럼니스트 김태훈 씨는 자신이 진행하는 영화평론 프로그램에서 이런 질문을 한 적이 있다.

"정두홍 무술 감독과 견자단(전쯔단)이 싸우면 누가 이길까?"

배우보다 무술감독으로서 먼저 유명세를 탄 견자단과의 비교이겠지만, 당시 견자단의 조국에서는 영화 〈옹박〉에서의 스타일리쉬한 무예타이로 전 세계를 매료시켰던 토니 쟈와 비교가 한창이었다. 띠동갑의 배우가 같은 시기에 비교 대상이 되었다는 사실은, 그만큼 견자단이 늦은 나이에 각광을 받게 되었다는 뜻이기도 하다.

영화 〈엽문〉의 주연을 맡으면서, 비로소 견자단이라는 이름이 한국의 대중들에게 널리 알려지기 시작했지만, 그전부터도 나름대로 마니아층을 지니고 있었던 배우다. 주연도 많이 맡았지만, 대중적으로 흥행했던 작품에서는 주로 싸움 잘하는 '차도남'(차가운 도시 남자) 이미지의 조연이거나, 끝판왕의 위치에서 주인공의 도전을 기다리는 절대 무공의 악역으로 등장했다. 영화 〈블레이드〉의 무술감독을 맡으면서 할리우드에까지 알려진 존재감이었지만, 배우로서의 전성기는 지니고 있는 역량보다 늦게 찾아왔다.

배우로서 인지도가 쌓이기 시작한 것은, 영화 〈정무문精武門〉을 TV 드라마로 각색한 작품의 주연을 맡으면서다. 이소룡과 같은 실전스타일의 무술을 추구한다는 점에서 견자단의 캐스팅은 어느 정도 흥행이 보장된 기획의 화룡점정인 듯했다. 그러나 주윤발이 열어젖힌 홍콩 느와르 액션, 이연걸과 함께 도래한 무협 르네상스, 그리고 언제나 독야청청했던 성룡의 몸을 사리지 않는 스턴트가 건재했던 시장에서 견자단의 문법은 기대만큼의 큰 성과는 거두지 못했다. 대중이 그의 진가를 알아보는 데에는 10년의 시간이 더 필요했다.

견자단은 이연걸과 체육학교 무술반 동창이다. 견자단이 한창 무명의 시간을 허덕이고 있을 때, 이연걸은 영화계의 판도를 뒤바꾸어 놓은 스타 중의 스타였다. '황비홍'이란 캐릭터가 사극 무협의 대명사로 인식될 정도였고, 시대의 코드에 편승하고자 우후죽순으로 만들어진 아류 작품들은 변발과 치파오(중국 전통 의상)의 코드를 지켜내고자 청대清代를 시간적 배경으로 설정하는 경우가 일반적이었다. 당시까지 최고의 개런티는 〈폴리스 스토리〉 시리즈로 전성기를 이어가던 성룡과 정통 여성 액션의 시초라고도 할 수 있는 〈예스마담〉의 양 자경이었다. 그러나 당시 이연걸의 개런티는 측정이 불가했다. 개런 티와 캐스팅 문제에 삼합회(홍콩과 대만에 기반을 둔 폭력조직)가 개입 하는 불미스러운 사건까지 일어났을 정도로, 그의 몸값은 부르는 게 값이었다. 동창의 성공을 멀리서 불편한 시선으로 바라볼 수밖에 없 었던 견자단. 이연걸이 당한 불미스러운 사건이 차라리 그에겐 욕망 이었을 정도로, 영화계에서 그의 존재감은 아직 미미했다.

　무엇보다 무술에 입문하게 된 두 사람의 상반된 동기가 재미있다. 이연걸은 체격이 왜소해서 그를 받아주는 곳이 무술반밖에 없었다 고 한다. 어쩔 수 없이 걷게 된 무도인의 길이 그의 운명이 되었던 셈 이다. 그러나 영화에 입문하기 전까지 중국무술의 무형문화재급 인 재로 군림하게 된다. 영화계로 발을 들인 이후에도 흥행에 실패한 작 품은 있었어도 무명 시절은 없었다. 출연료 지급 체계가 투명하지 않 았던 당시 영화계에 불만을 품고서 자신이 직접 영화사를 설립했는 데, 제작한 영화의 대부분이 흥행에 성공한다.

　반면, 견자단은 어머니가 유명한 무술가인 집안에서 태어나 자연 스럽게 무술을 익혔고, 보스턴 시민으로 살다가 베이징으로 유학을 오게 되면서 홍콩영화계와 인연을 맺는다. 영화계 입문 후 그렇게 흥 행한 작품도 없었지만, 그나마 흥행한 작품에서는 조연과 악역을 맡 는 경우가 대부분이었다. 자신이 직접 영화를 제작했다가 재산을 탕 진하기도 했고, 나서는 투자자가 없어서 사채로 영화를 만들기도 했 다. 하지만 그는 그 긴 세월 동안 서서히 대중에게 자신의 이름을 각인시키게 된다.

　견자단이 보다 많은 대중에게 자신의 존재감을 확인시킨 영화 〈엽문〉은 이소룡 사부의 일대기다. 견자단의 실질적인 시작이 〈정무문〉이었다는 점에서 본다면, 이소룡이란 존재는 그의 미약한 시작이면서도 창대한 나중이었다. 그런데 이연걸 또한 〈정무문〉을 리메이크한 적 있다. 자신이 직접 설립한 영화사에서 처음 제작한 영화였으니, 어떤 면에서는 이연걸에게도 기점이 되는 작품이다. 이소룡을 매개로 그려지는 두 동창의 평행적 인생 구도는 여기서 끝이 아니었다. 견자단의 〈엽문〉이 개봉되기 얼마 전, 몰디브에서 쓰나미를 직접 겪은 이연걸에겐 무도인으로서의 대오각성이 찾아온다. 아비규환의 공포 앞에 자신이 얼마나 나약하고 무능한 존재였는지를 깨달은 액션스타는, 자신의 성찰을 영화 속에 녹여냈으니 바로 〈무인 곽원갑〉이란 작품이었다. '곽원갑'은 〈정무문〉의 주인공 캐릭터인 '진진'의 사부다.

　사실 말이 동창이지, 견자단은 학창시절에 이미 스타반열에 올라 있던 이연걸을 볼 기회가 몇 번 없었다고 한다. 그리고 졸업 후 영화에서의 만남에서도 견자단은 이연걸에게 패배해야 하는 조연에 불과했다. 상대적인 발탁감이 어찌 없었겠냐만, 같은 화단의 다른 꽃이었을 뿐이다. 이연걸은 이른 계절에 피어나는 매화였고, 견자단은 늦은 계절에 피어나는 코스모스였다. 그리고 그 계절의 간극은 15년이란 세월이었다. 그러나 자신이 꽃임을 의심하지 않았던 무도인, 피어나기를 포기하지 않았던 영화인, 자신을 허락하는 계절을 기다려 꽃을 피운 견자단이라는 인생철학이었다.

니체의 말. "언젠가 많은 것을 말해야 하는 이는, 많은 것을 가슴 속에 말없이 쌓아둔다. 언젠가 번개에 불을 켜야 할 사람은 오랫동안 구름으로 살아야 한다."

모든 구름이 번개를 지니고 있지는 않다. 심지어는 비를 머금고 있는 먹구름도 번개를 침묵하기 일쑤다. 하늘이 나의 자리가 되는 것도 잠시, 다시 비가 되어 땅으로 내리고, 개울이 되고 강이 되는 순환을 다시 반복한다. 다시 구름이 되어도 번개가 되지 못할지도 모르는, 우연에 비껴가고 필연에 물러서 있는 이 빌어먹을 놈의 삶. 다 되어가듯 하다가도 다시 제자리, 이루어졌다 싶다가도, 다시금 원점으로 돌아가야 하는……. 하지만 또 그런 게 세상이다. 이럴 필요까지 있을까 싶은 그 불필요가, 언제고 번개로 화化하는 단 한 번의 우연을 소중히 여기게 하는 기회비용들이다.

어 느 스 턴 트 맨 의 사 연

:

얼마 전에 이소룡의 〈정무문〉이 재개봉되었다. 토니 쟈의 '옹박 열풍'도 이미 '10년 전'이 되어버리고 성룡의 영화를 보며 자란 세대들도 무뎌질 대로 무뎌진 환갑의 액션을 더 이상 감탄이 아닌 '의리'로 봐주는 시절, 아무리 전설이라지만 고화질로 복원된 절권의 정신은 '화제'가 되지는 못했다. 현대인들의 감각으로 감당하기에는 너무도 단순한 동작과 스토리 전개는, 솔직히 지루한 감도 없지 않다. 흐릿한

필름에 새겨진 투박한 잔상은 그래도 자신의 청춘을 그리워하는 세대에게 향수로라도 남을 텐데……. 시간의 흔적을 그대로 놓아두지 못하는 테크놀로지의 오지랖에, 향수도 되지 못하는 콘텐츠로 전락해버린 느낌이다.

한때 우리나라에 구미호와 장희빈을 맡아야 최고의 여배우 반열에 올라설 수 있다는 공식 아닌 공식이 있었듯, 홍콩에서는 〈정무문〉의 진진 역할을 맡는 것으로 자신을 증명해 보이려는 코드가 존재했다. 성룡, 이연걸, 견자단, 주성치 등 홍콩 영화계를 대표하는 배우들은 모두 이 〈정무문〉이란 콘텐츠를 리메이크했다.

특히 주연으로 리메이크하기 전에 대역 스턴트맨으로 참여했던 배우의 사연이 재미있다. 스턴트맨이 맡은 역할은 이소룡의 드래건 킥 한 방에 나가떨어지는 일본 무사의 대역이었는데 이소룡이 그리고 있던 그림보다도 훨씬 더 기막힌 동선으로 나가떨어졌다. 그 스턴트맨의 이름은 진항생. 그의 재능을 알아본 이소룡은 이후 자신의 영화에 항상 이 스턴트맨을 출연시킨다. 물론 자신의 발길질 한 방에 나가떨어지는 역할로.

이소룡이 열어준 작은 기회들을 발판 삼아 액션 배우로서 홀로서기를 하게 될 즈음, 이소룡이 사망하는 사건이 일어나고 이소룡을 잃은 홍콩 영화계는 그를 주목하기 시작한다. 이래저래 이소룡의 덕을 보게 된 진항생은 이미 이름을 개명한 상태였고, 그 이름은 제2의 이소룡이 되겠다는 의미로 지은 성룡이었다. (당시 홍콩에서는 이소룡을 롤모델로 삼는다는 의미로 예명에 '용龍'자를 넣는 것이 유행이었다.)

성룡의 미미한 시작은 자신이 가장 잘할 수 있는 나가떨어지는 연기부터였다. 자신의 표상인 몸을 사라지 않는 액션은, 아무도 관심을 가져주지 않던 시절부터 시작되고 있었다. 자신이 잘할 수 있는 것에 최선을 다하는 동안, 자신이 하고 싶은 것을 마음껏 할 수 있는 길이 열리고 있었다. 어떤 의미에서는 이소룡의 '정무문'은 성룡에게도 '정무문'이었던 셈이다.

시대는 묻는다. 하고 싶은 것을 할 것인가, 할 수 있는 것을 할 것인가? 간과하고 있는 것은, 우리 인생이 이분법의 잣대로 구분될 수 있을 만큼 선명한 논리를 전제하고 있지 않다는 점이다. 잘하는 것을 열심히 하다 보면 하고 싶은 것을 하게 되기도 한다. 더군다나 하고 싶은 것을 하기 위해 하기 싫은 10가지를 해야 하는 경우도 비일비재하다. 그러나 청춘들은 하고 싶은 것과 할 수 있는 것을 나누어 놓고 갈등한다. 그마저도 자신이 무엇을 잘하고, 무엇을 하고 싶은지 분명하지 않다. 더 큰 비극은 갈등이라고 표현하기엔 선택권이 자신에게 있지 않다는 점이다. 요즘 같은 시절에는 어느 쪽도 갈망이라고 표현하는 것이 더 적당할 듯싶다.

서양철학의 역사는 관념의 논리에서 맥락의 실존으로 흘러왔다. 서양의 시간을 기준으로 한다면, 동양에서 누구보다 현대적인 사유를 표방했던 철학자가 바로 공자다. 실존철학의 거장이었던 야스퍼스Karl Jaspers가 독일어로 번역된《논어》를 읽고 큰 감화를 받았을 정도였으니까. 야스퍼스는 공자의 철학에서 '진정한 삶의 주체가 되려는 의지'를 발견했고, 이것은 니체 이후에 등장하는 현대철학자들의 공통된 주제이기도 하다.

야스퍼스의 철학은 '한계상황'이라는 키워드로 대변된다. 자신의 의지로 변화시킬 수 없는 극한 상황 속에서의 절망과 좌절. 그러나 어쩔 수 없이 받아들여야 하는 좌절과 절망은 사고의 비약을 가능케 한다. 《주역》을 빌리자면, '궁즉통'窮則通. 궁하면 통한다이라는 것이다.

궁지에 몰린 쥐가 고양이를 물듯, 도리어 극한 상황 속에서 평소엔 엄두도 내지 못했던 것이 시도되면서 자신에게 내재되어 있던 능력들이 새로이 발견된다. 평소에는 하지 않았던 것들이 해야 하는 것으로 다가오기 때문이다. 쥐에게 '무는' 능력은 의지의 영역이지만, '고양이를 무는' 능력은 고양이와 대면한 한계상황에서만 발견되는 초의지의 영역이다. 절망 앞에서 자신이 할 수 있는 방법론으로 사력을 다할 때, 의지를 넘어선 예상치 못한 힘 앞에서, 절망은 저 스스로 희망이 된다.

"이건 내가 원하던 삶이 아니야."

자신의 일상에 푸념만 늘어놓는 인생은, 막상 그 푸념의 대상에게서 떠날 용기도 없는 군상들이다. 그들은 막상 원하던 순간이 다가와도 똑같은 푸념을 늘어놓는다. 이건 내가 원하던 삶이 아니라며……

그렇기에 그들이 원하는 삶은 절대로 다가오지 않는다. 기껏 찾아냈다는 방법론이 만족의 역치를 닿을 수 없는 높이로 높여버리거나 아예 소외시켜버리며, 불만으로 끌어안는 방어심리다. 이는 실상 불만 자체를 욕망하고 있는 것이다.

자신이 할 수 있는 것에도 최선을 다하지 못하는 삶의 태도로, 자신이 하고 싶은 것에는 열정을 쏟아부을 것이라고 착각하며 사는 우리다. 이는 우리가 제대로 된 한계상황을 만나지 못했다는 반증이기도 하다. 주변에서 들려오는, 너는 고생 좀 더 해봐야 한다는 식의 품평도 어쩌면 당연한 처사이건만, 그 당연함에 또 불만을 쏟아내며 나름의 정당성으로 반박하기 위한 변명의 논리력만 고양시킨다. 문제는 설득되는 대상이 우리 자신일 뿐, 우리의 삶이 아니라는 점이다.

이 소 룡 이 었 던 자

:

이소룡의 표상이라고 할 수 있는 동작은 무엇일까? 잔영만을 남기며 정신없이 돌아가는 쌍절곤? 일본 제국주의를 향해 날리던 드래건 킥? 격투 게임에 익숙한 어린 세대들은 아마 어른들이 추억하는 이소룡을, 〈철권〉의 캐릭터인 '마셜 로우'의 역회전 킥을 통해 이해할 것이다. 그런데 역회전 킥은 이소룡이 직접 연출한 것이 아니다. 영화를 넘어 실전용이라는 찬사를 받는 그의 무술이지만, 실상 그는 마셜 아츠martial arts와 같은 화려한 동작에는 능숙하지 않았다. 추억의 세대에게 그의 표상이라고 각인된 모든 모션은, 사실 원화元華라는 배우가 만들어낸 작품이다. 원화는 영화에 참여했던 스턴트맨 중에서 이소룡과 체형이 가장 비슷했다고 한다.

　원화는 우리에겐 그 이름이 낯설지만, 홍콩 액션계에서는 잔뼈가 굵은 배우다. 시대를 풍미하며 '황금 트리오'라고 불렸던 성룡, 원표,

홍금보와 유소년 시절을 함께한 홍콩 경극학교 동문으로, 홍금보에겐 사제이고 성룡에겐 사형인 포지션이다. 그러나 다른 형제들이 주인공으로 출현한 영화에서, 그는 항상 조연이거나 악역, 또는 무술감독이었다.

그러던 그가 55세의 나이에 대중의 큰 사랑을 받게 되는 사건이 벌어진다. 아직도 홍콩영화 역대흥행순위 1위의 자리를 지키고 있는 〈쿵푸 허슬〉에서 무림을 떠나 고수의 내공을 감추고 살아가는, 다소 코믹한 캐릭터의 돼지촌 남자주인 역을 맡았던 것. 젊은 날의 날카롭던 눈빛과 섬세한 근육은 무뎌질 대로 무뎌졌고, 분장을 따로 할 필요가 없을 정도로 희고 성긴 머리카락은 영락없는 돼지촌 주인의 모습 그대로였지만, 대중들은 노쇠한 무림고수의 푸근함을 더 사랑했다.

한 시상식에서 조연상을 탄 그는 '영화계 입문 이후 최고로 기쁜 날'이라고 운을 떼더니, 연신 눈물을 글썽이며 〈쿵푸 허슬〉의 주연이자 감독이었던 주성치에게 고마움을 표했다. 그가 바로 우리에게 익숙한 이소룡이었다는 사실을 아는 대중은 드물었다. 그가 55세까지 영화판에 버티고 있지 않았다면 더더욱 알려지지 않았을 것이다. 하지만 홍콩영화에 관심이 없는 사람에게는 지금까지도 알려지지 않은 사실이다.

무림을 떠난 고수의 배역은 그를 연예계의 중원으로 불러들인다. 쎄시봉과 문라이트의 전설들이 예능프로에 나와 지나간 날들의 대중문화를 회고하는 것처럼, 홍콩의 대중들은 각종 예능프로그램이 담아내는 그의 이야기로 홍콩 액션의 역사를 추억한다. 인생의 늦은 나이에, 더우기 액션 배우로서는 거의 황혼의 시기에 맞이한 인기는 형제들과 비교한다면 30년이나 늦게 찾아온 셈이다. 그러나 그의 인터뷰 속에는 늘 '감사'와 '행복'이 들어 있다.

헤밍웨이의 《노인과 바다》 마지막 부분에는 바다를 삶으로, 물고기는 행운으로 비유하는 노인의 대사가 적혀 있다. 이미 노을이 내려앉은 바다, 노인은 오늘 하루 허탕을 치게 생겼다. 그러나 아직 바다 어딘가에 행운이 남아 있을지 모른다며 계속 붉은 물결 위로 노를 저어간다. 늦으면 늦은 대로의 감사해야 할 행복이 반드시 남아있기 마련이다. 그래서 인생은 살아볼 만한 것이 아닐까?

아직 바다를 떠나기엔 이른 시간일 수도 있다. 아주 오랜 기다림 끝에 단 한 번의 조급함으로, 행운이 지켜보는 앞에서 키를 돌리고 있는지도 모른다.

15

그대만의 계절

꽃 이 거 나　열 매 이 거 나

:

꽃으로 이름이 붙은 식물이 있는가 하면, 열매로 이름이 붙은 식물도 있다. 화려함으로 피어나는 삶도 있지만, 내실로 거둬들이는 삶도 있다. 따스한 봄날로 기억되지 못함을 서러워하지 말길……. 나의 본질이 꽃이 아니기 때문이다. 그렇기에 나의 계절은 꽃보다는 늦게 찾아올 수밖에 없다. 나의 본질이 꽃이 아닐진대 이른 계절을 욕망한다고 해서 내가 보이는 것도 아니다. 자칫 덜 익은 풋과일로 나의 가치가 평가절하되기 십상이다.

　젊다는 이유 하나만으로도 아름다울 수 있는 시간, 청춘. 그 따스한 봄날이 이렇게 지나간다. 당신도 이미 무언가로 피어 있었을지도 모른다. 하지만 세상은 절정으로 피어난 당신의 화려함을 봐주지 않았다. 그렇다고 허무함과 자괴감에 빠져 있을 필요는 없다. 다만 세상이 필요로 하는 당신의 본질이 꽃이 아니었을 수 있는 일이고, 자칫 화려함에 가려질 수도 있었을 당신의 내실이 더욱 빛을 발할 수 있는 기회를 기다리기 위함인지도 모른다.

꽃들조차도 모두 같은 시간에 피진 않는다. 분명 자신으로 대표되는 계절은 찾아올 것이다. 자신이 무엇인지, 지금이 인생의 어떤 계절인지를 모르는 막연함이 답답하겠지만, 정작 자신의 계절임을 알고 피어나는 꽃들이 어디 있으며, 맺히는 열매들이 어디 있겠는가? 그저 무엇이 되기를 갈망하다가 때를 맞이하는 것뿐이다. 자신의 때가 다가와야 비로소 자신이 무엇인지를 깨달을 수 있을 것이다. 조금 더 준비의 시간이 필요한 것뿐이다.

니체는 당시에 이해되지 못했던 자신의 철학을 시선 너머에 있는 별로 비유한다. 지구과학에서는 스스로 빛을 발하는 천체를 별로 정의하지만, 지구인들 두 눈 속에 별로 담기는 조건은 조금 다르다. 빛은 오고 있는 중이다. 아직 시간이 필요하다. 더군다나 지구의 시간이 낮이라면, 사람들이 밤하늘을 바라보지 않는다면, 지구인들에게 아직 별은 존재하지 않는 것이다.

그대는 이제 빛나기 시작했을 뿐이다. 그 빛이 누군가의 시선에 맺히려면 조금 더 시간이 필요하다. 그대는 아직 시선 너머의 빛이다. 니체가 스스로에게 부여한 시간으로 비유하자면, 우리는 너무 일찍 왔다. 우리의 때는 아직 다가오지 않았다.

존 버 정 신

:

진정한 실력자라면 굳이 운을 논할 필요가 없을 것이다. 하지만 그들도 때를 기다린다. 때를 보고 움직이기 때문에 운도 실력이 될 수밖에 없다. 정공법의 표상이 되는 역사 속의 전략들조차도 키워드는 타이밍이었다. 성공은 모든 조건이 맞아떨어지는 조합일 때 비로소 다가오며, 때를 고려하지 않은 성공에 관한 일반론적 이론은 존재할 수가 없다.

성공은 내 욕망만으로 다가오지 않는다. 내 욕망에 부합하는 세상의 욕망이 생겨났을 때에야 비로소 합이 맞아 돌아가게 된다. 하지만 대부분 사람들은, 가시적인 성과가 다가올 시기마저도 자신의 계획대로 욕망한다. 욕망대로 다가오지 않는 현실에 열정보다는 투정만을 일삼다가 막상 때가 다가왔을 땐, 그 순간이 때인지도 알지 못하거나 알아도 붙잡을 수 있는 악력이 없다.

제아무리 슈퍼종자라고 한들 언 땅에 싹이 돋을 리 없다. 씨앗의 생명력만큼이나 얼어붙은 땅이 적당히 녹는 것도 중요한 조건이다. 씨앗으로서의 소임을 다 하며 땅이 녹을 시간을 기다려야 한다. 하지만 대부분 사람들은 싹을 피우지 못하는 것이 아닌, 당장에 꽃과 열매가 되지 못함에 절망한다.

"존나게 버텨라!"

이외수 작가가 청춘에게 늘 강조하는 바가 바로 '존버정신'이다. 시간이 흘러 돌이켜보면 시련은 내가 이겨냈다기보다는 그저 지나가는

3   부
절망에 관한 단상

것들이었다. 이겨내는 법을 배웠다고 하기엔 다시금 맞닥뜨리는 시련 앞에서 또 당황하고 방황하는 우리가 아니던가. 시련 속에서 우리가 배우는 것은, 그것을 극복하는 힘이라기보다 기다릴 줄 아는 인내인지도 모른다. 힘이 길러진다기보다는 나 자신이 길러지는 것이다.

매서운 칼바람이 여울져 불다 가는 눈 덮인 겨울의 들판. 언제고 그곳에 여름이 있었고, 가을이 머물렀다는 사실이 믿기지 않기도 한다. 하지만 우리는 안다. 그곳에 다시 봄이 찾아오리라는 사실을……. 환하지만 결코 따뜻하지 않은 겨울 햇살에 얼어붙은 여름날의 꿈, 생각보다 더욱 냉정한 현실에 갇혀버린 열정의 마음들, 이젠 마치 꿈결 같기만 한 봄의 기억……. 하지만 언 땅 밑에 잠든 봄은 언젠가 꿈에서 깰 것이다. 다시 싹을 틔우고 꽃을 피울 것이다. 지금 당신은 겨울을 나는 법을 배우고 있을 뿐이다.

니체가 지적한 현대인의 특징은, 시간이 없다는 것이다. 그것이 위대한 일을 할 수 없는 이유이기도 하다. '잉태할 수 있는 깊은 침묵'을 소유하지 못한 채, 그저 사건에만 쫓겨 다니다가 자기 자신은 닳아 없어지고 만다.

그대만의
계절

4부

순간을
산 다

16

차 이 와
반 복

멈 추 면 비 로 소 보 이 는 것 들

:

한 남자가 천국에 도착했다. 한가롭고 평화로운 시간만이 이어지는 그곳에서의 일상이 너무 무료했던 남자는 천사에게 물었다.

"지옥은 어떤 곳이지요?"

천사가 말했다.

"무슨 말씀이세요? 이곳이 지옥입니다."

어릴 적에 어느 책에서 읽은 내용인데 정확한 출처는 기억나지 않는다. 오래전에 기억으로 담아둔 내용이지만, 이해와 공감은 다소 뒤늦게 찾아왔다. 바로 대학을 졸업하고 백수가 되던 해였다.

176

생각해보면 백수가 되던 해에 비로소 깨달은 것이 상당히 많았다. 왜 개신교에서 직업을 소명이라고 표현하는지에 대한 이해도 그중 하나였다. 처음으로 소속이 없었던 시절, 내 의지와는 상관없이 갇혀버린 멈춤 속에서 비로소 보이기 시작했다. 백수라는 '성령체험'을 통해 내가 멈춘 곳이 지옥이란 사실을…….

일이라는 것은 결코 금전에만 국한되는 문제가 아니다. 모든 실업자의 고민은, 아무 데도 맞물릴 수 없는 톱니처럼 어디에도 소속되지 않은, 세상에서 소외된 삶이다. 눈코 뜰 새 없이 바쁜 일상에서 벗어나 마음 편히 살고 싶은 마음이야 누구에게나 있는 욕구지만, 빈둥댈 수 있는 시간이 많아지면서 실상 늘어가는 것은 빈둥댐뿐이다. 빈둥거릴 수 있는 가능성을 고스란히 다 채우고 살아야 하는, 감당하기에는 너무도 벅찬 일상의 여유. 하지만 마음엔 도리어 여유가 없는 모순.

이도 저도 다 내려놓고 모든 것을 때려치우고 싶을 때가 있다. 하지만 문제는 막상 놓아버리면 더 큰 괴로움이 기다리고 있다는 사실이다. 삶은 치열해서 힘들지만, 그래서 살아볼 만한 것이고 그래서 잠깐의 휴식이 달콤한 것이기도 하다. 그 치열함이 허락되지 않아 긴 휴식의 시간을 방황으로나마 채우려는 염치와 그 눈물겨운 젊음의 노력을 생각한다면, 그런 식의 한탄은 굶은 자들 앞에서 음식의 맛을 품평하는 미식가들의 배부른 넋두리일지도 모른다.

"멈추면 비로소 보이는 것."

역설은, 멈추지 않았던 자에게만 멈춘 후의 무언가가 보인다는 사실이다. 늘 정지되어 있던 자들에게 보이는 것은 원래부터 멈춰져 있던 정지 그 자체뿐이다. 멈출 기회라도 있다는 것은 그나마 행운이다. 물론 혜민 스님이 말하는 '멈춤'이 내가 겪은 멈춤과는 다른 것임을 모르진 않는다. 하지만 멈춤으로 삐딱해진 눈에 보이는 것이라곤 지옥 같은 세상의 하루하루다. 그렇기에 억지인 줄 알면서도 억지를 써댄다.

"뭘 멈추라는 거야? 이미 충분히 멈추어 있는데……."

삐딱함에 굴절되어 들어오는 것이 정상으로 보일 리 없다. 멈추어야 할 것은 삐딱함이지만, 그 삐딱함으로는 사각死角에 맺혀 있는 자신의 삐딱함이 보이지 않는다는 사실이 문제다.

막상 멈춰 있는 사람들에겐 따뜻한 지혜의 말씀마저 답답하고 막막하게만 느껴진다. 그래서 구체적인 모범답안을 말해주지 않음을 성토하거나, 한정된 경험을 일반화한다고 성화들이다. 그 자체로 조언을 받아들일 자세가 되어 있지 않은, 조급한 마음이 밖으로 드러나는 '증상'이다. 어차피 삶의 방향성을 제안하는 조언일 뿐이고, 현실적인 해답은 스스로가 찾아내야 하는 것이 당연함에도.

그러나 베스트셀러의 권위에 기대어 조급해하는 사람들에게 조급해하지 말라는 충고도 조급하긴 마찬가지다. 맹자는 이런 심리를 도덕적 우월감으로 인한 강박증으로 분석한다. 인간의 고질병 중에 하나가 누군가의 스승이 되기를 좋아하는 것이라고人之患在好爲人師. 멈춰야 하는 것은, 조언하는 쪽이나 받는 쪽이나 매한가지인 셈이다.

"빈둥거리는 시간에 악상이 떠오르는 경우가 많다."

이제는 고인이 된 신해철 씨가 언젠가 자신이 진행하는 라디오에서 한 말이다. 게으름에 대한 찬양으로 봐야 할까? 내겐 빈둥거림조차도 음악이란 범주 안에서 이루어지는 뮤지션의 인생관이 엿보인다. 그래서 빈둥거림에 휴식의 칭호가 허락될 수도, 그것이 곧 재충전의 시간이란 명제도 참이 될 수가 있지 않을까?

멋진 근육을 만들어내기 위해서는 단련을 위한 시간만큼이나 적당한 쉼이 꼭 필요하다. 그것이 더 효과적이다. 하지만 너무 오랜 시간을 쉬어버리면 몸이 무게에 대한 감을 잊어버린다. 결국엔 처음부터 다시 시작하게 되는 셈이다. 몸짱을 꿈꾸던 헬스장 회원들의 대다수는, 실상 '처음'만 되풀이하다가 '끝'이 나는 것이다.

무엇을 위해 이렇게 쉼 없이 가고 있었던 것일까? 힘이 들면 한 박자 쉬어 가자. 하지만 우리는 가끔 쉼표와 마침표를 헷갈린다. 너무 오래 멈춰 있다 보니, 무엇을 위한 쉼이었는지 잊어버리고 애초부터 멈춰 있었던 것처럼 느껴지는 것이다. 멈추면 비로소 보이던 것들도, 지속되는 멈춤에 가려 차츰차츰 보이지 않게 된다. 망각과 혼동으로 애써 자위하고 있지만, 실상은 하기 싫다는 의지가 앞서 있는 것이다. 그리고 일종의 가책으로서 정답도 결론도 없는 상념을 유지한다. '난 누군가? 또 여긴 어딘가?'라는…….

지루함의 형벌

:

그리스 신화의 타이탄 중에서도 가장 인지도가 높은 캐릭터는, 인간에게 불을 건네준 프로메테우스일 것이다. 인간은 불을 사용해 음식을 익혀 먹으면서부터 턱이 작아지고 두뇌가 커지기 시작했단다. 신화 속의 거인이 우연을 상징한다는 점을 상기한다면, 우연히 발견된 불에 의해 인류의 문명이 시작되었다는 해석도 가능하다.

니체의 고증에 의하면 불을 건네주었다는 사건은, 신과 같은 정신 능력을 인간에게 선물해주었다는 의미다. 신이 정해놓은 '필연'대로 살아가는 것이 아니라, 인간 스스로의 주체적인 결단으로 헤쳐 나가는 '우연'이 열린 것이다. 니체는 이 거인족의 절도 행위를 인류가 최초로 경험한 철학적 문제의식으로 보고 있다. 인간이 자유자재로 불을 다룰 수 있게 된 사건, 이는 신의 능력을 나누어 가진 신에 대한 모독이기도 했다. 그러다 보니 제우스의 심기가 편할 리 없었다.

그리스 신화에 따르면, 불 도난 사건에 화가 난 제우스는 판도라로 하여금 프로메테우스가 감춰두었던 비밀상자를 열게 한다. 결국, 문명의 시작과 동시에 욕망의 봉인이 풀리게 된 것이다. 그리고 그 욕망이 극에 달한 인류는 대홍수와 같은 비애를 책임져야만 했다. 불이 불러일으킨 물이라니! 신화라는 텍스트가 재미있는 이유는, 아이러니하고 논리적이지 않은 인간의 삶에 대한 비유들로 가득하기 때문이다.

프로메테우스는 그 이후 이런저런 죄목이 더해져 독수리에게 간

180

을 쪼아 먹히는 형벌을 받게 된다. 더 큰 형벌은 간이 매일 새로 생기고, 생긴 간이 도려내지는 고통을 날마다 '새로고침'해야 하는 '반복'이었다. 그러나 니체가 바라본 프로메테우스는 자신을 소멸시킴으로써 긍정을 이루어내는 숭고의 존재다. 자신이 사랑하는 인간을 위한 고결한 희생이며, 신에게 굴복하지 않는 주체적인 결단이다. 그 자신은 신으로 추앙받지 못하지만, 자신이 창조해낸 인간들이 '절대'와 '필연'으로 강요되는 신의 담론에 굴복하지 않고, 주체적인 인간상으로 살아가기를 바라며 스스로 보인 모범이었다는 해석이다.

이런 해석은 카뮈의 《시시포스 신화》를 떠올리게 한다. 시시포스는 신을 조롱한 죄로 언덕 위로 바위를 굴려 올리는 벌을 받는다. 하지만 정상에 다다른 바위는 아래로 다시 굴러 떨어진다. 시시포스는 다시 내려가 바위를 굴려 올린다. 카뮈는 신을 조롱한 시시포스의 행동을 운명에 순응하지 않은 영웅의 면모로 그려낸다. 영웅은 신이 내린 반복의 형벌을 순간순간의 자기 긍정으로 극복한다. 바위를 정상에 올려놓는 것을 삶의 성취감으로, 바위를 따라 내려가는 것을 수고한 자에게만 허락되는 휴식으로 생각했다는 것이 카뮈의 해석이다.

지구에서 달의 한쪽 면만을 볼 수 있는 이유는 달의 공전과 자전 주기가 같기 때문이라고 한다. 하루가 비슷하게 흘러가는 이유는 세상의 속도와 박자에 맞춰 살고자 하는 우리의 리듬감 때문이다. 일탈과 변화를 두려워하는 마음은 기존의 아는 방법만을 반복하고, 익히 알고 있는 길 위로만 오가는 순환으로 이어진다. 삶이 무료해지는 것은 차이가 없는 반복 때문이다. 차이가 없는 반복이란, 자신에게 익숙한 것들을 가장 가치 있다고 생각하는 편협한 사유의 결과다. 결과의 인식은 원인의 인식으로부터 연유하는 법, 무료한 것은 삶 이전에 사람인 셈이다.

우리는 356일의 일 년을 살아간다고 생각한다. 그러나 실제로는 365번이 반복되는 하루를 살아가고 있을 뿐이다. 굳이 어제와 오늘과 내일을 구분할 필요가 없는, 어떤 신도 내리지 않은 벌을 자처하며 살아가고 있는 '날'들…….

프로메테우스와 시시포스가 감내해야 했던 극강의 형벌은 영원히 끝나지 않는 반복이며, 그것은 곧 인간의 삶에 대한 비유이기도 하다. 그러나 니체의 요지는 '반복되기'보다는 '반복하기'를 욕망하라는 시차적 관점이다. 그것은 억지로 떠밀려 마지못해서 하는 것이 아니라, '하고 싶다'라는 선택이었을 경우에만 가능한 '영원회귀'다.

니체에게 있어 창조는 새로운 해석으로 창출하는 '놀이'다. 같은 텍스트라도 어떤 시각으로 어떻게 해석해내느냐에 따라 그것은 창조적 생성으로 진화한다. 우리에게 주어진 삶이란 텍스트 역시 새로운 해석이 가해질 때 오늘과 내일이 변별될 수 있는 '차이'가 생겨날 수 있는 것이다. 인간은 자신이 즐길 만한 '창조적 놀이'를 발견하지 못하기 때문에, 인생은 '노동'으로 가득 채워진 지루한 시간으로만 그득해진다. 무언가를 위해 존재하는 도구적 자아가 아니라 스스로를 위해 무언가를 존재케 하는 유희적 자아, 그것이 득달같이 따라붙는 허무를 따돌릴 수 있는 유일한 방법이다. 니체는 모래성을 짓고 인형과 대화를 나누는, 아이들의 가상적 '놀이'에서 예술가적 소명을 깨달은 것이다.

가장 행복한 사람은 자신이 하고 싶은 일을 하면서 이윤을 창출해내는 사람이다. 그러나 그토록 원하고 바랐던 것들이 실현된 일상 역시 지루한 반복이긴 마찬가지다. 그러나 세상의 가치, 자본의 가치보다 자신의 가치가 앞서 있는 반복이라면, 그런 지루함쯤은 견뎌낼 만하다. 지루함보다는 성취감과 희열이 가져다주는 '차이'의 시간, 어제보다 좀 더 나은 오늘, 오늘보다 좀 더 발전된 모습의 내일이 확인되는 삶이기 때문이다.

일 상 과 이 상

:

68년 작 〈혹성탈출〉의 스토리는 대강 이렇다. 새로운 우주를 찾아나선 탐사선은 알 수 없는 초자연적 현상에 휘말려 한 혹성에 불시착하게 된다. 그 혹성의 주인은 지능 높은 원숭이였고 인간의 형상을 한 족속들은 가축으로 길러지고 있었다. 탐사선의 대원들은 원숭이들의 노예가 될 위기에 봉착하자 혹성을 탈출해 지구로 돌아가기로 결심한다. 탈출 과정에서 대원들은 우연히 출입제한 구역으로 들어가게 되고, 그곳에서 처참하게 부서져 있는 자유의 여신상을 발견한다. 자신들이 탈출하고자 했던 혹성이, 실은 인간에 의해 파멸된 미래의 지구였던 것이다. 최근에 만들어진 이야기들은 이 서사의 프리퀄prequel(원작 영화의 앞 이야기)을 다룬 작품이다.

이 미장센(무대 연출가가 무대 위 모든 시각적 요소들을 배열하는 행위)에서 우리는 '자유'의 실존적 모순을 생각해볼 수 있다. 현재 누리고 있는 자유는 미래에 대한 그만큼의 책임이고, '지금 여기'에서의 방종은 미래의 자유를 자진해서 포기하며, 더한 구속을 만들어가고 있는 과거이기도 하다.

"Carpe Diem!(카르페 디엠)"

많은 이들은 영화 〈죽은 시인의 사회〉에서 명대사로 꼽힌 '오늘을 즐겨라'라는 번역을 떠올린다. 직역은 '날을 뽑아라!'라고 하니, '오늘에 충실해라!' 정도의 의역이 적당하지 않을까 싶다.

말이란 게 '아' 다르고 '어' 다르다지만, 이 말처럼 자기합리화의 근거로 애용되는 명대사도 드물 것이다. 대부분의 사람들이 그 '즐기다'의 의미를 유흥과 오락에서만 찾기 때문에 즐기는 현재와 약속된 미래는 공존할 수 없는 모순적 개념이 되어버린다. 그러나 미래를 포기하면서까지 즐기는 현재도 결국엔 포기되는 시간이라는 사실은 '지금 여기'의 쾌락에 매몰된다. 단지 그 방치의 방법이 '즐김'일 뿐이다.

미래를 준비하면서도 현재를 즐기는 사람은 얼마든지 있다. 예술가들에게 예술은 고뇌의 작업이면서도 창조의 유희이며 오락이다. 작품은 과거이자 현재이며 자신의 미래다. 그들에게도 일 자체는 스트레스다. 하지만 고스란히 성취감의 질량으로 승화한다는 점이 일반인들의 스트레스와 다른 점이다. 이것이 바로 니체주의자들이 삶의 모델을 예술가로 제시하는 이유이기도 하다. 인생은 흘려보내는 것이 아니라 내가 가진 무엇으로 채워나가는 것이라고 했던가. 내 안

184

에서 충분한 의미가 발견된 상태에서만, 삶은 비로소 예술일 수도 작품일 수도 있다.

미래의 원인은 현재에 있다. 하지만 현재의 원인이 미래에 있기도 하다. 지금 달려가는 미래가 내가 원하는 미래인지를 생각해봐야 하는 이유는, 그다지 달갑지 않은 미래를 향해 어쩔 수 없이 달려가고 있기에 현재가 이토록 힘들게만 느껴지는 것일 수 있기 때문이다. 미래에 대한 마스터플랜이 선명하지 않기 때문에 하루하루가 무의미하게 흘러가는 것일 수도, 자신이 바라는 미래의 자기 모습이 확고하지 않기 때문에 지금의 시간을 무엇을 하면서 보내야 하는지 모르는 것일 수도 있다. 그래서 현재가 포기되고 있다는 생각에 차라리 '노세 노세 젊어서 노세'를 외치고 있는 것은 아닐까?

자유를 찾아 지긋지긋한 일상을 떠나고자 하지만, 그곳에도 결코 자신이 상상했던 자유는 존재하지 않는다. 모든 속박에서 벗어난 상태를 자유라고 착각하지만, 일상을 벗어난 자유를 만끽하는 시간도 잠시, 막상 벗어던진 속박을 대신해서 들어차는 것은 공허함뿐이다. 우리의 사고체계가 일상을 전제하고 있기 때문에, 자유라는 개념 역시 자신을 구속하는 패러다임을 공유하고 있다. 일탈을 위해 필요한 사안들조차도 일상에 구비되어 있다는 역설은, 일상의 스트레스를 훌훌 털어버리고자 여행을 떠나려 해도 스트레스를 받으며 벌어들인 돈이 필요하다는 사실로 쉽게 증명되는 경우다. 그렇게 떠난 여행을 통해 보고 듣는 것들 역시, 나의 일상과 다른 규칙으로 돌아가고 있는, 낯설지만 또 한편으로는 익숙한 '일상'일 뿐이다.

자동차가 앞으로 나아가려면 먼저 엔진의 무게를 이겨내야 하며, 비행기가 하늘로 오르려면 먼저 날개에 가해지는 중력을 넘어서야 한다. 그저 무게를 덜어버리는 것만으로는 자유를 쟁취할 수 없다. 오히려 그 무게 속에 자신을 자유롭게 하는 근력과 지구력이 잠재되어 있다. 자유는 그만큼의 구속을 전제로 하는 역설逆說이라는, 철학자 사르트르의 역설力說이다. 자신을 구속하는 사랑에서 자유로워진 후에야, 그것이 자신을 옭아매던 올무가 아니라 다소 답답한 영혼의 안전벨트였음을 뒤늦게 깨닫는 것과 같은 이치다.

저 지평선 너머에 분명 어떤 해결책이 있을 것이라는 기대로, 우리는 언제나 '저기'를 동경하지만, 우리가 딛고 설 수 있는 공간은 지평선이 아니라 늘 '여기'다. 그래서 '저기'는 결코 '여기'가 되지 못한다. 우리가 당면하고 있는 문제들은 일상에서 비롯되는 것들이기에, 그 해결책 역시 전제하고 있는 삶의 규칙 속에서 발견될 수밖에 없다. 우리가 꿈꾸는 일탈이란 것도 이미 일상 안에 들어와 있다. 우리가 찾으려 하는 특별함도 이미 평범함 곁에 놓여 있다. 엉뚱한 곳에서 헤매거나, 관심 있게 보지 않았기에 아직 찾지 못하고 있을 뿐이다. 먼 길을 돌아온 기나긴 방황 끝에 깨닫는 것은, 내가 그토록 찾아 헤맸던, 그토록 닿길 원했던 '저기'가 바로 '여기'였다는 사실이다. 그리고 눈앞에 보이는 것은 그토록 그리워했던 자유의 여신상이라는……

이미 다가와 있는 미래

:

우리는 늘 가까이 있는 것을 찾지 못해 엉뚱한 곳만 찾아 헤매곤 한다. 파랑새를 곁에 두고 그것이 파랑새인지 몰라 험난한 여정을 감내했던 치르치르와 미치르처럼. 우리가 파랑새를 찾지 못하는 이유는 멀리 있어서가 아니라 애시당초 파랑새에 대해 잘 모르기 때문이다. 이미 내 곁에 다가와 있는 모든 것이 그러하리라. 내가 깨닫기 전까지는 절대로 '나타나지' 않는다. 내가 깨닫기 전까지는 '현재'가 되지 않는 시간, 그 모두가 미지에 둘러싸인 미래일 뿐이다.

니체는 현재 속에 은폐된 수많은 미래를 발견한다. 이미 도래했지만, 아직 발견되지 않은 현재, 혹은 발견되기를 기다리고 있다가 영원히 알 수 없는 과거로 사라진 현재. 이미 와 있지만, 아직 오지 않은 것으로 인식하는 것들은 우리에게 미래나 다름없다. 꿈과 사랑이 현재가 되지 못하고 미래의 시점으로 억지스레 밀려나버린 것은 우리가 아직 꿈에 대해 잘 모르고 사랑에 대해 잘 모르는 탓이다. 내가 원하고 바라는 것 모두가 아직 다가오지 않은 시간 저편에서 기다리고 있는 것은 아니다. 내 곁에서 내 발견을 기다리고 있는 것들도 부지기수다. 오늘을 발견하지 못할진대, 내일이 다가온들 발견될 수 있을까? 우리가 무심코 스쳐 보낸 날 중 얼마나 많은 시간이 그렇게 흘러가 쌓인 어제일까?

내일은 내일의 태양이 다시 떠오를 것이란 기대로 살아가는 인생. 하지만 그 떠오르는 태양이 의미가 있으려면, 내가 깨어있는 상태에서 태양을 마주해야 한다는 것이 전제다. 이미 창가에는 아침이 밝아왔건만, 절망의 커튼을 걷어내지 않고 희망이란 꿈만 꾸고 있다면, 희망은 언제나 오지 않은 미래일 수밖에 없다. 태양 없이 지낸 어제와 오늘은 나에게 절망이었을까? 혹 절망의 관성으로 지금을 허락받고자 하는, 게으름의 의지가 실현되고 있었던 것은 아니었을까? 실상 이미 다가와 있는 희망을 알아보지 못하고 그저 자신의 욕망과 부합하는 그 어떤 표상만을 희망으로 생각하며 살아가고 있는 것은 아닐까? 그래서 희망은 항상 다가오지 않은 먼 미래에만 존재하는 것이 아닐까? 어쩌면 욕망이 만들어낸 허상을 긍정의 희망으로 기다리고 있는 우리인지도 모른다. 우리는 그토록 허상만을 좇는다.

17

너
자 신 이
되 어 라 !

이 데 아 그 리 고 시 뮬 라 크 르

:

영화 〈매트릭스〉의 초입에서 키아누 리브스가 집어 드는, 이 영화의 주제를 대변하는 철학책이 하나 있다. 보드리야르의 《시뮬라시옹 Simulacres et Simulation》. 시뮬라크르의 명사형이 시뮬라시옹이고, 영어로 읽으면 시뮬레이션이다. 제2차 세계대전 이후 철학의 중심이 독일에서 프랑스로 옮겨지기 때문에, 현대철학의 키워드는 대부분 프랑스어로 쓰인다. 미학에 익숙한 이들은 르네 마그리트의 파이프 그림 혹은 앤디 워홀의 메릴린 먼로 그림을 먼저 떠올릴 것이고, 문화평론가들이라면 가상 세계와 복제인간에 관한 영화들부터 떠올리겠지만, 철학의 범주에서는 보편적 가치로의 회귀가 아닌 개별적 '차이'로 나아가는 해석을 아우르는 개념이다.

유래는 플라톤의 '동굴의 비유'까지 거슬러 올라간다. 우리가 사는 세계 그리고 우리의 감각이 보고 듣는 현실은, 본질도 실체도 아닌 이데아의 그림자에 불과하다는 전제로부터 시작한다. 감각에 맺히는 허상을 인식하기 때문에 사람마다 관점이 다른 것이며, 인간의 인식 너머에 보편적 절대 진리가 존재한다는 '믿음'이, 오랜 세월 동안 서구 세계가 지켜온 플라톤의 이원론이다.

그저 환영에 불과한 현실은 이데아의 복제물로 가득한 세계이며, 그 환영을 다시 복제한 개념이 시뮬라크르이다. 시뮬라크르는 삶의 복제이며, 이데아의 복제의 복제가 되는 셈이다. 삶을 복제했다니 이게 뭔 소리인가 할 테지만, 문학과 예술을 생각하면 쉽다. 플라톤이 필요 이상으로 시인들을 혐오했던 이유이기도 하다. 플라톤을 위시한 플라톤주의자들이 지향했던 궁극의 목적지가 이데아였기 때문에 허구는 현실에서 그쳐야 했다. 삶조차도 허구인데 그 허구를 작가의 관점대로 왜곡해버린 이중의 허구는, 이데아를 추구하는 입장에서는 역벡터나 다름없었다.

현대에 와서는 이 시뮬라크르에 대한 인식에 변화가 일어난다. 이데아적 논리는 '절대'라는 가치로 모두가 지향해야 하는 표준모델을 제시하며, '보편'이라는 명분으로 동일성을 강조한다. 대표적인 사유 방식인 '변증법' 역시 정반합의 과정을 거쳐 결국에는 진리로 규정된 동일성으로 귀속하게 되는 도식이다. 이런 담론은 개별적인 '차이'를 인정하지 않는 전체주의와 진영논리로 흐르기 쉽다. 그에 비해 시뮬라크르는 각자의 개성을 투영하는 해석이다. 강요되는 전체의 가치보다는 자유로운 개인적 가치가 더 소중하다고 생각하는 입장에서는, 그것이 비록 허구이고 왜곡일지라도 개개인의 고유성은 시뮬라크르로 증명되는 셈이다.

보드리야르는 긍정이나 부정의 입장이 아니었지만, 들뢰즈는 생성과 창조의 긍정적 개념으로 해석한다. 인류가 미지에 대한 불안을 종교로 위로받았다면, 무미건조하게 반복되는 삶의 허무를 돌파하는 방법은 사람마다 지니고 있는 예술혼을 저마다의 방식으로 발산하는 행위였다. 이런 연유로 들뢰즈를 위시한 많은 현대철학자가 니체가 제기했던 '예술가적 삶'에서 '창조적 가상'을 추출한다. 복제의 복제라는 삶의 표현들, 그러나 복제의 복제이기에 따로 원본이 존재하지 않는다. 다르게 표현하자면, 그냥 복제된 저마다가 원본인 셈이다.

니체에겐 한낱 관념으로 존재하는 이데아보다는, 우리가 실재하는 시간과 공간에서 발생하는 모든 사건이 그 자체로 원본의 진리였다. 삶이 이데아의 복제인 것이 아니라 도리어 이데아라는 이상향이 삶의 복제라는 것. 그렇다면 인간의 삶을 복제한 예술이야말로 이데아와 같은 기능으로서 존재하는, 현실에서 충족시킬 수 없는 결핍을 채워주는 하나의 가상이 된다. 들뢰즈가 주목한 점이 이런 시뮬라크르의 긍정적 역할이다. 어느 것이 원형이면 어떻고, 어느 것이 복제이면 어떤가? 그 자체로 삶의 의미를 끌어낼 수 있는 가치라면 그것이 바로 생성과 창조의 원천이 아니겠는가? 이 전환으로부터 '가상' 자체가 하나의 '담론'이 되는, 또 하나의 '가상'을 만들어낸다.

시뮬라크르와 관련한 가장 유명한 명제가 되면서 동시에 명화인 작품이, 르네 마그리트의 파이프 그림 〈이미지의 배반〉이다. 파이프 그림 밑에 적어 놓은, '이것은 파이프가 아니다'라는 구절 앞에서 관람객들은 도대체 뭐가 어떻다는 것인지 어리둥절할 수밖에 없다. 이것은 파이프가 아니다. 단지 파이프를 그린 그림일 뿐이다. 우리의 언어생활에서 현실과 가상의 경계는 그토록 모호하며, 가상은 그 자체로 또 하나의 현실일 수도 있다는 장자의 호접몽胡蝶夢적 모티브다.

가상은 이미 현실에 참여하고 있으며 그 경계는 불분명하다. 어차피 원형은 그렇게 중요하지 않을뿐더러, 기원 또한 따로 존재하지 않는다. 그저 인간 개개인의 인식을 전제로 한 해석만이 존재할 뿐이다. 그리고 해석자의 관점에 따라 해석은 달라진다. 니체는 이런 해석의 행위를 인식의 한계로만 보지 않는다. 각자가 지닌 개성의 '차이'를 가능케 하는, 창조와 생성의 능동적인 행위로 판단한다. 니체의 표현 그대로를 옮겨 적자면, '지배적인 가치의 공간을 비집고 들어가 균열을 내는, 인습에서 자신을 해방하는 자유정신'이라는 것. 진리의 모범답안이 존재하는 것이 아니라 개개인의 매트릭스 모두가 하나의 진리라는, 견해만큼 진리가 존재한다는 '관점주의'의 저변이다.

그러나 우리 대부분은 집단과 구조가 만들어놓은 매트릭스의 중력장 안에서 벗어나지 못하고, 자유로운 자신만의 해석을 내놓지 못한다. 그저 기존 질서에 대한 정확한 해독만이 있을 뿐이다. 무언가를 창출해내고자 하는 예술혼이 아닌, 이미 설정된 이데아에 맞추어 살아가려고 한다. 그 이데아라는 것은 결국 기득권의 헤게모니다. 이전의 기득권이 종교였다면 현대의 기득권은 자본이다.

우리는 자신의 논리가 아닌 자본의 논리에만 맞추어 살아간다. 그래서 부를 거머쥐고 마음껏 소비하며 살아가는 인생에게도 허무한 날들만 이어진다. 생산적 활동을 통해 자신을 발산하는 것이 아니라, 소비를 통해 자신을 위로하는 것에만 익숙하기 때문이다.

도시의 무의식으로 살아가는 사람들이 모여 사는 도시이다 보니, 각자가 추구하는 가치라는 것이 비슷할 수밖에 없다. 서로에게 기댄 '남들처럼' 혹은 '남들보다'로 살아가고자 노력하는 '나'이기도 하지 않던가. 명확한 기준이 설정되어 있다는 것 자체가 나쁠 것은 없다. 하지만 너무 비슷비슷한 풍경을 헤매다가, 잘못된 장소에서 미래를 기다리고 있는 경우들이 적지 않다. 과연 내가 꿈꾸었던 삶인가? 내가 가고자 했던 길인가? 남들에게 뒤처지기 싫어서 남들 속으로 뛰어들어 결국 '남'이 되진 않았나? 보편이란 분명 필요한 덕목이다. 하지만 개성이 허락되는 곳에서까지 군이 보편을 따르고 있지 않은가는 한 번 따져볼 일이다.

철 갑 의 페 르 소 나

:

몇 해 전 인터넷에서 화제가 된, 서로에게 돈을 집어 던지며 싸우는 배트맨과 아이언맨의 대결. 그만큼 다른 히어로들에 비해 몸에 지닌 역량은 미미하고, 고가 장비에 대한 의존도가 높은 경우다. 브루스 웨인은 그나마 육체에 동양의 '쿵푸'적 시간이 흐르고 있지만 토니 스타크는 무기사업으로 벌어들인 돈으로 인생을 즐기는 천재공학도에 지나지 않는다.

자신의 정체를 드러내지 않는 히어로의 공식을 무너뜨리며 도리어 대중에게 스스로가 아이언맨이라는 사실을 당당하게 고백하는, 아니 고백을 넘어선 '자랑질'을 해대는 이 '한량'에게는 히어로가 필수적으로 갖추어야 할 고뇌와 성찰의 서사는 없는 듯 보인다. 정의 구현의 동기부여 역시 인류애보다는 영웅심의 발로라고 봐야 타당할 듯싶다.

철갑영웅의 연대기는 히어로로서의 각성이 아닌 업그레이드를 거듭하는 아이언 슈트의 성능과 디자인에 초점이 맞춰진다. 그렇기에 토니 스타크의 영향력은 제조 단계까지만이다. 슈트 안에 들어 있는 존재가 굳이 토니 스타크가 아니어도 상관은 없다. 아이언 슈트가 없는 토니 스타크는 그저 돈 많고 똑똑한 '한량'에 지나지 않는다는 결론이 〈어벤져스〉에서 캡틴 아메리카와의 말싸움 중에 불거져 나온다. 그런데 이는 관객을 포함해서 아이언맨을 둘러싼 모두가 알고 있으며, 토니 스타크 자신도 느끼고 있는 문제다.

아이언 슈트는 소재가 가진 강도와 경도만큼이나 탄탄한 페르소나이기도 하다. 가면은 다른 영웅들에겐 강한 힘을 가진 자신의 정체를 숨기는 페르소나이지만, 아이언맨에게는 가면이야말로 미미한 힘을 가진 자신의 정체를 숨기는 페르소나이다. 영웅들의 고뇌가 보통사람들과는 다른 자신의 힘과 그 거대한 힘에 대한 책무였다면,

토니 스타크에겐 그런 힘도 책무도 없다. 오히려 보통 사람과 같으면서 히어로와는 다른 자신의 '차이', 즉 보통 사람들처럼 죽음에 대한 공포가 불안이다. 가면에 의지하며 살아가는 연약한 자기정체성, 이런 자기 존재에 대한 불안은 〈어벤져스〉의 마지막 장면에서 연출된 우주에 홀로 던져진 '죽음'의 공포에서 극에 달한다. 그 이후 그는 더욱 아이언 슈트 속으로 자신을 숨기려 한다. 토니 스타크를 잊어버리고 아이언맨으로만 존재하고자 하는 방어기제, 철갑의 페르소나는 인정의 '욕구'에서 일종의 '증세'로 변이한다.

스스로는 자신의 의지대로 슈트의 성능이 업그레이드되고 있다고 생각하지만, 실은 자신을 보호해줄 아이언 슈트의 성능이 일상을 지배하는 힘으로 작용하고 있다. 〈아이언맨〉 2탄에서는 휴대하고 다닐 수 있는 007가방 모양이 되고, 〈어벤져스〉에서는 원격으로 조종되며, 3탄에서는 여러 조각으로 나뉜 부품이 언제 어디서든 날아와 자신에게 들러붙는다. 그러나 조각으로 뭉쳐진 슈트 안에 자신이 들어 있지 않아도 원격조정이 되는 업그레이드된 기능은, 슈트 밖에서 더욱 안전할 수 있다는 역설을 만들어낸다. 자신에게서 분리된 아이언맨, 아이언맨에게서 분리된 자신, 결국엔 아이언맨 밖으로 밀려난 '한량'만이 남게 되었다.

심리학적으로 부연해보자면, 굳이 무언가를 드러내고자 하는 행위는, 필히 무언가를 숨기고자 하는 심리를 동반한다. 외향적인 성격을 표방하는 사람일수록 단절과 소외에 대한 콤플렉스를 지니고 있는 경우가 많다. 그래서 그토록 대외적인 관계에 집착하며 자신의 사회성을 인정받으려 하는 것이다. '뒤끝'이 없는 성격임을 강조하는 사람일수록, 그것이 항상 관계의 분란을 일으키는 자신의 '앞'에 대한 변명이란 사실을 누구보다 잘 알고 있다. 그러나 강한 자존심 때문에 끝끝내 '뒤끝'에 몰입하는, 꽁한 구석이 다분한 사람이다. 콤플렉스를 대외적인 페르소나로 충족시키고자 하는 심리, 어떤 면을 부각시킴으로써 다른 면을 숨기려 하는, 병법으로 치면 성동격서聲東擊西의 연장선에 있는 방어기제에 지나지 않는다.

아이언 슈트의 진보는 결국 토니 스타크 자신의 퇴보를 의미하기도 했다. 자신의 존재감을 드러내기 위한 도구였던 아이언 슈트가 오히려 자신을 숨기고 있는 역설과 모순. 감독이 바뀐 3편에서는, 그전까지 비중이 거의 없다시피 했던 한량의 고뇌를 집약적으로 다룬다. 제시된 해결의 방법은 철갑옷을 벗어던진 한 인간으로서의 성찰이었다. 모든 것을 막아낼 줄 알았던 아이언 슈트가 두부처럼 잘려나가고 있는 생사의 기로, 아이러니는 '아이언 슈트'에게서 '전능'이 사라지자 토니 스타크의 액션본능이 발휘된다는 점이다. 인간의 주체성을 회복하기 위해 신에게 죽음을 선포한 니체식의 반대급부다.

슈트가 부서질 때마다 이리저리 옮겨 다니며 다른 슈트로 몸을 옮겨 신는 장면은, 토니 스타크에게 슈트가 더 이상 콤플렉스도 페르소나도 아닌 그저 도구에 불과하다는 사실을 알려준다. 그렇기에 애지중지하던 슈트를 가차 없이 폭파시킬 수 있었다. 그리고 비로소 자신이 아이언맨임을 확신하는 토니 스타크의 대사, "I'm a Iron man"으로 영화는 끝이 난다.

자 신 의 자 격

:

명태는 바닷속에 있을 때만 명태라고 불리고, 세상으로 나오면서부터 다른 새로운 이름들로 불린다. 어린 나이에 일찌감치 두각을 나타내는 노가리도 있고, 세상으로 갓 나온 싱싱함으로 승부를 거는 생태도 있다. 모진 바닷바람과 뜨거운 태양을 감내하며 내실을 키우는 북어와 코다리도 있으며, 얼림을 택해 세상 온도에 초연한 동태도 있다. 자신의 근원을 멀리 떠나 산에서 자신을 완성시키는 놈도 있으니, 큰 일교차로 얼었다 녹았다를 반복하며 스스로의 가치를 높이는 황태다.

명태는 자신이 명태라는 이름으로 불리고 있다는 사실조차 모를 것이다. 연암 박지원의 지적대로 이름은 자신에게 달린 것이 아니라 남의 입에 달린 것이다. 순전히 인간의 입장에서 볼 때, 명태가 명태 저 자신일 수 있는 시간은 바다를 노닐고 있을 때뿐이다. 또한 물고기라는 정체성을 지킬 수 있는 유일한 시간이기도 하다. 자신이 자신일 수 있는 상태를 철학에선 '실존'이라고 말하고, 종교에서는 역설적으로 '무아無我'라고 칭한다. 명태의 실존적 무아는 '명태'라는 이름을 부여받지 않은 '자유'에서만 가능하다.

이름을 지어 구분하기 좋아하는 인간은 세속의 가치를 좇아 자기 자신이기를 포기한 채 살아가는 시간들을 긍정한다. 그래서 성공이란 가치 아래, 남들에게 이름을 얻기 위해 혹은 이름을 알리기 위해, 온갖 고통과 시련을 참아내고 견뎌내며 살아가는 시간에 많은 의미를 부여한다. 철학과 종교의 입장에서 본다면 실존적 무아를 살아가고 있는 것이 아니다. 그러나 삶에 가로 놓이는 고민을 철학과 신앙만으로 감내하기에는 버거운 것 또한 현실이다.

니체는 자아를 하나의 상품으로 비유하기도 한다. 세상의 가치에 부합하고자, 청춘들은 취업난 속에서도 부단히 자신을 타자의 시선에 노출시키며 자신의 사용가치를 피력한다. 자신을 살아갈 것이냐 세상을 살아갈 것이냐, 그 선택은 쉽지 않은 문제다. 하지만 절충적인 대안 정도는 한번쯤 고민해야 할 문제이기도 하다. 행복의 기준은 언제나 욕망의 기준에 근접해 있는 법이어서, 그 욕망이 자신의 것이냐 세상의 통념이냐 하는 문제는 행복의 실존까지도 결정하기 때문이다.

"나는 대리석에서 천사를 보았고, 천사가 자유롭게 풀려날 때까지 조각을 했다."

미켈란젤로가 정의한 조각가란 돌 속에 감추어진 형상을 발견하고 그 형상을 해방시키기 위해 잉여 부분을 제거하는 사람이다. 니체는 자신의 철학에 이런 미학의 원리를 수용하며, 망치를 들어 스스로를 파괴할 것을 요구한다. 내가 나로서 완성되기 위해서 쳐내야 할 잉여의 가치를 모두 제거해야 한다는 주장이다. 파괴, 몰락, 경멸의 키워드로 진행되는 니체 철학의 주제가, 아이러니하게도 'amor fati!'(네 운명을 사랑하라!)인 이유다.

내 속에 숨어 있는 가치가 드러나기 위해서는 나 스스로를 파괴해야 한다. 왜? '나'라고 알고 있는 수많은 '남'이 숨어 있기 때문이다.

거울 앞에서조차 자신의 시선으로 자신을 바라보는 것이 아니다. 남들이 보는 나를 바라보고 있는, 남의 시선으로 바라보는 나일 때가 훨씬 많다. 이른바 '자아의 환영'이라고 하는, 나와 타자의 시선 사이에 맺히는 도립허상倒立虛想. 니체는 그런 '남'들의 가치가 삶의 중력으로 작용하여 우리를 난쟁이로 만들어버린다고 말한다. 쉽게 말해 생각이 자라지 못한다는 의미다.

니체는 사람은 저마다 타고난 재능에도 불구하고, 실제론 소수만이 재능 있는 사람이 된다고 말한다. 니체가 말한 재능이란, 나 자신이 될 수 있는 능력이다. 망치로 세상의 가치를 깨어내고 나 자신만의 가치를 조각하는 것. 이 개념에 발을 얹은 푸코는 '예술가적 자아'라는 자아상을 제시한다. 시장의 요구로부터의 자유, 노동시장에 적응할 필요로부터의 자유, 타인에 대한 의존으로부터의 자유를 추구하는 자아. 거창하게 장자를 들먹이며 소요유逍遙遊를 떠들어댈 필요도 없다. 바다로 돌아간 명태 한 마리가 맞이한 명태로서의 자신, 그것이 소요유다. 니체는 '시대의 축축한 공기'를 벗어나는 일이라고 표현한다. 습기 속에 장시간 방치되면 병이 나기 마련이다. 이 시대를 살아가는 우리는 각각의 '증상'이다. 병이 나으려면 삶의 방식을 바꾸어야 한다. 그 해결책은 누구도 가르쳐줄 수 없으며 나 자신만이 알고 있다. 치료는 나 자신이 되는 것으로부터 시작되기 때문이다.

프로이트에 의하면 꿈은 평소에 억눌려 있던 무의식이 펼쳐지는 세계다. 그러나 니체는 평소에 억눌려 있는 의식에 초점을 맞춘다. 무의식과 의식 중 어느 것이 진정한 '나'일까? 꿈은 그 자체로 우리의 평소 의식이 얼마나 진정성 없는 연출인지를 보여주는 진정성이기도 하다. 우리의 의식은 오롯한 내가 아니다. 내가 살고 싶은 삶을 살아간다기보다는 누군가의 시선 안에서 그럭저럭 괜찮은 삶을 영위하고 있는 타자로서 참여하고 있다.

과연 가상의 공간은 꿈일까, 현실일까? 장자의 각성처럼 도리어 우리가 살아가고 있는 이 삶 자체가 시뮬라크르인지도 모른다. 니체의 결론 역시, 깨어 있을 때나 꿈을 꾸고 있을 때나 아무런 본질적인 차이도 없다는 것이다. 차라리 꿈은 주체의 가상이기라도 하다. 그러나 너와 나는 모두 타자의 가상이다. 진중권 교수의 어록을 빌리자면, 깨어야 할 것은 꿈이 아니라 삶이다.

18

주 체 들 의
각   성

슈 퍼 맨 의   선 택

:

크리스토퍼 놀런이 제작과 각본을 맡으면서 화제가 된 〈맨 오브 스
틸〉이었지만, 〈다크 나이트〉의 사실주의를 기대했던 팬들에게 잭 스
나이더의 역동적이다 못해 다소 정신이 없는 액션은 그다지 매력적
인 요소가 되지 못한 듯하다. 클립톤 행성에서 찾아온 동족과의 혈
투는 혹성 베지터에서 지구를 찾아온 사이언인들의 이야기와 상당
히 오버랩되는 설정이지만, 슈퍼맨이 앞서 있는 원작이라고 한다. 그
러나 〈드래곤볼〉의 실사화라는 생각이 들 정도로, 재패니메이션의
정서가 물씬 풍기는 연출은 도리어 역관성인 셈이다.

   슈퍼맨이 미국인들에게 기독교적 메시아를 상징한다는 사실은, 영화평론의 전제가 되어 있을 정도로 널리 알려진 이야기다. 예수 그리스도는 33세가 되던 해에 육신과 이별을 고하며 승천하고, 클라크 켄트는 33세가 되던 해에 '쫄쫄이' 재질의 전신 타이츠를 육신에 걸치고 승천한다. 간간히 대기권 밖까지 날아올라 일광을 쬐며 지구를 굽어살피는 장면이 그 메시아적 표상이란다.

그러나 원작에 충실했다손 쳐도, 메시아 신앙의 근원이 태양신 숭배사상이라는 점을 감안한다 해도, 슈퍼맨의 힘의 원천이 태양이라는 설정은 다소 유치하게 느껴진다. 시금치를 먹으면 힘이 솟는 뽀빠이와 꽃향기를 맡으면 힘이 솟는 꼬마 자동차, 그리고 비타민D와 세로토닌의 '맨 오브 스틸'.

인류에게 영원한 슈퍼맨으로 남은 크리스토퍼 리브 버전에서는, 지구의 자전방향을 바꾸어 지구의 시간을 거꾸로 돌리는, 히어로와 메시아를 넘어선 신의 경지를 연출해내기도 한다. 그야말로 역사歷史를 바꾸는 순간. 그러나 바로 역사役事의 직전, 슈퍼맨을 가로막은 것은 하늘 저편에서 들려온 아버지의 음성이었다. 이는 곧 '말씀'의 모티브다. '말씀'은 묻는다. 지구인 스스로 만들어야 할 역사에 너의 힘이 끼어드는 것이 과연 올바른 것이겠는가? 하지만 저들과 함께 이 지구의 시간을 살아가는 일원이자 히어로로서 이미 다분히도 끼어든 역사다. 예수 그리스도 역시 이 지구에서의 시간에 관여하시지 않았던가, '서기A.D.'라는 형식으로. 슈퍼맨 역시 저들의 시간에 기어이 관여하고야 만다.

크리스토퍼 놀런의 시나리오에서는 '말씀'이 지구보다 발전해 있는

202

4   부
순간을 산다

첨단 테크놀로지에 저장된 메모리였다. 그러나 슈퍼맨의 정체와 초능력의 기원을 알려줄 뿐, 이 지구를 지켜내는 히어로로서의 정체성은 오로지 '지금 여기'를 딛고 있는 클라크 켄트의 몫이었다. 기원 같은 것은 아무래도 상관없다. 내가 사는 '지금 여기'에서, 내가 느끼고 있는 실시간적 맥락 속에서의 자의적 판단이 더 중요하다. 지구를 파괴하러 왔다가 도리어 지구를 사랑하게 된, 부르마와 결혼을 하고 트랭크스까지 낳아버린 베지터의 실존적 자유와 같은 것이다.

히어로로서의 자기정체성을 깨닫는 단서인 그 '말씀'은 지구인 아버지에게서 구현된다. 지구인에게는 없는 커다란 힘을 지닌 존재, 지구인이 짊어진 강력한 중력에서 벗어나 있는 절대적이면서도 상대적인 존재. 그러나 히어로로서의 '차이'는 곧 이방인을 의미하기도 했다. 우연한 기회에 혹은 개인적 동기에 의해 슈퍼히어로가 된 경우와는 조금 다른 문제다. 외계에서 온 슈퍼맨이 가면인가? 아니면 지구인으로 사는 클라크가 가면인가에 대한 문제이기 때문이다. 이런 '인간적인 너무나 인간적인' 고뇌는 '어디선가 누군가에 무슨 일이 생기면' 나타나는 '짱가'적 서사를 비껴간다. 비껴간 그 자리에 아버지의 '말씀'이 있었다. 토네이도가 풍경을 집어삼키고 있는 현장, 당장이라도 아버지를 구하고 싶지만 많은 사람이 지켜보고 있다. 아버지는 이방인으로서의 정체성을 고민하는 아들에게 평범한 지구인으로서 살아갈 수 있는 '선택'이 되어준다. 클라크의 선택 역시 지구인으로 남는 것이었다.

그러나 각성으로 인한 변화의 의지는, 항상 절실한 순간보다 늦게 찾아온다. 소중한 무언가를 잃어버린 후에야 찾아오는, 다시는 소중한 무언가를 잃지 않겠다는 후회 속의 다짐. 아버지를 잃은 후에야 비로소 찾아온 각성은 다시 한 번의 '선택'이었다. 지구인으로 살아가는 클라크 켄트의 세계를 지켜주는 이방인이 되는 것. 슈퍼맨은 인류를 구원하는 것뿐만이 아니라 자신이 매일같이 맞대고 살아가는 세계 내에서의 삶도 구원한다. 대기권에서 망토를 펄럭이며 지구를 굽어보는 슈퍼맨은, 세상의 밖에서 세상을 관찰하는 관세음觀世音의 입장인 동시에, 그 관세음의 관찰을 당하고 있는 세상 안의 존재이기도 했다.

세상을 구원하는 이 히어로적 각성의 서사는, 부조리한 체계를 구하는 히어로적 각성이기도 하다. 개인의 삶이 건강해야만 공동체의 삶 역시 건강할 수 있다. 그러기 위해서는 구조 밖으로 나아가 구조와의 반성적 거리를 획득하는 이방인의 관점 역시 필요하며, 그런 비판과 견제 속에서만이 구조의 상식과 건강이 유지될 수 있다. 어른들은 구조의 생산자이면서 소비자로서, 자신들이 만든 체계를 자라나는 세대에게 물려주어야 한다는 책임이 있다. 그렇기에 자신들이 떠받들고 있는 가치가 과연 가치로서의 가치가 있는지에 대한 도덕적 판단이 앞서야 한다. 그러나 그들의 '말씀' 속에는 스스로에 대한 반성과 자라나는 세대들을 위해 남겨둔 선택보다, 자신들이 이루어놓은 것들을 진리로 강요하는 권위가 앞서 있는 경우가 많다.

이런 풍토에서 자라난 청춘들은 구조의 이방인이 되기를 두려워한다. 그런 행위를 정상 궤도에서 이탈한 낙오자들의 성향으로 인식하도록 배웠기 때문이다. 청춘들 사이에서조차도 세상 위로 날아올라보겠다는 꿈이 '아직도 정신을 못 차린 공상' 혹은 '여전히 어린 치기'로 치부되는 현실은 어른들의 책임이다. 청춘들 스스로는 선택을 한다고 생각한다. 그러나 부모가 마음에 드는 물건을 깔아놓고서 아이의 꿈으로 집으라 하는 돌잡이와 같은 것이다. 그 결과 성인이 되어서도 돌잡이 물건이 아니면 집지 못하는, 스스로를 구원할 역량을 갖추지 못한 허약한 자아들만이 자라난다.

기 성 들 의 잘 못

:

아직도 기억으로 잡아두고 있는 소설 하나가 있으니, 중학교 국어 교과서에 실려 있었던 폴 빌라드의 《이해의 선물》이다.

어린 시절의 주인공은 아직 화폐에 대한 개념이 없다. 그저 엄마가 무언가를 건네주고 무언가를 건네받는 행동을 보고 알게 된 교환의 개념만 있을 뿐이다. 어느 날 은박지에 담긴 버찌씨를 가지고 사탕가게에 들어간 주인공은, 가게 주인인 위그든 씨에게 그것을 내밀고 묻는다.

"모자라나요?"

위그든 씨는 돈이 남는다며 사탕과 함께 거스름돈 2센트까지 건네준다. 위그든 씨는 동심에게 굳이 '지불'이라는 경제적 개념을 설명하지 않았다. 동심을 지켜주고자 한 선의이기도 했지만, 어차피 설명해줘도 이해를 못할 나이가 아니던가.

　이 이야기를 두고 어른의 미덕으로 칭송한다면 어떨까? 아마 또 버찌씨를 가지고 오면 어떻게 하겠냐는 둥, 어릴 때부터 현실적인 감각을 키워줘야 한다는 둥, 가슴 따뜻해지자고 한 이야기에 죽자고 덤비는 성인도 제법 있을 것이다. 자신은 그런 어른이 아니라고 생각할지 모르지만, 자신이 그런 어른의 역할로 살아가고 있음을 자각하지 못하고 있을 가능성이 농후하다. 조기교육이 현상을 넘어 이젠 하나의 문화로 자리 잡은 한국의 현재가 그 증거다. 설렁설렁 살기에는 너무도 모진 세상이라는 사실을 어려서부터 알려주겠노라고, 실상 두뇌의 계발보다는 경쟁력 함양이란 목적으로 이루어지고 있는 신자유주의적 인재양성. 그렇게 자라난 세대가 그 사회에서 통용되는 가치를 맹신하고 유지하려 드는 것은 어쩌면 당연한 이치 아니겠는가? 그리고 그렇게 가르쳤던 어른들은, 복지의 사각으로 밀려나 노후를 걱정해야 하는 구조적 모순을, 노후가 다가오고 나서야 뒤늦게 깨닫는다.

　모진 세상이란 기성들이 설정한 세계다. 그리고 그 모진 세상으로 들어가 좋은 자리를 선점하게끔 하고 싶은 어른들의 바람으로 그 모짊이 유지된다. 아이들이 선택할 수 있는 진로의 스펙트럼은 어른들의 시각으로 좁아진다. 눈가리개의 한정된 시야로 달려가는 경주마를 길러내고 있는 셈이다. 사람에게 있어 말의 존재 가치란 달리기 위함인지도 모른다. 그러나 말 자신에게 그것은 자신의 전부가 아니라 그저 자신의 한 표현에 불과하다. 하지만 대부분의 말이 트랙에서의 단거리 승부만으로 능력을 평가받고, 트랙 밖의 세상을 알지 못한다. 그래서 말로서의 정체성을 깨닫지 못하고 경주마로서의 절망만을 하다가 청춘을 허비하는 경우가 태반이다.

지금의 청춘들이 목 놓아 부르짖는 꿈이라는 가치들, 물론 대기업에 취업하고, 공무원이 되고자 하는 꿈도 그 얼마나 소중한 것들이겠는가? 하지만 저마다 다른, 다양한 적성을 갖고 태어난 세상에서 왜 이토록 같은 꿈으로 무장한 채 달려가고 있는 사람들만이 모여 있는 것일까?

사실상 많은 젊음들은 꿈에 대한 진지한 고민 없이 성인이 된다. 부모에게 강요받고, 어른들에게 추천받아 공란을 채웠던 꿈들이 아니었던가. 자신의 재능과 적성보다는 사회적 통념으로 선택했던 1지망과 2지망이 아니었던가. 기성들의 욕망으로 설정된 저 지위를 차지해야 그것이 성공이고 자아실현이라는 명분으로 내달리기만 했다. 그리고 그것에 가까이 가지 못하고 있는 '지금 여기'는 곧 절망의 나락이 되어버린다.

꿈을 생각해본 적이 없기에 결코 꿈의 실현이 가로막힌 적도 없었지만, 당장의 돈벌이가 막힌 현실을 '죽음에 이르는 병'이라고 정의하고, 실제로 죽음에 이르기도 한다. 똑같이 젊어지게 되는 똑같은 절망, 다양성의 부재가 늘 사회문제로 제기되는 우리나라는 청춘들의 절망마저도 그 다양성을 보장받지 못한다. 남들과 다른 삶을 욕망하는 것이 아니라 적어도 남들처럼은 살아야 한다며 타협을 권하는 사회, 요즘은 그도 쉽지 않아 '남들처럼'이 타협이 아닌 욕망이 되어버렸다. 그럴 바에야 남다른 꿈을 욕망해봄직도 하건만, 저마다 이런저런 '어른스런' 핑계들로 엄두를 내보진 않는다.

자신의 꿈을 이루기 위해 힘든 시절을 견뎌낸 드림워커들의 이야기를 더 이상 감동적인 인생훈으로만 받아들일 일만도 아니다. 이제는 공리적 해석과 경제적 고찰이 필요한 때이다. 어차피 단순히 돈을 벌기 위한 취업도 힘든 시절이다. 내가 들어서고자 했던 길이 진정 '꿈'이란 단어에 어울리는 방향이었는지 다시 한 번 돌아봐야 하는 이유는, 오히려 더 많은 부를 창출할 많은 기회를 스스로 막고 있는지도 모를 일이기 때문이다. 세상의 통념으로 기회를 미리부터 한정 지을 필요가 있을까?

그러나 우리 대부분은 '안정'이란 명분으로 미리 한계를 그어놓고 자신에게 경제적으로 환산될 수 있는 어떤 재능이 있는지에 대한 고민을 하지 않는다. 세상의 통념 끝에 기다리고 있는 현실이라 해봐야 그저 그런, 그렇다고 그다지 안정적인 것도 아닌, 행복이라고 하기에는 뭣한, 잠깐의 숨 돌릴 시간만이 허락되는, 지루하면서도 빠듯한 일상뿐이다. 그리고 뒤늦게 자아정체성을 따져 물으며 찾아오는 회의감, '난 누군가? 또 여긴 어딘가?' 차라리 통념을 모르던 시절로 돌아가 꿈을 재정비하는 것이 더 큰 성공과 행복으로 가는 지름길인지도 모른다.

물론 구조로부터 반성적 거리를 확보하기란 쉽지 않은 일이다. '지금 여기'를 살아가는 우리 자체가 구조이기 때문이다. 안정성과 수월성의 편의를 선호하는 인간의 특성상 어떤 식으로든 구조란 존재하기 마련이다. 문제는 구조가 지니고 있는 건강도이다. 구조의 속성은 구조를 이루고 있는 개개인의 건강도가 반영되는 문제다. 상부구조의 욕망만을 탓할 수 있을까? 상류층을 질타하면서도 그 상류층에 들어가지 못해 안달인 하부구조에 의해 유지되고 있는 상부이기도 하다.

반값 등록금이 정부정책과 서명운동만으로 실현될 수 있을까? 여전히 대학이 갑甲일 수밖에 없는 인식이 바뀌지 않는 한, 언제고 또 오를 등록금이다. 취업난 속에서도 자신에게만은 구조의 은혜가 베풀어지길 바라고, 일단 취업이 되면 구조에 대한 충성으로 일관하는 사회에서 취업난이 줄어들 리 만무하다. 구조로부터 반성적 거리를 확보할 수 있는 건강한 개인이 되었을 때만이 구조도 건강해질 수 있다. 개개인의 건강한 인식이 모여 구조를 이루면 충분히 바뀔 수 있는 문제지만, 비극은 개개인들이 원하지 않는다는 점이다.

파울로 코엘료가 《연금술사》의 곳곳에 적어놓은, 저 유명한 '자아신화'의 명제.

"간절히 원하기만 한다면, 온 우주가 도와준다."

동의하는가?

소설가의 멋들어진 어록 하나로 삶이 정의되기에는, 오랜 간절함에도 우주에서 소외되는 바람이 더 많은 것이 사실이다. 도리어 우주로 인해 좌절을 맛봐야 했던 경험이 더 많을 것이다. 나의 의지만이 아닌 수많은 의지가 모여 살아가는 우주이기 때문이다. 결국엔 나를 방해하는 우주는 타인이고, 타인을 방해하는 우주는 나인 것이다. 구조가 유지되는 원인이 그 구조의 일원으로 살아가길 갈망하는 너와 나이기도 하다. 구조의 모순을 비난하고 있지만, 비난의 이유는 모순 그 자체가 아니라, 모순의 은혜가 자신에게까지 베풀어지지 않는 불공평에 대한 반발심인 경우가 더 많지 않던가.

현대사회의 문제는 불합리한 구조에 있는지 모른다. 그러나 그 불합리를 걷어내는 순간 합리적인 구조에게 선택될 자신이 있는가? 어쩌면 이 불합리한 구조 덕분에 나의 무능을 들키지 않고 있는 것일 수도 있다. 또한 구조의 불합리를 비판하는 일에만 몰두하다 어딘가에 숨어 있는 나를 위한 양분을 스스로 포기하고 있는지도 모를 일이다. 역설은 차라리 구조에서 소외되었을 때, 구조로부터 자유로워지기가 쉽다는 점이다.

맹자는 난세에 영웅이 나타나는 것이 아니라 차라리 난세이기 때문에 영웅이 되기 쉬운 것이라고 말한다. 청춘의 태반이 백수여서 취업하지 못한 것이 흠도 되지 않는 어려운 시절, 오히려 꿈으로 살아가기에는 지금만큼 쉬운 시절도 없다. 어차피 들어서지도 못한 길에 무슨 미련이 있을 수 있으며, 무슨 후회가 있겠는가. 더군다나 소비의 패턴도 결정되어 있지 않은 지금이 궁핍을 감내할 수 있는 다시 오지 않을 기회다. 일단 어떻게라도 정해진 진로 앞에서는 되돌아보기가 쉽지 않다. 넘어진 김에 쉬어가란 말도 있듯, 앞이 막힌 김에 걸어온 길을 되돌아보는 기회를 얻는 것이 차라리 2보 전진을 위한 1보 후퇴일 수가 있다.

하늘을 품을 수 있는 초능력은 슈퍼맨과 피터 팬에게만 주어진다.

자신이 슈퍼맨은 아니었다는 게 이미 증명되었기에 절망하는 것 아닌가. 나머지 방법은 피터 팬이 되는 것뿐이다. 내가 딛고 서 있는 지금 이곳의 절망적인 상황, 더 이상 잃을 것도 없는 이곳이야말로 한번 날아보기에는 더없이 좋은 네버랜드다. 절망으로 가득한 것 같은 현실도 이 세상이 지니고 있는 진면목은 아니다. 기성들의 메마른 상상력으로 만들어놓은 엉성한 매트릭스일 뿐이다. 남들보다 행복하겠노라 지금까지 집어먹은 파란 약이 몇 개이던가? 인생의 한 번쯤은 빨간 약을 집어먹을 때도 있어야 하지 않을까? 성인의 시각에서 벗어나 차라리 동심으로의 일탈을 감행해보자. 내가 무엇을 하고 있을 때 가장 행복했는지에 대한 기억을 더듬다 보면, 그동안은 보이지 않았던 더 큰 세상이 당신에게 다가와 손을 내밀 것이다.

정신분석학자 프로이트가 제안하는 인생을 행복하게 사는 방법은, 어릴 적에 꿈꿨던 것을 하는 것이다. 우리 삶이 행복하지 않은 이유는, 어른이 된 이후에 가치로 인정받은 것들만을 찾아 행복의 함수에 채워 넣기 때문이다. 미지수의 자리에 계속해서 잘못된 값을 넣기 때문에 이 행복의 방정식이 풀리지 않는 것이다. 모두가 맞출 수 있는, 난이도가 지극히 낮은 문항을 난제로 끌어안고 살아가는 모순. 그러나 문제를 푸는 사람이 극히 드물다는 역설 속에, 변별력을 전혀 갖추지 못한 난제로 영원히 남는다는 모순과 역설의 순환.

스피노자는 말한다.

"어떤 것을 안다는 것은 그것이 어떻게 산출된다는 것을 아는 것이다."

우리는 행복에 대해 잘 알지 못한다. 니체의 말마따나 인간은 행복조차도 배워야 하는 존재다.

물론, 사회 구조가 누구에게나 불합리한 것만은 아니다. 그 구조에서도 충분히 만족을 찾을 수 있고, 길이 계속해서 이어진다면 그 길을 걸어가면 그만이다. 그러나 더 이상 달려갈 수 없는 막다른 길 앞에서는 다른 경우의 수를 선택해야 한다. 가로막힌 벽 앞에서 주저앉아 울든가, 다시 다른 길을 찾아서 돌아가든가, 아니면 날아서 벽을 넘어서든가.

지금까지 단내가 나도록 달려왔다. 아까 들어섰던 잘못된 길에 다시 들어서서 제자리를 맴돈 기억도 숱하다. 그렇다면 이제는 차라리 날아보자! 이런 피터 팬들의 활공이 늘어나야만, 구조의 판도 역시 바뀔 수가 있다. 내가 하고 싶은 일을 하면서도 더 많은 행복을 창출할 수 있는……. 그것은 '나'라는 개개인으로부터 시작되는 것이다.

충동에 충실하라!

:

"할 수 있는 것을 할 것이냐, 하고 싶은 것을 할 것이냐?"

잘할 수 있는 것이 좋아하는 것이 되고 좋아하는 것이 잘할 수 있는 것이라면 좋으련만, 이상과 현실은 언제나 능력과 소망의 차이만큼 서로 비껴나 있고, 무엇을 좇아 어떻게 살아가야 하는지에 대해선 지혜의 말씀들조차 의견의 일치를 이루지 못한다.

하지만 할 수 있는 것들을 하다보면 그 길 위에서 하고 싶은 것을 할 기회를 만나기도 하고, 하고 싶은 것을 하다보면 할 수 있는 것들의 도움을 받기도 한다.

할 수 있는 것으로 최고가 된 자들 모두가 마지못해 걸어온 길이었을까? 자신이 하고 싶은 일에서 최고가 된 자들 또한 처음부터 잘하는 사람들이었을까? 분명한 것은 '무엇으로써'보다는 '어떻게' 이루어 낼 것인가가 더 큰 주제라는 사실이다.

어떤 사람들은 자신이 할 수 있는 것을 자기가 좋아하는 것이라고 착각한다. 잘하는 것도 제대로 하지 못해 힘든 세상, 좋아하는 것을 찾아가는 여정은 엄두도 내지 못할 뿐더러 자신이 무엇을 좋아하는지에 대한 진지한 고민도 없다.

어떤 사람들은 자기가 좋아하는 것을 자신이 가장 잘하는 것이라고 착각한다. 하지만 그들은 자기의 열정 자체만을 기특해할 뿐이다. 열정의 대상을 사랑하는 것인지, 대상에 열정을 쏟아붓고 있는 자신을 사랑하고 있는 것인지에 대한 판단은 없다.

어떤 것이 할 수 있고, 어떤 것이 하고 싶은 것인지에 대한 판단조차도 그저 주관적이고 근시안적인 생각일 수 있다. 세상이 느끼기엔 자신의 생각보다 형편없는 수준일 수도, 자신이 미처 가늠해보지 않았던 재능일 수도 있다. 그렇지만 언제나 스스로 그어 놓은 한계 밖을 바라보지 않기 때문에 더 잘할 수 있는 것들이 할 수 없는 것으로 남아 버리고, 반성과 인내보다는 극단의 아집으로 일관하기 때문에 하고 싶은 것도 끝내 할 수 없는 것이 되어버린다.

"할 수 있는 것을 할 것이냐, 하고 싶은 것을 할 것이냐?"

선택에 급급하기보다는 먼저 그것들에 대한 명확한 범위 설정이 이루어져야 한다. 그러기 위해서는 자신이 아닌 세상의 견해를 물어야 한다. 그래서 우리에게 도전이란 덕목이 필요한 것이다. 일단 해보고 싶은 것을 하는 것이다. 최선을 다해 도전해본 후에 세상의 대답을 겸허히 받아들여야 한다. 그래야만 할 수 있는 것과 하고 싶은 것의 경계가 명확해지고, 하고 싶은 것을 하기 위해서 길러야 할 능력이 무엇인지가 분명해진다.

인생이 도박이라면 유한과 무한 중 어느 쪽에 배팅할 것인가? 유한에 걸었다면 '유한밖에' 알지 못하는 것이고, 무한에 걸었다면 '유한도' 알게 되는 것이다. 그래서 젊음의 주제는 무한에 도전해야 하는 '무한도전'이어야 하는 것이다.

혹 내 운명이 아닌 곳에서 방황하다 허송세월하는 것이 아니겠느냐는 생각이 들지도 모른다. 하지만 그도 일단 가보고 나서 걱정할 일이지, 가보지도 않고 주저하고만 있다면 그것이야말로 허송세월이다. 포기를 말한다면 삶의 의미를 잃어버린 진정한 허송세월이 시작되는 것이다. 무한으로의 여행을 하다 보면, 막연히 펼쳐진 길옆으로 언뜻언뜻 보이는, 내게 허락된 곁길이 무수히 많음도 알 수가 있다. 지금 여기의 멈춤에서는 절대 보이지 않던……

니체는 '번개가 친다'라는 문장을 예로 들어, 인류의 언어습관에서 파생되는 문제를 지적한다. '친다'의 주어는 번개가 아니라는 것. 왜? 치는 것 자체가 번개이며, '친다'는 이미 번개를 매개하고 있는 동사형일 뿐이다. 차라리 주어가 제우스라면 몰라도 번개가 자기 자신을 치게 할 수 있는 주어는 아니라는 것이다. 다른 예를 들자면, '바람이 분다'에서 '부는'의 주체가 바람일 수가 없다는 이야기다. 바람이 저 자신을 스스로 불게 할 수 없고, 부는 것 자체가 바람이며, 바람이 안고 있는 성질이 '부는'일 뿐이다.

　동사 앞에 주어가 오는 문법적 구조로 인해 인간은 동사 앞에 항상 그 동사를 행하는 주체가 있다고 생각한다. 주체의 의지, 곧 생각이 행위에 앞선다는 생각으로 그토록 이성을 중시했던 인류의 역사다. 그러나 니체가 관심을 둔 것은 생각보다 먼저 일어나는 말초적 '반응', 즉 충동이다. 공이 날아오면 일단 피한다. 내가 피했다는 사실은 뒤늦게 인식되는 것이지, 공이 날아오는 속도와 공의 예상경로를 계산한 후에 에너지가 최소화되는 합리적인 동선으로 피하는 것은 아니다. 행위는 의식과 밀접한 상관을 지니고 있지만, 항상 인과로 앞서고 뒤서고 하는 관계는 아니다. 니체의 디오니소스적 충동 역시 이성보다 앞서 있는 행위다. 괴테의 유명한 명제, '태초에 행위가 있었나니……'이다. 이유는 없다. 목적도 없다. 자신이 왜 그것에 끌려가고 있는지 자신도 모른다. '해야 한다'로 설득되는 당위가 아닌, '하고 싶다'로 충만한 맹목적 의지, 그것이 청춘들이 말해야 하는 꿈이다.

　니체의 '권력의지'는 권력에 대한 집착을 의미하는 주제가 아니다. 보다 정확한 번역은 '힘에의 의지'이며, 강해지고 싶다, 성장하고 싶다는, 지금 여기서 발견되지 않는 '차이'를 향한 위치에너지인 동시에 운동에너지를 말한다. 그것은 세계에 대한 치밀한 계산이 아니라 스스로가 능동적이고 적극적일 수 있는 충동이다. '목적'은 자신의 발전상을 비교, 평가, 확인하는 단계적 잣대일 뿐, 그 자체로 결과가 아니다. 나의 결과는 이미 무언가로 향하고 있는 나의 의지 이외에는 아무것도 없다.

자 아 의 신 화 , 자 아 의 환 영
:

스피노자에 의하면, 우리가 어떤 대상을 욕망하는 이유는 그것을 좋아하기 때문이 아니다. 우리가 욕망하기 때문에 좋아하는 것뿐이다. 욕망의 정체는 무지이기 때문에 이유가 없다. 결코 나의 이상형이 아니었던 사람에게 이토록 끌려가고 있는 자신을 이해할 수 없는 것과 마찬가지로 맹목적이다. 자아실현으로 설정한 목적지에 도달해도 그곳에 자신이 꿈꾸던 자아가 없는 이유는, 맹목이 이끄는 욕망이 아닌 원인과 목적에서 비롯된 '자아의 환영'이 이끄는 대로 따라왔기 때문이다. 그 원인과 목적이란 게 결국엔 '타자의 담론'이며 '자본의 논리'다.

애초부터 꿈이라는 충동에 이유 따위는 존재하지 않는다. 이유라는 것은 나중에 가서야 만들어진다. 그 욕망을 움켜잡겠노라 달려온 '여기'에서 뒤돌아본 '저기', 그 간극을 채우고 있는 경험들로 해석된 자아의 의식이 인과를 설명해내고 있는 것뿐이다. 그래서 돌아보면 다 필연이었던 삶이 아니던가.

인생의 곡절마다 가로놓이는 것들을 사력을 다해 넘어야 했고, 지니고 있는 능력 이상으로 건너야 했으며, 필요 이상으로 에둘러 갈 수밖에 없었지만, 돌아보면 이는 절망이 아니라 욕망이었다.

세상엔 분명 겪어보지 않은 자들은 상상조차도 할 수 없는 크기의 절망을 안고 살아가는 사람이 적지 않다. 그러나 기대와 바람에 못 미치는 자신에 대한 실망은, 절망이 아니라 욕망인 것이다. 힘들어하는 대다수의 젊음이 간직한 사연은 절망보다는 욕망에서 비롯된다.

누구나가 '자아의 신화'에 대한 무의식적 욕망을 지니고 있다. 그 '너머'에서, '건너'에서, '돌아'에서 마주하게 되는 조금은 낯설지만, 조금 더 강해진 자아를 화려한 수식어들로 기록하고자 하는 신화. 파울로 코엘료가 《연금술사》의 곳곳에 적어 놓은 테제, '원하기만 한다면 온 우주가 도와준다'를 스피노자식으로 해석하자면, '자아의 신화'를 위해 배치된 욕망이 나의 우주라는 의미다.

우리가 이루고 싶은 것들은 끊임없이 우리를 괴롭힌다. 그렇다고 그것들이 어떤 목적을 지니고 다가오는 것은 아니다. 그저 우리의 맹목적 충동이 그것에게 다가가는 것이다. 그렇게 강해지고 있는 자신의 시간을 적어 내려가고 있는 '자아의 신화'이지만, 자신을 한없이 작고 초라하게 만들 '너머'와 '건너'와 '돌아'가 닥쳐올 것이다. 그러나 삶을 이해하지 못한 것도, 삶이 우리를 속이는 것도 아니다. 삶은 우리에게 욕망의 방향성을 가르쳐주는 것뿐이고, 우리는 자신이 살아 있다는 희열을 순간순간 확인하고 싶은 본능을 실현하고 있는 것뿐이다.

　넘어서고자 하는 욕망을 실현하기 위해 스스로 벽 앞에 다가서는 무의식, 니체는 이를 '힘에의 의지'라고 정의했던 것이다. 넘어서고자 스스로 고통을 감내하는 변태적 감성, 쇼펜하우어는 이를 행복으로 정의했다. 행복을 쟁취하고자 하는 나의 의지를 끌어당기고 있는 것, 그것이 바로 나의 순수한 욕망으로 점철된 나의 꿈이다.

19
—

청 춘
예 찬

청춘이란 이름의 영원회귀

:

지금도 계속되고 있는지 모르지만, 내가 초등학교 다니던 시절에는 매일 담임교사에게 일기를 검사 맡았어야 했다. 그리고 그때부터였던 것 같다. 내 인생에 날짜의 관념이 생긴 것이.

내가 날짜를 인지하기 시작한 것은 여덟 살 이후의 일이다. 일곱 살 때까지는 시간이 흐른다는 개념 자체가 없었다. 그냥 어제이고 오늘이고 내일이었고, 하루 중의 어느 시각이었을 뿐이다.

2학년이 되어서도 가끔씩 1학년 때 연도로 잘못 쓰곤 했다. 새로운 해를 가리키는 숫자 조합은 아직 낯설었고, 1학년 이전까지의 해는 표기해본 기억이 없었다. 내가 시작으로 기억하고 있는 해는 태어난 해가 아니다. 태어난 해를 기입하는 것에 익숙해진 것은 오히려 꽤 크고 나서부터다. 살아온 인생이라고 세고 있는 날들에서 빼야 할 시간이 있다. 기억도 하지 못하는 시간을 굳이 세월로 끌어안고 있을 이유가 있을까? 내 나이는 그렇게 시간을 벌었다.

우리는 도전할 수 없는 이유로 나이를 들먹이곤 한다. 도전에 있어 따져야 할 시간은, 자신이 살아온 시간이 아니라 죽기까지 남아 있는 시간이 아닐까? 더군다나 자신이 인생의 어디쯤 서 있는가를 가늠하고자 한다면, 시간의 중량보단 차라리 경도와 위도를 따져보는 것이 맞을 것이다. 맞닥뜨린 인생의 기후를 무시할 수는 없겠지만, 쌓여온 나이가 끌어당기는 사회적 중력을 따질 일은 아니다. 이 세상 어디에서도 중력은 같다. 생기가 넘치는, 혹은 지쳐 있는 스스로가 다르게 느끼는 것뿐이다.

20대 중반을 살아가는 복학생들이 나이와 진로에 대한 상관관계를 따지고 있는 모습을 지켜보고 있노라면, 뭐라고 대꾸할 말이 없다. 늘 아저씨라는 호칭을 듣고 살아서인지 자신이 정말로 어른인 줄 안다. 후배들 앞에서 어른스런 모습만 보여주려 하는, 화장에 제법 세련미가 묻어나는 4학년들도 마찬가지다. 가장 열정적으로 살아야 할 나이에 당장 어디든 소속만을 바라는 급급함으로, 꿈과 도전의 담론은 대화에서 사라진다. 이제 현실을 직시할 나이라며, 막상 좇아본 적도 없는 꿈과 도전을 포기한다.

하지만 5년만 지나도 알 수 있을 것이다. 그때라도 시작을 했다면, 5년의 경력이 생겨난 지금 즈음엔 무언가를 이루어냈을지도 모른다는 사실을! 그래 봐야 고작 서른 안팎이다. 그때 시작을 해도 늦지 않지만, 생각은 5년 전과 같다. '이 나이에 무슨'이라는……. 달라진 점은 '서른'이라는 나이에 매일같이 새삼 놀라며, 흘러간 시간에 대한 '설움'의 센치함을 즐기려 든다는 점이다.

우리에게는 자신의 시간보다는 세상이 정해 놓은 시간에 맞춰 살려는 경향이 있다. 그래서 이 나이에 아무것도 이루지 못한 자기 인생을 후회만 할 뿐, 지금이라도 무언가에 도전해볼 생각은 하지 않는다. 그리고 여전히 현실을 직시한다는 이유를 안고 당장 보이는 길로만 걸어들 간다.

"이 나이에 무슨……."

누구도 당신의 나이를 묻지 않았다. 당신의 꿈을 물어봤을 뿐이다. 하지만 당신의 대답은 문맥에도 맞지 않는 '나이'다. 삶의 어느 순간부터 이미 언어 체계가 달라진 것이다. 훗날 언젠가는 지금의 이 순간을 또 다른 나이의 언어로 술회하고 있을 것이다.

"그 나이만 됐어도……."

가장 적당한 때는 언제나 '지금'이다. 그러나 우리를 스쳐 지나가는 수많은 지금들은, 그저 숫자에 불과한 나이를 논증하는, 숫자로 쌓여간다.

"지금 아는 것을 그때도 알았다면……."

그럼, 지금은 다 알고 있단 말인가? 다시 돌아가면 또 다른 모르는 무언가가 기다리고 있진 않을까?

"만일 그것을 했더라면, 만일 이것을 선택하지 않았더라면……."

어차피 모든 순간순간의 결정은 스스로의 선택이었다. 이제 와서 누구를 탓하고, 누구를 부러워하며, 굳이 현재의 시간으로 과거를 살아가려 한단 말인가?

우리는 막연히 돌아가고 싶을 뿐, 실상 언제로 돌아가야 하는지 그 적당한 '그때'도 잘 모른다. 막상 그때로 돌아가 다시 열린 길 앞에 서게 된다면, 과연 우리는 다른 선택을 할 수 있을까? 그것을 선택하게 된다면, 과연 우리는 잘해낼 수 있을까? 어느 순간으로 돌아가 어떤 선택을 했든 지금 여기의 자신으로 돌아올 운명은 아니었을까? 니체의 결론은 그러하다. 지금이라도 무언가를 하려 들지 않고, 이미 지나간 날에 대한 공상만을 일삼는 당신은 그때나 지금이나 전혀 변한 게 없다. 그때부터 여기까지 흘러온 자신을 부서뜨리지 않는 한, 어느 시간대로 다시 돌아가 다른 선택을 한다 해도 그대의 지금은, 그대가 딛고 서 있는 여기로 영원히 회귀할 뿐이다.

반복이란 결과는 자기정체성으로의 회귀를 의미한다. 니체는 그것을 미분의 개념으로 설명한다. 지금의 순간 값이 우리 인생 전체의 방정식이며, 삶의 어느 순간에서도 그 미분 값은 같을 것이라고.

즉 인생을 바꾸고 싶다면, 지금 내 곁을 스쳐 지나고 있는 순간을 바꾸어야 한다는 소리다. 그리고 이것이 동양의 역학 소프트, 사주팔자의 원리이기도 하다.

종종 니체의 영원회귀를 오해하는 경우가 있다. 그것은 무한한 반복이 아니라, 반복을 가정한 일회성이다. 이 삶이 다시 한 번 반복된다면, 너는 그 반복을 긍정할 수 있겠는가? 그런 삶의 태도로 매 순간을 살아가고 있는가를 묻고 있는 것이다.

어느 날 차라투스트라에게 찾아온 악마의 속삭임.

"이 삶은 영원히 반복될 것이다."

차라투스트라는 고뇌한다. 다시 반복하기에는 자신이 걸어온 길이 그렇게 순탄하지만은 않았다. 그러나 깨달음이 찾아온 어느 날에 내린 차라투스트라의 결론.

"이것이 인생이었나? 그렇다면, 다시 한 번 더 살고 싶다."

차라투스트라는 이렇게 말했던 것이다.

여름날의 꿈

:

"봄에도 뒷모습이 있다면, 바로 그런 모습이 아닐까?"

김연수 작가가 한 소설에 적어놓은, 바다로 부서져 내리는 벚꽃에 대한 감흥이다. 뒷모습마저 아름다운, 아니 어쩌면 뒷모습이 더 아름다운, 바람으로 사라져 가는 봄빛. 도연명이 그렸던 도화원의 풍경이 이렇지 않았을까?

청춘靑春, 푸른 봄. 우리의 뒷모습 또한 그렇게 아름다웠으리라. 하지만 서투른 열정의 매무새로 살다 보니 봄이 그렇게 흘러가고 있음을 알지 못했다. 그저 뜨거운 햇살을 이겨내며 과실의 계절을 향해 달려가기에 바빴다. 떨어지는 꽃잎들의 풍경을 미처 만끽하지 못하고 지나간 후에야 그리움으로 불러일으키는 심상. 그래서 청춘은 누구에게나 서글픈 '여기'에서 돌아보는 아름다운 '저기'다.

그러나 니체는 30대를 인생의 봄에 비유한다. 어떤 날은 너무도 따스하지만 아직은 겨울의 추위가 완벽하게 물러가지 않은……. 그리고 향수와 추억을 구분할 줄 아는 나이다. 20대를 여름으로 배치한 비유가 재미있다. 서서히 여름이 오고 있음을 깨닫는 어느 따스한 봄날처럼, 멀어져 가는 20대의 뒷모습을 보게 될 즈음에야 그때가 내 인생의 가장 열정적인 날들이었음을 깨닫는다. 모든 재산을 흥청망청 다 써대고 나서야 후회하는 졸부의 넋두리처럼, 아무런 자각 없이 청춘을 소비하고 텅 비어버린 청춘의 주머니를 뒤적거리며 아쉬워하는 이 미련함. 많은 격언들이 그런 청춘의 아쉬움을 토로했다.

영국의 극작가 조비 버나드 쇼,

"청춘은 청춘에게 주기에는 너무 아깝다!"

프랑스의 극작가 아나톨 프랑스,

"내가 신이라면 청춘을 인생의 마지막 페이지에 두었을 것이다."

덴마크의 철학자 키르케고르,

"청년은 희망의 그림자를 가지고, 노인은 회상의 그림자를 가진다."

어떤 노랫말처럼, 젊은 날엔 젊음을 모르고 사랑할 땐 사랑이 보이지 않는다. 그리고 또 하루 이렇게 멀어져간다. 머물러 있는 청춘인 줄 알았는데…….

청춘은 누구에게나 늦게 발견되는 지나간 여름이다. 뒤늦게 돌아보게 되는 아름다운 뒷모습이다. 니체에게도 청춘은 가슴 시리도록 아름다웠던 시간이었다.

"청춘이란, 정확히 말하자면 사기이며 허상이다. (…) 10년이 지난 후에야 비로소 깨닫는다. 이것이 청춘이었음을……."

마라톤, 다시 돌아올 것을 왜 군이 달려가고 있는가? 등산, 다시 내려올 것을 왜 군이 올라가고 있는 것인가? 지금은 모른다. 왜 달려가고 있고, 왜 올라가고 있는지. 달리고 난 뒤 그리고 올라가고 난 뒤에야 알 수 있을 것이다. '해냈다'를 느끼는 한순간과 '해냄'의 기억을 간직할 영원을 위해, 지금 '하고 있는' 것이라는 사실을.

무엇을 위해 이렇게 쉼 없이 가고 있을까? 무엇을 위해 이렇게 가고 있는지 알기 위해서라도 계속 가야 하지 않겠는가? 지금 서 있는 이곳이 어디인지 모르겠다면 군이 알려고 하지 마라. 어차피 알 수도 없다. 인생에서의 이정표는 항상 지나가고 난 후에야 나타난다. 마치 앨리스의 거울 나라처럼, 저곳에 도착해봐야만 이곳이 어디였는지를 알 수 있다. 물론, 그때엔 저곳이 어디인지를 모르겠지만! 인생이 원래 그런 것이 아니던가. 내가 지금 딛고 서 있는 여기가 어디인지를 알기 위해 그렇게 끊임없이 저기로 걸어가고 있는 것이다.

그래서 우리는 앞이 보이지 않는 이 짙은 푸르름 속을 부단히 헤집고 나가는 중인 것이다. 이유도 모른 채, 방향도 모른 채, 방법도 모른 채, 달리고 오르고 있다. 이 푸르름의 끝이 절망이라도……, 그냥 끝까지 가는 거다. 먼 훗날에 이 시간들을 아름답게 추억할 한순간과 아름다움으로 간직할 영원을 위해, 이 순간의 수고로움을 기억에 담고 있는 것이다. 청춘을 예찬하는 어록에 억지로 공감할 필요는 없다. 청춘을 아름다운 시간으로 기억하는 것은 언제나 뒤돌아보는 자들의 몫이다. 정작 아름다운 시간 속의 청춘들이 만들어가야 하는 아름다움의 정체는 수고로움이다.

그때는 왜 그래야만 했을까? 그때는 그것이 왜 최선일 수밖에 없었을까? 시간을 돌릴 수만 있다면, 나는 더 잘할 수 있을까? 더 좋은 선택을 할 수 있었을까? 그럴 수도 있다. 하지만 지금의 나, 그때보다는 조금이나마 진일보한 나 자신을 만날 수는 없었을 것이다. 그 창피하고 초라했던 오류의 경험이 없었더라면, 오히려 지금을 창피하고 초라한 오류들로 살아가고 있을지 모른다.

젊어서 고생은 사서도 한다지만, 어찌 사서 할 만큼 달가운 것이겠는가? 하지만 젊은 시기의 고생이기에 그런 말도 긍정될 수 있고, 나이가 들어서 맞이하는 고생보다도 초라하지 않을 수 있다. 청춘의 시간 동안 편안히 걷고자 한다면, 훗날에는 관절염을 안고 뛰어가야 할지도 모르는 일이다. 그래서 젊음의 주제는 도전 그리고 그로 인해 겪게 되는 실패의 아픔이 되어야 한다. 청춘의 특권은 젊음 자체만이 아니다. 도리어 힘겨운 시간 속에서 그 가치가 확인되는 패기과 열정, 그로써 증명되는 고귀하고도 아름다운 자기 자신이기도 하다.

"부단한 고통을 주는 것들만이 기억으로 남는다."

니체에게 아픔은 가장 효과적인 기억술이었다. 굳이 니체의 금언이 아니더라도, 군대 이야기와 이루지 못한 지나간 아픈 사랑처럼 진한 추억으로 남는 시간은 거의 모두가 자신이 겪은 힘든 기억들이다. 이 아름다운 시절을 잊지 않고자 당신의 운명이 젊음의 시간을 '고생'으로 택한 것이리라. 당신에게 지금 펼쳐진 청춘의 표상이 고생이라면, 젊음을 사랑하는 운명의 의도대로 이야기가 완성되어가고 있음이다. 그런 믿음으로 또 힘든 하루를 살아가는 거다. 네 믿음이 너를 구원할 것이라던 예수 그리스도의 진리를 의심치 않으며……

5부

존재한다는 것

20

체험으로서의 인문

시선의 변증법

:

히어로물의 흥행을 이어간 〈어메이징 스파이더맨〉이었지만, 임팩트가 강했던 샘 레이미 감독판의 잔상이 겹쳐질 수밖에 없다는 사실이, 어메이징 시리즈가 짊어지고 갈 수밖에 없는 부담감이자 극복해내야 할 한계이기도 했다.

　스파이더맨이 다른 히어로와 구분되는 특유의 동선과 모션 그리고 손목에서 나오는 거미줄의 미학, 이미 샘 레이미가 확고히 한 스파이더맨의 패러다임이 아직 대중의 기억 속에 선명하건만, 새로운 버전이 예전의 패러다임 그대로 출시되기엔 이른 감이 없지 않았다. 그만큼 대중이 사랑하는, 영화사와 감독 입장에서는 욕심이 날 수밖에 없는 캐릭터라는 반증이기도 할 것이다. 그러나 이미 연출된 적 있는 똑같은 플롯 속에 다시 등장해, 디자인이 달라진 옷으로 갈아입는 것만으로 새로운 버전임을 설득하고 있는, '파워레인저'화된 콘텐츠로 전락한 느낌을 지울 수 없다. 그나마 '파워레인저'는 각자의 시대에서 자라나고 있는 서로 다른 동심을 설득하기에, 굳이 전작과 후속작이 '비교'의 대상일 필요가 없다. 하지만 스파이더맨은 동시대를 살아가고 있는 다양한 연령층을 모두 설득해야 한다는 점에서, 전작과의 비교는 감독 스스로도 충분히 예상했을 것이다. 물론 극복할 수 있다는 자신감으로 메가폰을 잡았겠지만, 예상했던 뭇매 너머에서, 예상치 못한 크기로 굳건하게 버티고 있던, 그야말로 어메이징한 한계였는지도 모른다.

어메이징 시리즈에서의 낙천적이면서도 조금은 가벼워 보이기까지 하는 피터 파커의 성격과 '기관'이 아닌 '기구'에서 거미줄을 뽑는 설정은 최대한 원작을 살린 것이라고 한다. 그러나 보다 '원작'에 충실했다는 메리트가, 원작 만화를 읽지 않은 대중에게, 혹은 어수룩하고 내성적인 성격의 피터 파커를 사랑하는 대중에게까지 메리트로 다가오는 것은 아니다. 원작에 가까운 설정에 프리미엄을 부여하는 집착의 평론도, 마치 리바이스 501의 정품 도장부터 확인하려 들던, 90년대에서 '응답'하는 지나간 세대들의 어느 날과 같은 다소 촌스러운 행태다.

창조와 생성에 초점이 맞춰지는 현대적 사유에서 기원과 원형은 중요한 요소가 아니다. 새롭게 해석해내는 텍스트 그 자체가 기원이고 원형이라는, '해체'의 담론을 입증한 샘 레이미 감독판의 〈스파이더맨〉이었을 뿐이다. 이는 배트맨을 크리스토퍼 놀런의 〈다크 나이트〉로 기억하는 것과 같은 맥락이다. 물론 창조와 생성이 원형의 아우라를 넘어섰을 때나 가능한 이야기이긴 하다. 역량 부족만 드러낸 졸작으로 평가받는 리메이크와 재해석들이 더 많다는 사실 또한 현실이지 않던가.

스파이더맨은 전 세계적으로 흥행몰이에 성공을 거두며 미국이 낳은, 미국을 지키는, 미국을 상징하는 히어로들의 선구적 위치를 점하고 있다. 다분히 미국적 감성으로 연출된 히어로가 전 인류를 매료시킬 수 있었던 이유는 할리우드의 막대한 자금력으로 완성해낸 퀄리티 있는 CG에 한정되지 않는다. 자본주의의 심장인 뉴욕을 지켜내는 히어로에게, 자신이 지켜낸 자본주의의 맥박 수에 맞추어 살아가는 한 청년으로 돌아온 일상은, 조금은 버겁고 서러운 인간관계들로만 채워진다. 구조를 지켜내는 능력자로서가 아닌 구조의 한 부분으로 존재하는 한 시민으로서의 갈등은, 누구나가 안고 있는 삶의 문제를 피터 파커라는 거울을 통해 반추하게 하는 인문적 공감을 꿰고 있었다.

이는 피터 파커가 스파이더맨이 된 계기에서부터 시작되고 있는 서사다. 흠모하는 이성과의 데이트 비용을 벌고자 3000달러의 상금이 걸려 있는 레슬링 시합에 참가해 우승을 했지만 주최 측의 농간으로 100달러밖에 받지 못한 피터 파커는, 때마침 주최 측의 돈을 강탈하러 온 무장강도에게 순순히 길을 열어준다. 그리고 열어준 길 끝에서 무장강도가 만난 사람은 다름 아닌 피터 파커의 삼촌이었다. 강도가 쏜 총탄에 맞아 사망한 삼촌에 대한 죄책감으로부터, 우리가 익히 알고 있는 스파이더맨의 연대기가 시작된다.

신문사의 정식 사원이 되려고 미리 카메라를 설치한 후에 자신의 활약상을 찍어서 신문사 국장에게 머리를 조아리지만, 국장은 사진만 착취할 뿐, 정식 채용은 이루어지지 않는다. 피자 아르바이트로 생활비를 버는 피터 파커. 정해진 시간 내에 피자를 배달하기 위해서 스쿠터를 도로 한복판에 내팽개치고, 허공으로 거미줄을 쏘아대며 날아갔지만, 배달 미션에 성공하지 못한 히어로를 기다리고 있던 것은 피자집 사장의 해고 통보였다. 스파이더맨은 매번 뉴욕을 지켜내지만, 정작 뉴욕은 매번 피터 파커의 생계를 외면하는 이 배은망덕한 구조적 모순. 스파이더맨은 이렇게 생각할 수 있다. 내가 지켜내고 있는 것이 과연 뉴욕의 안정일까, 아니면 뉴욕의 부조리일까? 나는 과연 약자의 편인 것일까, 아니면 강자의 편인 것일까?

샘 레이미 감독판의 두 번째 에피소드에서, 이런 히어로의 내적갈등이 밖으로 표출된 '증상'은 자신의 정체성인 거미줄이었다. 평소처럼 거미줄을 쏘아대며 빌딩 숲 사이에서 활공을 펼치던 도중 갑자기 손목에서 거미줄이 나오지 않는다. 이미 몸은 중력이 허락하는 최정점으로 내던져졌건만, 거미줄의 탄성 하나 믿고 사는 스파이더맨에게 거미줄이 나오지 않는 이 황당하고 참담한 순간. 카메라는 체공의 정점에서 애잔한 비명으로 멀어져가는 스파이더맨의 추락을 풀샷으로 잡는다. 멀어져가는 원근감으로 작아져가는 '큰 힘에 따르는 큰 책임', 그러나 능력의 상실은 곧 책임으로부터의 자유이기도 했다. 피터 파커의 무의식이 향하고 있는 자유는 사회적 책임에서 벗어난 개인으로서의 일상이었다.

추락의 지점은 평범한 사람들과 같은 중력으로 살아갈 수 있는 공간이기도 했다. 남들처럼 평범한 시간을 살아가기에도 벅찬 인생, 원래부터도 뭐 하나 제대로 되는 일이 없었던 지지리 궁상의 어깨에 '정의'라는 명분으로 얹어진 책임 속에, 도리어 무책임이란 이유로 우정은 멀어지고, 남들 다 하는 사랑도 쉽지가 않으며, 낮은 학업 성취도 뒤에 따라붙는 교수의 소견은 '게으르다'였다. 어느 순간부터 스파이더맨으로서의 삶이 피터 파커의 삶을 집어삼키고 있었던 것, 이는 빨래 속에 섞여 있던 원색의 슈트가 하얀색 옷을 빨갛게 파랗게 물들인 장면으로 상징된다.

"너의 불확실이 너를 미치게 하는 것이다."

심리 상담을 받으러 온 피터 파커에게 내려진 양호교사의 진단이었다.

큰 힘에는 큰 책임이 따른다. 그러나 짊어지고 있는 책임에 비해 이 힘이 과연 내게 필요한 것인가에 대한 고뇌가 더 크다. 피터 파커의 무의식은 히어로서의 삶을 거부하고 있었다. 평범한 공학도로 돌아간 그에겐 스파이더맨으로 인해 잃어버렸던 평범한 일상이 다시 펼쳐진다. 그리고 '무책임'으로 틀어져버렸던 삶의 순간들을 원래대로 회복함과 동시에, 히어로서의 능력은 서서히 몸에서 지워져간다.

그러나 다시 히어로의 능력을 회복하게 되는 이유는 사랑이었다.

자신이 사랑하는 사람을 지키기 위한 순간엔 '큰 힘'이 절실했다. 그리고 그 사랑이 확장된 인류애가 자신에게 주어진 '큰 책임'이란 사실을, 먼 미래에 스파이더맨이 되어 사람들을 지켜주고 싶다는 한 아이의 꿈에서 깨닫는다. 히어로를 넘어선 메시아로서의 각성은, 브레이크가 고장 난 지하철을 멈춰 세우는 장면에서 구원자의 존재감으로 연출된다. 지하철 앞머리에서 철로 옆에 즐비해 있는 건물을 향해 수많은 거미줄을 쏘아낸 뒤 그 거미줄의 탄성에 자신의 온 힘을 쏟아붓는 스파이더맨의 모습은, 흡사 십자가에 못 박힌 예수 그리스도의 형상과 같다. 모든 힘을 소진하고 지하철 밖으로 쓰러지려던 스파이더맨을 승객들이 조심스러운 손길로 지하철 안으로 옮기는 장면은 십자가에서 내려온 예수 그리스도를 연상시킨다.

지하철을 세우는 중에 브레이크 레버에서 일어난 스파크가 튀어 가면에 불이 붙자 스파이더맨은 가면을 벗은 상태로 지하철을 세우고 있었다. 정신이 든 후에 자신이 히어로의 페르소나를 걷어내고 시민과 마주하고 있다는 사실을 깨닫고 짐짓 당황해하는 피터 파커. 지하철 어딘가에 떨어져 있던 가면을 찾아낸 아이들이 그에게 다가와 가면을 건네며 말한다.

"아무한테도 말하지 않을게요!"

얼굴과 가면의 구분이 무의미해지는 순간, 철학의 언어를 빌려 조금 과장해서 표현한다면, 이는 인간의 육신을 빌린 개별자이면서도 신의 아들로 이 땅에 내려온 보편자로서의 합일을 이루어낸 예수 그리스도의 정신이, '피터 파커'라는 개별자와 '스파이더맨'이라는 보편자로 동시에 구현되는 장면이다.

마침 등장한 닥터 옥토퍼스 앞에서 시민들은 스파이더맨을 둘러싸며, 자신들의 영웅을 지키고자 한다. 영웅은 평범한 군상들의 밖에서 그들을 지켜내는 일방적 헌신이 아니라, 평범한 군상들 안에서 그들의 희망으로 존재하는 쌍방향적 커뮤니케이션이었다는 사실을 깨달은 스파이더맨의 스토리는, '큰 힘'에 대한 개인적이고도 어두운 욕망을 다루는 3편으로 이어진다.

시 선 은   권 력 이 다

:

〈어메이징 스파이더맨〉은 인문적 연출력이 부족한 편이다. 물론 영화에 인문적 연출이 꼭 녹아들어야 하는 것은 아니지만, 그 부분이 샘레이미 버전과의 비교가 시작되는 지점이기도 하다. 단순히 감각으로 즐기는 것이냐 아니면 사유의 영역을 걸치고 있는 것이냐는 콘텐츠의 세부 장르가 결정되는 문제이기도 하다. 역동적인 연출력은 샘레이미가 이미 다 보여줬고, 나날이 발전하는 CG의 기술력은 이젠 관객들에게 감탄보다는 실소의 척도가 될 뿐이었다. 사실 앤드루 가필드와 엠마 스톤의 풋풋함만으로는 어수룩하고 내성적인 '피터 파커'를 기억에서 놓아주지 않는 팬들을 설득하기란 분명 쉽지 않았을 것이다.

의식했던 탓일까? 어메이징 시리즈의 두 번째 에피소드에서는 인문적 영상미에 대한 시도로 보이는 장면이 있으니, 바로 일렉트로가 악역을 자처하게 되는 동기다. 인정을 바라지만 사회적 시선의 결핍을 느끼며 살아가던 맥스. 뜻하지 않은 사고로 갑작스레 일렉트로가 된 자신을 처음 깨닫게 되는 순간은, 언론사 카메라에 포착된 자신의 모습이 빌딩 광고판으로 송출되면서였다. 낯설게 변해버린 자기 모습에 대한 당황스러움도 잠깐, 평소 존경해 마지않던 스파이더맨이 나타나 자신에게 말을 걸어온다. 일렉트로도 자신의 황당한 사연을 스파이더맨에게 토로하려 했지만, 그보다 앞선 것은 저격수의 탄환이었고, 저격수를 향한 대응을 저지하는 스파이더맨에게 적의를 품게 된다. 그리고 그 순간과 맞물려, 일렉트로의 얼굴을 찍던 언론사의 카메라는 스파이더맨에게 포커스를 맞춘다. 광고판에서는 일렉트로의 얼굴이 사라지고, 스파이더맨의 얼굴로만 채워진다.

언제나 느끼고 있던 시선의 결핍, 그 사각死角의 동공에 맺힌 광고판은 맥스가 그토록 갈망하던 타인의 시선이기도 했다. 그러나 그 잠깐의 시선마저도 스파이더맨에게 옮겨져, 대중들은 자신의 정당방위를 저지한 스파이더맨을 열렬히 환호한다. 뭘 변명하려고 해도 이미 자신은 괴상하고 흉측한 '적'으로 낙인 찍혀 있는 상황이다.

시선은 권력이다. 내 의지와는 상관없이 타인의 시선으로 선과 악이 규정된다. 그럴 바에는 나 스스로 권력이 되는 수밖에 없다. 더군다나 자신이 흠모했던 스파이더맨도 내 편은 아닌 것 같다. 좋아하는 감정이 한 번 틀어지면 더 골 깊은 증오로 변하는 법! 내 힘을 증명하면서 동시에 가슴 속 응어리를 떼어내는 유일한 길은 스파이더맨을 제거하는 것뿐이다.

　어쩌면 일렉트로는 감독 자신의 대리였을지도 모른다. 항상 샘 레이미와 비교당할 수밖에 없는, 관객의 시선을 원하면서도 항상 그 권력들에게서 뭇매를 맞아야 했던……. 1편에서 보여준 틴에이저물의 성격에서 다소 벗어나 있는 속편은, 그런 고뇌와 갈등의 결과였는지 모른다. 여기서 착안할 수 있는 사실 하나, 가장 좋은 인문학은 삶 그 자체라는 점이다. 자기 혼자만 기특해하는 상상만 해대고 있을 게 아니라 직접 고뇌와 갈등의 현장에 참여해 겪어보는 것, 그것이 크리에이터를 자처하는 이들에게 가장 필요한 인문적 덕목이 아닐까? 대중을 설득하겠다면, 선행되어야 할 요소는 '기발'보다는 '공감'이지 않을까?

인 문 적　체 험

:

햇살 가득 눈부신 슬픔 안고,
버스 창가에 기대 우네.

　〈가로수 그늘 아래 서면〉의 한 구절이다. 이문세를 '밤의 대통령'으로 기억하는 세대가 아닐지라도 이 가사가 슬프게 와 닿던 어느 날의 경험이 한 번씩은 있을 것이다. 이별의 슬픔을 가득 안고 집으로 가는 버스를 내내 따라온 화창한 날씨, 한숨으로 뽀얗게 흐려지는 버스 창가에 가득했던, 슬프도록 아름답던 그 햇살. 즐겨듣던 노래였지만, 그 가사가 나의 이야기처럼 들려올 때, 우리는 비로소 노래를 만든 이들의 감성을 공감하게 된다.

"존재하는 것은 지각된 것이다."

근대 경험론의 극단으로 치닫던 버클리George Berkeley의 저 유명한 명제, 다소 오만하게 들리기까지 하는 저 독단이 철학사의 일정 지분을 차지할 수밖에 없는 이유는, 폐부를 찌르는 진리로 다가올 때가 있기 때문이다. 명제 자체가 저 자신의 존재를 체험으로 증명하게 하는 경우다.

한 대학의 강연에서 고전을 꼭 읽어야 하는가에 대한 질문에, 인문학보다는 인문적 체험이 더 중요하다는 진중권 교수의 대답은, 대학생들보다는 인문학자를 자처하는 사람들이 곱씹어야 할 문제가 아닌가 싶다. 플라톤의 이데아를 모르고 노자의 무위자연을 모른다고 해서 삶에 큰 장애가 생기는 것은 아니다. 오히려 일반인의 상식에서는, 저런 담론들이 이 한 세상을 살아가는 데 그렇게까지 필요한 것일까라는 의문이 들 정도로, 공허하기 그지없는 내용도 많다. 그들은 인간의 삶을 자신들의 언어로 분석하고 해석한 것일 뿐, 그 원본은 우리가 매일같이 맞대고 있는 삶 그 자체다. 우리는 우리의 언어로 삶을 분석하고 해석하면 그만이다. 하지만 경험으로 모든 것을 알기에는 우리의 삶이 그다지 길지 않고, 인생의 패턴 역시 다양한 선택을 경험하기에는 기회의 한계가 있다. 그래서 경험이 닿지 않는 사유들을 책을 통해서나마 간접적으로 들여다보는 것뿐이다.

그러나 체험을 통해 지평이 되지 못한 사유는 한낱 지식에 머무를 수밖에 없다. 삶이 되지 못하는 지식은, 그저 삶과 일정한 거리로 떨어져 한없이 공전하며 삶의 밀물과 썰물에 영향을 미치는 정도뿐이다. 물론 그 조수간만의 차로 돈을 버는 사람들도 있지만……

한 언론사의 기자는, 문학이 좀처럼 침체에서 벗어나지 못하는 근본적인 이유를 문예창작과의 존재라고 논평을 한 적이 있다. 전적으로 동의할 수 있는 견해는 아니지만, 아예 일리가 없는 견해도 아니다. 언젠가부터 문단은 삶을 언어로 옮겨 적는 작가가 아닌, 그저 언어를 삶으로 사는 작가들을 배출하고 있다는 느낌이다. 문학을 '위해' 사는 것이 아닌, 문학에 '의해' 살아가는 군상들이다. 이는 문단뿐만 아니라 전 분야의 지식인들이 지닌 오류이기도 하다. 연구실에 앉아 공부만 하는 집단이 삶의 구체적인 현장을 많이 접했을 리 없다. 그래서 경제학자들이 실질 경제를 잘 모르고, 교육학자들은 학교의 현실을 잘 모르고, 정치인들은 서민들의 삶을 잘 모른다.

그러나 지식을 점하는 지위에 있다는 사실만으로도 언어를 통해 인간의 삶을 공공연하게 정의할 기회가 주어진다. 푸코가 지적한, 이른바 '지식은 권력'이다. 그 권력만 유지하면 그만일 뿐, 삶의 세부 곡절 따위에는 관심이 없는 인문학자들이 도리어 강단에서 인문학의 위기에 대해 논하고 있다는 사실도 다소 모순적이다. 앎으로 삶을 살아본 적 없고, 삶으로 앎을 알아본 적이 없기에, 인문학의 위기가 도리어 인문학자들 자신이 자처한 면이 없지 않다는 사실도 자각하지 못한다.

허균과 박지원의 문학관이 줄곧 지적하고 있는 지식인들의 언어 착취, 지식을 곧 자신의 지위라고 생각하는 지식인들의 권위의식이, 한글 창제를 반대하던 성균관 유생들이 목숨을 걸고 지키려던 가치였다. 어쩌면 인문학 위기의 시절을 살아가고 있는 지식인들에게 요구되는 소양은, 책을 읽고 글을 쓰는 것이 아니라 서점의 한 코너에서 팔리지 않는 문학과 철학을 팔아봐야 하는 일인지도 모른다.

자신에게 그다지 처절한 절망의 기억이 없음에도 청춘들의 절망을 격려해주겠노라 펼쳐놓는 오지랖에서 진정성과 현실성이 느껴지지 않는 것은 어쩌면 당연한 일이다. 이런 풍토에는 자기계발이고 인문이고 영역과 장르를 구분할 필요도 없다. 그 모두가 책으로 외운 지식 이상은 아니다. 내용이 데일 카네기냐 카를 마르크스냐의 차이일 뿐이다. 인문적 보편이란 관념의 평균치가 아닌 체험을 동반하는 공감의 속성이다. 나에게서 경험되지 않은 지식은 아직 가설에 불과하다. 현재가 되지 못한, 아직 발견되지 않은 미래일 뿐이다. 실상 매 순간을 살아가는 것이 아니라 매 순간 점을 치고 있는 셈이다.

길 치 들 을 위 하 여

:

길을 잃었다. 길을 잃은 것인지도 모르겠다. 지도대로 따라왔을 뿐인데, 현지 사람들에게 물어물어 오는 길인데, 이쯤에 있어야 할 그것이 보이지 않는다. 굳이 보이지 않아도 될 것은 모두 제자리에 있는

데, 보여야 할 것은 도통 나타날 생각을 하지 않는다.

겨우겨우 어렵게 찾고 나서 보면, 몇 번이고 왔다 갔다 했던 길 위에 버젓이 자리하고 있는 그것이 아까부터 내 시야 안으로 들어와 있었음을 이제야 깨닫게 된다. 사방팔방 둘러보고, 구석구석 훑어보았다고 생각하지만, 늘 사방팔방과 구석구석에 비껴나 있던 사각死角은 있기 마련이다. 정확히 표현하자면 길을 잃은 것은 아니다. 제대로 왔다. 아직 찾지 못하고 있을 뿐이다. 하지만 찾고자 했던 것이 보이지 않으면, 제대로 온 것인지를 의심하면서 제대로 온 길을 자진해서 헤매기 시작한다.

가장 정확한 서울 지도를 만들려면, 지도가 서울 크기만 해야 할 것이다. 가장 정확한 지도는 서울 그 자체다. 하지만 이렇게 되면 굳이 지도를 만들 이유가 없다. 지도를 읽기 위해서 먼저 지도 위를 헤매야 하기 때문이다. 평면으로 펼쳐지는 사실적인 정확성은 지도의 미덕이지만 그것만으로 지도의 존재가치가 입증되는 것은 아니다. 그것은 축척을 현장감으로 해석해내는 스스로의 독도讀圖능력으로 완성되는 것이다.

내가 가야 할 길을 알고자 집어 든 삶의 지침서, 길을 잃거나 길이 사라지는 반복 속에 들춰보게 되는 누군가의 조언. 하지만 평면적 텍스트로만 듣고 읽었던 것들이 입체적인 삶으로 다가온 순간, 그 지침과 조언의 기억 속을 헤매기 시작한다. 낯선 길은 다시 낯선 길로 이어지고, '가도 가도 아까 그 길'의 당황스러움은 언제나 막다른 골목으로 마무리된다. 그리고 또다시 지침과 조언을 들여다보지만 누군가가 먼저 걸어갔다는 그 길이 내겐 마치 미로와도 같다.

그것들은 내가 참고해야 할 사항일 뿐, 무조건 맹신하며 그대로 살아야 할 이유도 필요도 없다. 인생을 그대로 옮겨 놓은 지도라고 한들 다시 헤매야 할 것들이다. 어차피 가장 정확한 인생의 지도는 내가 살아가고 있는 인생 그 자체다. 그것들은 내가 모르는 것들에 대한 완성된 정답을 적어놓고 있는 것이 아닌, 지금 내가 몸담은 순간에 대한 해석과 실천 능력으로 완성해나가야 하는 것이다. 당신 자신밖에 가질 수 없는, 당신의 축적으로 만들어진 인생의 지도. 그것은 인생의 기획단계에서부터 필요한 것이지만, 인생의 평가단계에서 비로소 완성된다는 역설을 지닌다. 그렇기에 비교적 정확하다고 자랑하는 다른 누군가가 만든 지도를 가지고서도 이토록 길을 헤매는 것은 어쩌면 당연한 이치 아니겠는가?

21
───

삶의
문법

시 대 정 신

:

학창시절 역사 시간에 얼핏 들어 기억의 저편에서 아른거리는 소제목, '정관의 치'와 '개원의 치'. 당唐 왕조는 30년 만에 멸망한 전 왕조를 교훈 삼아 사회의 안정을 최우선 과제로 삼았고, 그 결과 경제·정치·문화 방면의 고른 발전을 이루어낸다. 경제의 호황이 지속되다 보면, 문화는 '순수'를 지향하는 유미주의로 흐르는 경향이 있다. 문학역시 이 번영의 분위기와 맞물리면서, 문단은 화려한 수사들의 경연장이 되어버린다. 문학의 주제는 더 이상 인간의 삶 그 자체가 아니었다. 삶의 실태가 어떻든 간에 그 삶을 어떤 수식어들로 묘사해낼 것인가가 관건이었다.

지식인들이 가장 욕망한 장르였던 시는, 당나라를 대표하는 문학으로 상징될 정도로 화려함의 극을 달렸다. 그러나 트렌드가 시대정신이 되어버리면 본질은 사라지고 체계만 남게 마련이다. 체계 안에서의 승부가 지루해진다 싶으면, 조금 더 디테일하고 어려운 규칙들을 전제로 삼는 업그레이드가 일어난다. 정확한 라임과 각 글자의 소리 배열까지 따지는 근체시가 탄생한 것도 이때다. 이후 시문학은 아주 오랜 세월 동안 형식미의 질곡에서 빠져나오지 못하게 된다.

이런 유미주의 풍조는 산문의 영역에서도 예외가 아니었으니, 문학사에서는 '변려문駢儷文의 폐단'이라고 일컬어지는, 형식만을 탐닉하는 현상이 생겨났다. 글의 내용은 별것 아니더라도 쌈박한 레퍼토리만 구비되어 있다면 게임은 끝난 것이었다. 그리하여 내용은 별것 아닌 글들이 점점 어려워지기 시작한다. 그 쌈박한 수식어들이라는 게, 문학사의 명문장으로 꼽히는 글들에서 따온 은유와 상징이어서 원전에서 어떤 의미로 쓰였는지를 모르면 도통 이해가 가지 않는다. 글 한 편을 이해하려면 상당한 수준의 사전지식이 있어야 했다는 이야기다. 이를테면, 이노우에 다케히코의 《슬램덩크》 마지막 회에서의 '왼손은 거들 뿐'의 뜻을 이해하려면, 강백호가 삭발을 감행하는 장면까지 거슬러 올라가야 하는 식이다. 이런 경향은 현대문학에서도 존재했다. 한때 문학은 대중들에게 이해되는 영역이 아니라, 문인들 사이에서만 통용되는 '지식'이었으며, 그것이 곧 '지성'이라는 지위를 대변하는 상징이었던 적도 있었다.

문단의 자구적인 노력은 항상 있었지만, 이미 시대의 흐름이 되어버린 유미주의를 하루아침에 바로잡을 수는 없었다. 유미주의 입장에서는 '바로 잡는다'는 개념 자체가 오히려 오만이었고, 시대의 흐름을 제대로 짚지 못하는 '보수꼴통'이란 오욕만이 되돌아올 뿐이었다. 게다가 지적하는 입장들은 논리적인 비판 능력만 출중했을 뿐, 직접 창작을 통해 모범을 보이기에는 유미주의 작가들에 견줄 만한 필력이 아니었다. 영화로 예를 들자면, 할리우드 상업 영화에 대한 허지웅 기자의 비평 능력만 있었지, 직접 영화를 만들어 설득할 수 있는 크리스토퍼 놀런이 없었던 격이다. 건전한 비판이라기보다는 열등감으로 점철된 비난으로 비춰지는 것이 당연한 일이었다.

이때 등장한 중국의 대문호가 구양수歐陽修라는 인물이다. 우리에겐 사뭇 낯선 이름이지만, 소동파의 스승이며, 문학사적 포지션만 놓고 본다면, 소동파에 뒤지지 않는 메이저급이다. 그러나 쇼펜하우어와 니체의 관계처럼, 너무도 훌륭한 대문호를 후학으로 둔 덕에 그 자신의 인지도가 다소 가려진 경우다. 구양수라는 슈퍼스타의 등장으로도 유미주의 풍조의 기세가 꺾인 것은 아니었지만, 삶의 진정성이 반영된 글월들이 다시 빛을 발하기 시작한다. 구양수는 이론뿐만이 아니라 실제로 창작을 통해서도 자신의 가치를 증명해 보인다. 그는 자신이 주장하는 문학적 입장에서도 대가의 위치였지만 그가 반대했던 수사를 중시하는 문학 장르에서도 최고의 자리를 점하고 있었다. 그의 문학론에 찬동하건 않건 모두 그의 문학에는 감복할 수밖에 없었다. 아무도 그의 작품을 놓고 왈가왈부할 수가 없을 만큼 클래스가 달랐기 때문이다. 이런 문학적 토대 아래, 중국 문학사는 소동파를 만날 수 있었던 것이다.

구양수의 문학관은, 글이 삶 그 자체의 진정성이어야 한다는 것이다. 그의 문학관을 단적으로 보여주는 사례는, 절망과 예술혼과의 상관을 피력한 〈매성유시집서梅聖俞詩集序〉라는 글이다.

"대개 곤궁하면 곤궁할수록 더욱 공교한 시가 된다. 그러니 시가 사람을 곤궁하게 만드는 것이 아니라, 사람이 곤궁하게 된 후라야 시가 공교로워진다."

재능을 지니고서도 뜻을 펼 수 있는 세상을 만나지 못하게 되면, 스스로 산이나 물가로 나아가 대자연을 보고 읊을 줄 아는 심미적 기능이 계발되고, 마음속에 슬픈 마음과 분개한 감정이 쌓이면 곧 원망과 한탄을 통해 시를 써내려가게 된다는 논리다. 마음이 편한 작가는 좋은 글을 쓰지 못한다는 현대의 속설과도 맥이 닿는 주장이다. 절망의 순간만큼 벌거벗은 자신을 독대할 수 있는 시간도 없다. 그리고 그 비굴하고도 비루한 자신의 모습에서야 비로소 그전까지 자신이 살고 있던 삶이 얼마나 가식적이었나를 깨달을 수 있게 된다. 고립과 단절 속에서 홀로 깨닫는 삶을 향한 진정성이지만, 그것은 모든 사람이 지니고 살아가는 가장 공통된 보편적 정서이기도 하다. 즉 '인문'이란, 인문을 담아놓은 텍스트 자체가 아니라 삶으로 환원된 문맥의 진정성이며, 언어에 기댄 인문의 한 표현이 문학인 것이다.

연 암 박 지 원 그 리 고 문 체 반 정

:

반정反正이라 함은 한자 그대로 '바름으로 돌아간다'는 뜻이다. 조선 역사에서 반정이라는 단어로 명명된 세 차례의 사건이 있다. 연산군을 몰아내고 중종을 옹립한 중종반정, 광해군을 몰아내고 인조를 옹립한 인조반정, 그리고 정치사에서는 거의 다루어지지 않는 문체반정文體反正이 그것이다. 문체반정이 몰아낸 대상을 굳이 지목하자면 연암 박지원이다. 당시 선풍적인 인기를 구가하던 연암의 문체를 불순함으로 규정하고 규제한, 정조가 내린 특단의 조치였다.

연암이 도대체 어떤 문체를 사용했기에, 문단의 필법에 나라님까지 개입하는 초유의 사태가 일어난 것일까? 자세한 내막을 알기 위해서는 항상 예술과 궤를 함께하는 철학사를 먼저 들여다봐야 한다.

서양도 마찬가지였지만, 동양에서도 감정은 항상 이성보다 저열한 영역으로 치부되어왔다. 감정이 인간의 욕망과 관련 있다고 생각했기 때문이다. 문학 역시 느끼고 있는 감정 그대로를 직설적으로 발산하는 술회가 아닌, 절제된 함축미로 완성될 수 있는 더 세련된 글자를 선택하는 것이 관건이었다. 이른바 달빛 아래에서 문을 밀 것이냐推, 두드릴 것이냐敲를 고심해야 했던 시문학이 오랫동안 문학의 정수로 군림할 수 있었던 이유이기도 하다.

내용 면에서는 개인적인 신변잡기들로만 써내려가는 에세이 형식은, 당시에는 문학의 축에도 끼지 못했다. 제자백가의 철학(특히 유가)이나 역사의 대문호들이 남긴 명구들을 얼마나 잘 자신의 글에 샘플

링을 할 수 있는가가 문인들의 수준을 가르는 잣대였으니, 이른바 환골탈태換骨奪胎라는 고사성어는 글의 작법에서 비롯된 개념이다. 실상 '옛날'이라고 하기에는 오늘날의 인문학들도 별반 달라진 건 없는 셈이다. 이런 인습을 비판하면서 '자신의 글'을 쓸 것을 주장한 연암에 관한 저서마저도, 신변잡기적인 에세이로 풀어내면 상당히 저열한 글로 분류된다. 차라리 연암의 신변잡기가 담겨 있어야 인문학의 지위를 부여받을 수가 있다. 연암의 관점에서는 도리어 이런 형식이 진정성이 없는 글인데도 말이다. 삶의 현장성이 느껴지지 않는 글은, 앵무새가 사람의 말을 따라 하는 것과 다름없다고 평한 연암이었다. 이런 연암의 성향은 성리학적 명분에 얽매여 인간의 희로애락을 제약하는 작법 자체에 난색을 드러내며 체제 밖의 길을 택한다.

조선이란 국명이 역사 속에서 사라지는 순간까지 사대부의 전유물이었던 시문학만 보더라도, 시대의 언어로 쓰인 인문이 아닌 아주 오래전부터 대명사화 되어 내려오는 고어古語들의 조합이었다. 가령 중국의 역사에서 이미 여러 번의 천도遷都가 있었고, 수도가 북경으로 옮겨진 것은 이미 명나라 때 일이었으며, 또한 조선의 수도는 버젓이 한양이었건만 문학 속에서는 항상 주周 왕조의 수도인 장안長安으로 대리하는 게 습관처럼 굳어져 있었다. 그리고 그 관성은 지금까지도 이어지고 있다. '장안의 화제'라는 관용적 표현으로……

문제는 이것이 문학에 그치는 문제가 아니었다는 점이다. 공간적 사대事大를 넘어선 시간의 사대는 곧 사유의 사대를 의미하는 것이기도 했다. 이미 조선 사대부들의 골수까지 찬 사대근성은 국제 정세의 역학 관계에서 연유하는 것이 아니었다. 명나라를 멸하고 들어선 만주족에게 배짱을 부리다가 임금의 무릎이 치욕을 당한 마당에, 과거가 되어버린 명나라를 향한 충심으로 오랑캐를 정벌하네 마네 하며 떠들어대는 사대부들의 작태는, 연암이 보기에는 헛되다 못해 딱할 지경이었다.

연암의 가치관은 과거는 과거로 놓아두고, 현재는 현재로 살아가야 하는 것이었다. 그리고 그 연장선에서 뻗어 나온 문학관은, 문학이 과거의 지식에 머물러 있는 것이 아닌 현재의 삶으로 흘러가야 하는 것이어야 했다. 진정성이라는 면에서는 앞서 언급한 구양수와 입장이 같으면서, 시대정신이라는 면에서는 문학적 도구가 달랐다. 구양수는 고문의 문체를 지향한 반면, 연암은 당시 국내로 유입되어 암암리에 인기를 구가하고 있던 《삼국지연의》와 《서유기》 같은 소설체에 관심을 갖는다. 그때까지만 해도 사대부들에겐 저잣거리의 천한 것들이나 읽는 불온서적으로 인식되고 있었지만, 연암의 경우 사대부 스스로가 앞장서서 소설을 '써대기' 시작한 것이다. 문제는 명문가 집안에서 태어난 연암의 필력이 당시에도 '최고'의 칭송을 받던 브랜드였다는 점이다.

연암은 비록 형식미의 극치인 시는 몇 편 남기지 않았지만, 그가 정통문학의 코드로 쓴 작품들은 거의 모두가 역사의 명문장으로 칭송받고 있다. 최고의 필력과 진보적 사상을 바탕으로, 대중적인 유머 코드와 시대의 언어로 풀어낸 소설이었으니, 얼마나 세련되고 재미가 있었겠는가. 자존심 강한 식자층에서도 체면을 내려놓고 몰래 '읽어

대기' 시작한다. 웬만해선 연암의 돌풍을 막을 수가 없었다.

문단이 그에게 딴지를 걸 수 없을 정도로 클래스가 달랐던 점 역시 구양수의 경우와 같지만, 구양수와 달랐던 점은 연암이 과거에 급제한 경험이 없다는 사실이다.

조선시대의 과거 시험은 '글'로써 행해지는 국가고시로서, 글에 담긴 인문적 소양으로 관리를 뽑는 제도였다. 필력이 곧 권력으로 이어지는 셈. 그러나 필력의 판단은 문단이 견지하고 있는 사조와 경향이 잣대일 수밖에 없다. 과거 응시생은 자신의 문학관이 어떻든 간에, 문단의 풍토에 부합하는 지식만을 취해야 했다. '지식은 권력'이라던 푸코의 견해를 가장 직설적으로 설명할 수 있는 사례인 셈이다.

연암이 애초부터 과거라는 체제 자체를 거부한 것은 아니다. 그러나 선천적으로 체제와 맞지 않는 재능들이 있지 않던가. 사주학에서는 관운이 없다고 이르는 성향이다. 전혀 벼슬을 살지 않은 것은 아니지만, 급제의 경력이 없는 연암에겐 구양수와 같은 권력 기반이 없었다. 더군다나 유가 경전 이외의 지식을 모두 사문난적斯文亂賊으로 몰아가던 조선이었기에, 연암의 자유분방함에 표현의 자유가 허락될 리 없었다.

순정한 문체를 좋아한 정조이기는 했지만, 진보적인 마인드를 가졌던 군주였다는 점에서 문체반정에 대한 다른 시각도 존재한다. 명분상으로는 연암류의 소설체를 규제하기 위함이었지만, 실상 연암을 위시한 진보사상가들을 구제하고자 한 정조의 배려이기도 했다. 연암은 정조가 총애하던 인물이었다. 임금은 탕평으로 양단을 아우르고 있건만, 성향을 막론하고 모든 권력층을 비판하고 나선 연암의 행보가 너무 앞서 간다는 게 문제였다. 권력층에서는 성향을 막론하고 가만히 뒷짐만 지고 지켜볼 사안이 아니었다. 이에 정조가 먼저 나선 것이다. 사대부들의 말을 귓등으로 듣는 연암이었지만, 임금의 말을 귓등으로 들을 수는 없었다. 물론 결과적으론 임금의 말도 듣지 않았지만!

새로운 패러다임인 실학의 대표주자들이면서, 항상 시대의 라이벌로 묶이는 연암과 다산이지만, 정약용의 사상은 다분히 보수적인 구석이 있다. 그러나 시대의 언어로써 삶의 현장성을 담아내는 화법이어야 한다는 문학관에서는 일치를 보고 있다. 실학자들이 지적하는 성리학의 문제점은, 관념의 담론만을 다루고 있는 삶과의 괴리감이다. 우리에게는 실상 이理가 발하고 기氣가 발하고를 인지할 수 있는 감각이 없다. 언어로 정해진 전제를, 전제에 준하여 증명하고 기각하는 것뿐이며, 그렇다고 하니 그런 줄 알고 살아가는 것뿐이다. 중요한 사안은 담론의 논쟁이 아니라, 삶이라는 사건 자체가 아니던가.

시 대 의 문 법 과 독 법

:

불교가 중국으로 유입되던 시기에 중국인들 사이에서는 불교를 노장 사상을 통해 이해하려는 풍조가 두드러졌다. 도가의 정신이 불교적 사유와 많은 유사점을 지니고 있었기 때문에 중국 사람들이 불교를 수월하게 받아들일 수도 있었다. 그리고 역사의 어느 순간부터는 서로 융합하게 된다. 이를 격의格義불교라고 한다. 대표적인 예가 옥황상제와 염라대왕의 조우이며, 도교와 불교의 신들이 혼재하는《서유기》라는 콘텐츠다.

중국이나 우리나라에서는 소설이란 장르가 문학의 범주에도 들지 못하던, 선비로서 읽어서는 안 될 천박한 글로 여겨지던 때가 있었다. 중국이 명나라이던 시절, 늘 과거에 낙방하던 한 시골 선비가 저잣거리에 떠돌던 소설 하나를 읽게 된다. 그것은 인도에 다녀온 한 스님의 기행문을 모티브로 쓰인 것이었다. 선비는 거기에 자신의 상상력을 가미해 새롭게 각색을 하기에 이르니, 오승은이란 서생이 리메이크한 이 작품이 바로《서유기》다. 그 이후 소설은 명나라를 대표하는 문학 장르가 되어버린다.

손오공의 기원은 보통 고대 인도 신화에서 전쟁의 신이었던 '인드라'로 보고 있는데, 인드라의 무기가 천둥과 번개를 일으키는 금강저金剛杵였다. 그것이 여의봉의 기원인지는 확실히 알 순 없지만, '별나라 손오공'의 '스타봉'이 쏟아내던 '스타브라 빔'과 '우주번개'의 경우는 도리어 원형에 가깝다고 할 수 있겠다. 신화는 당대 민중의 의식 세계가 반영되는 콘텐츠여서 민중의 의식에 변화가 일어나면, 신화의 구성과 서사도 바뀌게 된다. 힌두교가 인도의 정신으로 자리 잡으면서 인드라는 주신으로 떠받들어진 비슈누, 브라마, 시바에 밀려 그 존재감이 작아졌지만, 불교 쪽으로 수용되어 불법을 수호하는 제석천帝釋天으로 거듭난다. 그리고 그의 금강저에서 쏟아내는 번개가 바로《금강경金剛經》의 주제적 상징이며, 번개에 맞은 듯한 '각성'을 의미한다. 흔히들 알고 있는 다이아몬드와 같은 귀한 경전이라는 뜻으로 해석하기에는 다이아몬드가 언제부터 보석의 범주로 묶였는지를 먼저 물어야 한다.

손오공은 불교뿐만 아니라 도교 쪽에도 존재하는 모티브다. 웹툰 〈갓 오브 하이스쿨〉로 이슈가 됐던 제천대성齊天大聖이 이에 해당하는데, 그리스의 제우스가 로마로 넘어가 주피터가 된 식이다. 주지하다시피《드래곤볼》의 '초사이언'이라는 초인계의 새로운 패러다임을 창조한 기원이기도 하며, 한국에서는 TV 애니메이션 〈날아라 슈퍼보드〉로 많은 인기를 끌었다. 요즘은 웹툰 〈갓 오브 하이스쿨〉이 그 창조적 서사를 이어가고 있다.

오승은과《서유기》의 사례를 오늘날로 비유하면, 행정고시에서 매번 고배를 마시던 고시생이 문단의 흐름을 바꾸어놓은 베스트셀러 소설가가 되어버린 격이다. 세상의 체계에 받아들여지지 못한다면, 자신 앞에 다가온 우연 앞으로 세상을 초대하는 것도 괜찮은 방법일 것이다. 이것이야말로 세상을 바꾼 인물이 가지고 있는 전형적인 성공스토리가 아니던가. 그러나 정작 자신의 경우가 되면, 사회구조의 헤게모니만을 탓하곤 한다. 마치 감동과 실제는 철저히 다른 것이어야 한다는 듯.

《서유기》를 살펴본 김에, '4대 기서'의 또 다른 사례까지도 살펴보자. 관우의 표상과도 같은 청룡언월도는 실제로 관우가 쓰던 무기가 아니다. 창은 원래 보병들이 쓰던 무기다. 언월도 같은 형태는 측면에서 말의 다리를 자르던, 지금으로 치면 개인화기보단 지원화기에 가깝다. 병사들을 진두지휘해야 할 영관급 장교들이 기관총과 박격포를 둘러매고 전장을 누빈 꼴이다. 이는 나관중이 《삼국지연의》를 집필하던 시절에 유행하던 희곡문학의 코드라고 한다. 그마저도 실전용이 아닌 의장용이었다. 당대의 화법으로 옛 콘텐츠를 풀어쓴 온고지신溫故知新의 정신이지만, 실상 월남전 영화를 만들면서 스텔스와 아파치를 띄운 격이나 다름없다. 파워레인저의 무기가 기능보다는 미학에 초점을 맞춘 것처럼 캐릭터를 위한 미학적 설정에 불과하다. 발터 베냐민의 어록을 빌리자면, '과거의 사실을 현재의 관점에서 선택하고 해석하는 현재의 과거'인 오류다. 그러나 허구의 스토리텔링에서는 당대의 언어로 감행한 날조가 도리어 창조가 된다. 같은 텍스트라도 시대를 읽는 독법과 해석해내는 작법이 달라지면 창조적 생성이 된다. 슬라보예 지젝은 그 대표적인 성공 사례로 영화 〈슈렉〉을 꼽는다. 대중들이 익히 알고 있던 동화에 시도된 반전과 유머는, 현대인들이 안고 있는 욕망과 갈등의 투영이라고.

지식인 혹은 전문가를 자처하는 집단은 '고증'에 얽매이는 경향이 있다. 새로운 해석으로 나아가기보단 정확한 해독만을 고수하며 그것을 정통과 적통으로 여긴다. 물론 필요한 덕목이며 작업이다. 그러나 닫힌 체계를 빌미로 '차이'의 가치를 이단으로 몰고 간다는 점이 문제다. '코페르니쿠스적 전환'도 처음에는 이단이었다. 재미있는 역설은, 허구를 다루는 문학계에 도리어 이런 코드가 존재한다는 점이다. 그 코드는 '권위'라는 명분으로 힘을 발휘한다.

기존의 것을 거부하는 '모던'도 저 스스로의 구조에 갇혀 '얼터너티브'를 끌어들였고, '포스트모던'을 맞이할 수밖에 없었지만, 그조차도 하나의 구조적 헤게모니로 변질되어버렸다. 현대적 사유인 '해체'의 담론 역시 시대의 문법을 외면하는 순간, '해체주의'라는 하나의 '체계'로 존재하게 되는, 해체되지 않는 해체주의라는 아이러니.

들뢰즈의 말이다.

"자의식이 강할수록, 세계와의 새로운 연결이 더욱 힘들어진다."

지식인들이 버려야 할 것은 스스로를 지식인이라고 생각하는 자의식 속에 가두어 놓은 '체계'다. 여기서부터 인문은 대중들에게서 소외당하고, 문학과 예술은 난해함을 '숭고'로 떠안으며, 자신들만의 리그를 공고히 한다. 영역의 파괴와 새로운 해석을 '잡스러움'으로 치부하고, 자신들은 '순수'라고 자처하며, 도리어 불황과 침체를 조장하기도 한다. 그렇기에 영역의 쇠퇴는 그 분야의 전문가를 자처하는 집단에게 어느 정도의 책임이 있는 것이다.

살 아 가 는   이 야 기

:

한 줌의 흙이 있는 곳이라면 그 어디라도 뿌리를 내리고 꽃을 피우는 강인한 생명력. 시단에서는 그런 민들레의 삶을 시로 써내려가지만, 고고하고 우아한 시인의 화단에서 민들레는 잡초로서 뽑혀나간다. 시인은 민들레에게서 삶에 대한 의지만을 취한 채, 민들레의 삶

256

은 송두리째 앗아간다. 민들레의 삶을 글로써 표현하고 감상할 줄만 알았지, 민들레의 삶을 삶으로써 공감하지는 않는다.

니체는 말한다.

"시인의 형상은 바로 자기 자신이다. 즉 자신을 여러 가지 모습으로 객관화한 것에 불과하다."

하지만 시인 중에는 자신을 형상화하는 것이 아니라 시인의 자격을 형상화하려는 경우가 더러 있다. 시에서 그의 삶이 고스란히 묻어나는 시인들에겐, 평생 시를 써왔는데도 오히려 시를 모르겠다는 겸손이 앞서 있다. 오히려 지식인이라는 자의식으로 살아가는 설익은 문인들이 자신이 인생에 대해 많은 것을 알고 있다고 생각한다. 그래서 배움을 청하지 않아도 자진해서 가르치기를 좋아한다. 그들이 아는 것은 그저 수식과 어휘일 뿐이다. 그것은 그들이 가진 세계의 전부이면서 그를 한정하는 경계이기도 하다. 글로 배운 사랑이 서툴 듯, 글로 배운 인생은 그저 잘 쓴 한 편의 글일지는 몰라도, 진정성 있는 삶은 아니다. 자신들이 쓰고 있는 것이 과연 인간의 삶인가, 아니면 지식인으로서의 일상인가? 민들레를 약초와 나물로 길러내는 농부의 삶이 차라리 진정한 앎이 아닐까? 그들이 딛고 서 있는 비닐하우스만큼의 세계가, 걸핏하면 우주를 들먹이는 지식인들의 세계보다도 넓은 우주가 아닐까?

계몽의 사회가 도래한 이후, 사람들은 무지에서 깨어났다. 지식정보화시대로 불리는 지금은 깨어난 자들이 차고 넘쳐나는 시절이다. 그러나 삶의 질은 깨우치기 이전이나 별반 달라진 게 없다. 앎은 점점 더 확산되어 보편의 수준에 이르렀지만, 삶이 더 좋아지지는 않았다. 모르던 시절에 모르던 수준으로 영위되었던 삶은 딱 그만큼의 행복을 충족시켰지만, 알고 난 이후에는 삶이 앎을 따라잡지 못하고 있다. 삶으로부터 분리된 앎, 그 간극에 자리 잡고 있는 것이 오늘날의 불행인지도 모르겠다. 알지만 그렇게 살지 않고, 머릿속에 앎으로만 저장되어 있을 뿐 몸으로 직접 행하는 삶이 되지 않는……

니체는 지식이 그의 능력을 표현한다기보단 그의 무능을 감추는 덮개 역할을 한다고 말한다. 니체는 삶에 익숙하지 않고 앎에만 충실한 문인들의 위장을 경계한다. 그들은 글로 행복을 전한다고 자신하지만, 행간에 차고 넘치는 것은 일상의 소소한 행복들에 대한 무지다. 어떻게든 순간을 문자화시켜야 한다는 강박감이 들어차 있을 뿐, 순간에 참여하는 법을 모른다. 앎으로만 배웠을 뿐, 삶으로 배운 적이 없기 때문이다.

차라투스트라는 이렇게 말했다.

"모든 글 중에서 누군가가 그 자신의 피로 쓴 것만을 나는 사랑한다. 피로 쓰거라. 그러면 피가 곧 정신임을 알게 되리라. 타인의 피를 이해하기란 쉬운 노릇이 아니거니, 나는 한적하게 글 읽는 자들을 증오한다."

남의 아픔을 어루만지는 일에 자격과 면허가 필요한 건 아니지만, 적어도 그만한 아픔을 겪고 구체적인 증상을 알고 난 후에야 처방도 힐링도 가능한 것 아니겠는가. 그러나 그 자신이 먼저 앓아본 뒤 생겨난 항체를 남들과 나눈다기보다는, 남의 항체 속에서 분석해낸 성분으로 가짜 백신을 제조하기에 여념이 없는 오늘날의 서점가다. 앓기보다는 알기를 욕망하는 작가들. 직접 그 아픔이 되어보지 않으면 모를 일에 대한 왈가왈부는, 절망에 대한 월권이나 다름없다.

니체는 자신이 딛고 있는 철학에조차 청진기를 들이민다. 과연 철학이 지혜를 사랑하는 학문일까? 혹 무언가에 예속당했는지도 모른 채 하위체계의 예속을 강요하고 있는 것은 아닐까? 그것은 지혜를 숭배하는 것이 아니라 권위화된 체계와 구조에 봉사하는 것이다. 철학뿐만이 아닌 모든 인문학이 스스로를 돌아봐야 할 이유가 여기에 있다. 인문학자를 자처하는 이들부터가 자신들이 말하는 지식을 삶으로 살아본 적 없는 경우가 태반이다. 자신들이 말하고 있는 강의가 소중할 뿐, 자신이 무슨 이야기를 하고 있는지도 잘 모르고 있는 격이다.

니체는 이렇게 말했다.

"우리는 단 하나의 고대의 덕이라도 고대인이 그것을 익혔던 방식으로 익혀본 적이 없다."

그래서 '지금의 감각에는 낯설고 이해될 수 없거나 고통스러울 수밖에 없는 감각이 잠복'해 있는 어휘를 포기하지 못하고, 그것을 적통과 전통이라고 생각하며, 현대화와 일상화에 대한 의지는 전혀 없다. 그들의 개념 속엔 현대적이고 일상적인 어휘로 해석되는 텍스트는 고전이 아니기 때문이다. 그래서 대중에게서 인문이 멀어지고 있는 현실을 그저 멀리서 바라만 보며 자신들의 리그를 지켜내기에 바쁘다.

심금을 울리며 폐부를 찌르고 들어오는 한 줄의 격언. 예전에도 그것이 무슨 뜻인지 알고 있었다. 그러나 그 문맥을 삶으로 겪은 후에야 그 진정성에 대해 정확한 이해가 가능하다. 절절한 사랑이 담긴 유행가 가사를 이별의 순간에서야 새삼 절실히 깨닫는 것처럼……. 이미 알고 있었던, 그러나 미처 알지 못했던 사실들이 그제야 보이기 시작한다. 그리고 한 줄의 격언에 열리던 내 오감은, 그저 수사에 대한 감응이었을 뿐이라는 사실도 그제야 깨닫는다.

진리는 단순하다. 너무 단순해서 때론 무시되고 방치되기도 한다. 그러나 숱한 곡절 끝에 돌아와 깨닫는 것은 그 단순했던 진리다. 진리가 우리의 삶을 베어내지 않는 한, 우리는 진리를 깨닫지 못한다.

22
—

난 제 의
텍 스 트 ,
에반게리온

해 석 의 문 제

:

에반게리온 입문자에게 에반게리온이란? 애니메이션 하나를 이해하기 위해서, 성서와 철학 지식을 뒤적거려야 하는 것. 그래 봐야 뭐가 어떻다는 것인지 전혀 이해되지 않는 난해함. 속편을 이해하기 위해서는 앞서 제작된 에피소드를 다시 시청해야 하는 피드백이 필요한 것. 그래도 이해가 만만치 않은 복잡함.

그러나 이런 난해와 복잡의 속성이 인문학자들 사이에서 환영받는 에반게리온의 매력이기도 하다. 심리학적 지식으로 부연하자면, 일종의 대시Dash효과라고 할 수 있다. 과제가 어려울수록 더욱 완수하기를 갈망하는 승부욕으로, 이 콘텐츠를 이해하는 정도로 자신의 인문적 소양이 증명된다고 생각하는 것이다. 애니메이션 중에서는 최고 난이도를 점하다 보니, 그 해석의 옳고 그름보다는 어떤 인문적 지식으로 어떻게 풀어내느냐에 포커스가 맞춰진다.

실상 난해한 것은 서사에 녹아 흐르는 철학이 아니라 설정된 세계관의 논리적 모호함이다. 대강의 설정은 이렇다. 외계에서 온 생명체인 '아담'은 지구에 안착한 최초의 생명이었고, 뒤이어 도착해 지구의 모든 생명을 만들어내는 기원이 '릴리스Lilith'다. 운석에 실려 지구에 도착한 아담에게서 분화된 생명인 사도使徒들이 막 활동을 시작하려던 찰나, 또 다른 운석이 지구에 충돌한다. '퍼스트 임팩트'에 의해 사도들의 활동은 정지되고 기나긴 잠복기에 들어간다. 그 또 다른 운석에 릴리스가 있었고, 릴리스의 에너지로 생명의 역사가 시작된다. 지구에 선착한 생명체들의 '권리' 앞에서, 릴리스 후손들의 삶 자체가 '원죄'로 성립하는 구도다.

'릴리스'는 유대 신화에서 이브 이전에 존재했던 아담의 짝이다. 그러나 더 이전에는 메소포타미아 쪽에 존재했던, 아담처럼 흙으로 빚어진 동등한 자격의 여성이었다. 최초의 여성이면서도 타락의 상징으로 전락하고, 아담의 갈비뼈로 만들어진 이브에게 자리를 내어준 서사는, 모계사회가 부권사회로 옮겨가는 역사의 과정에서 사후적으로 첨가된 남성우월주의라고 한다. 신에 의해 창조된 것은 같지만, 남성과 등가의 자격은 아닌, 남자의 일부라는 상징이 바로 이브다.

애니메이션에서 릴리스는 롱기누스 창에 가슴을 찔린 채, 두 손은 십자가에 못이 박혀 있는 예수 그리스도의 형상으로 그려진다. 즉 릴리스의 에너지로 탄생한 생명체들의 역사는 '서기'의 개념이 되고, 아담과 사도들은 '기원전'이 되는 셈이다. 역사로 해석하자면, 선택받은 민족의 율법에서 모든 인류를 대상으로 하는 보편적 사랑으로의 전회인 것이다. 선민으로서 권리를 되찾겠다는 아담과 사도, 그리고 이 지구에서 살 권리는 모두에게 있다는 릴리스의 대립구도이기도 하다.

'에반게리온 계획'은 사도들과 맞서 싸우기 위해, 아담을 복제한 머신을 만드는 것. 즉 아담의 갈비뼈를 취해 만든 이브의 모티브다. 그러나 에바게리온의 표상인 초호기初号機는 릴리스의 에너지를 이용해 제작된다. 이 또한 릴리스를 대리한 이브라고 할 수 있겠다. 위키백과에는 'Evangelion'이라는 명칭이 '복음'을 뜻하는 그리스어를 라틴어 식으로 표기한 것이라고 적혀 있으며, 애칭으로 줄여 부르는 'Eva'는 'Eve'의 독일어식 표현이다.

그러나 온전히 성서의 지식으로 해석하기에는 에반게리온의 서사가 성서의 연대기를 그대로 따르지 않는다는 점이 난해와 복잡의 시작이다. 이런 '미약한' 간극으로 분리되기 시작하는 에반게리온의 세계관은 나중엔 심히 '창대한' 난해와 복잡으로 진화한다.

에반게리온이 대속의 그리스도로 묘사되는 몇몇 장면이 있다. 여기서 릴리스의 후손인 '에바'는 원죄의 존재인가, 아니면 대속의 존재인가, 그렇다면 아담은 신의 대리인가, 릴리스는 마리아의 대리인가, 하는 논리적 모호함이 불거진다. 이 모호함은 애니메이션이 매개하고 있는 성서적 상징을 성서의 서사로 고증해내려다 보니 생겨나는 것이다.

더 큰 문제는 에반게리온만의 세계관으로 창의적인 역사를 써나가는 것으로 본다 해도, 난해함이 가중된다는 점이다. 웬만한 관념철학보다도 이해하기가 쉽지 않기에, 크리에이터가 누구인지 확실한 허구적 콘텐츠임에도 '정설'이 존재하게 되는 역설도 존재한다.

이는 현대철학자 자크 데리다의 '해체'를 설명하는, 글쓰기와 글 읽기의 전형적인 사례라고도 할 수 있다. 즉 같은 텍스트를 가지고서도 쓰는 사람과 읽는 사람이 서로 다른 해석을 하게 되는……. 각성과 폭주, 비스트 모드beast mode까지, 스스로 진화를 꾀한다는 면에서는 이런 현상 또한 사뭇 '에반게리온적'이다 할 수 있겠다. 비난을 많이 받았던 에반게리온의 애매한 결말은, '해체'의 시각으로 조명해본다면 도리어 열린 체계의 완벽이었던 셈이기도 하다.

결국 해석의 문제다. 에반게리온이 던지는 메시지 역시, 종말은 아담과 사도 이전에 인류의 자의적 해석에서 비롯되었음을 지적하고 있다. 니체의 어록으로 부연하자면, 심판은 어느 날에 다가오는 것이 아닌 이미 도래해 있는 상태였다. 아담의 영혼을 지닌 최후의 사도가 인간의 모습이었고, 최후의 사도가 도리어 인류를 마지막 사도로 지목하는 반전은, 수 세기 동안 신과 신앙에 대한 이기적 해석으로 서로가 서로를 죽여왔던, 인류 스스로가 종말의 뇌관이었다는 사실을 상징하는 듯하다. 이렇게 되면 아담도 이브도 종말이라는 현상 이전에 그저 해석을 뒷받침해줄 명분에 불과한 것이 되어버린다.

한 블로거의 설명에 따르면, 감독이 에반게리온을 추종하는 오타쿠들에게 에반게리온의 세계관이 한낱 가상에 불과하다는 메시지를 던진 것이라고 한다. 가상에서 빠져나와 현실을 살아가라고……. 이것은 니체가 기독교적 이데아를 전복하려 했던 이유와 같다. 니체가 신의 모습대로 인간이 만들어진 것이 아니라 인간의 모습대로 신을 상상해낸 것이라며, 인류 스스로의 주체적 자각을 촉구했듯, 감독은 가상에 매몰되어 살아갈 것이 아니라 현상에 참여하며 살아갈 것을 강권하고 있다.

에반게리온이 아담과 릴리스에게서 나왔지만, 결국 인간이 만든 메카닉이었다는 점, 아담과 릴리스의 영혼이 인간이 만든 복제인간에게 주입되었다는 점, 인류 스스로가 종말을 미리 계획하고 있었다는 사실은, 현재의 실존을 살아가지 못하며 가상의 미래를 불안으로 떠안고 살아가는 종말론자들의 특성을 보여주기도 한다.

종말론자 대부분은 무언가에 몰두하다가 관계가 단절되고, 단절된 관계 속에서 다시 무언가에 몰두하는 오타쿠적 피드백으로 일상을 살아간다. 가상에서 빠져나온 현실은 그렇게 녹록한 현장이 아니니 차라리 종말이 오기 바라며 가상의 방어막으로 숨으려 하는 오타쿠적 기질도 다분하다. 신앙을 향한 과도한 몰입 역시 도저히 각이 나오지 않는 현실에서 도피하고자 하는 망상적 광기에 불과하다. 이는 주인공 이카리 신지의 내성적인 성격이 늘 부딪힐 수밖에 없는 현실, 즉 자아와 '타자 속의 자아'에 대한 페르소나적 갈등으로 대리되기도 한다. 인류의 존멸에 대한 선택을 자신에게 묻는 최후의 사도 앞에서 이카리 신지의 대답은, 모두 자신을 귀찮게 하니 인류 모두를 죽여버리라는 것이었다.

난제의 텍스트,
에 반 게 리 온

페르소나적 갈등

:

다소 해석이 분분한 콘텐츠이기에 내 해석이 맞는 것인지는 확신할 수 없다. 이런 불확신은 다른 인문학자들에게도 마찬가지다. 그래서 그토록 많은 인문학자가 건드린 콘텐츠이면서도, 주로 거론하는 지점은 이카리 신지의 페르소나적 갈등을 벗어나지 않는다.

"내가 나의 실체를 확신하려면 나를 대상화해야 하고, 그러려면 내가 나의 밖으로 나가야 하는데 그것은 불가능하니 나는 나의 실체를 증명할 수 없다"

칸트의 말이다. 나에게서 나를 분리해서 판단할 수 없기에, 나는 절대 나를 객관적으로 알 수 없다는 것. 그렇다면 나의 밖에 있는 존재들, 즉 '남'들은 나에 대해 제대로 알고 있는가? 사람마다 지니고 있는 나에 대한 인상이 조금씩이나마 다르니 그것이 어찌 나의 참된 모습이라고 할 수 있겠는가? 나를 바라보는 관점들의 차이, 그것은 '나'에 대한 인식이 아닌 자신들의 인식으로 굴절된 '나'일 뿐이다. 결국엔 '나'라는 존재는 절대 알 수 없다는 명제가 참으로 증명된다. 칸트의 용어로 설명하자면 '나'라는 존재는 너와 나에게 그저 '물자체物自體'인 셈이다.

철학자 헤겔은 이 문제를 시선의 변증으로 풀어낸다. 나 혼자서는 내가 누구인지 알 수가 없다. 나를 인식해주는 대상, 즉 '너'가 존재함으로써, 너에게 인식되는 '나'가 존재할 수 있다고.

관념철학에 관심이 없는 사람들은 이게 다 무슨 귀신 씻나락 까먹는 소리인가 싶을 것이다. 그래서 뭐 어쩌라고? 인간이 살아가는 데 그런 관념적 해석이 그렇게도 중요한 문제인가? 이런 견해는 철학적 소양이 부족한 탓이 아니다. 지극히 당연한 반응이다. 난해함으로 무식함을 숨긴다며 헤겔을 비난하는 일이 일상이자 일생 최대의 과제였던 쇼펜하우어의 생각 역시 그랬다. '의미'와 '의의'를 밝혀내는 것보다 더 중요한 사안은 지금 느끼는 '감정'과 '충동'의 문제들이다. 바통을 이어받은 니체의 생각 역시 그렇다. 철학사에 있어서 헤겔의 페이지까지는 어느 것이 진정한 자아인가에 대한 객관적 논증으로, '나'에게서 '타자'를 분리해내는 것이 중요한 화두였다. 니체는 이 문제를 간단하게 해결한다. 모든 페르소나가 분열된 나의 자아라고 말이다.

'갑바' 있게 살고 싶지만, 때론 비굴할 수밖에 없고, 때론 비루할 수밖에 없는 세상살이. 최소한 지켜져야 하는 '도덕적 우월감'이, 이건 전혀 나답지 않은 삶이라고 되뇌이고 있을지 모른다. 그러나 조금 더 솔직한 내면의 목소리에 귀를 기울여보면, 그 이전부터 나 자신으로 살고 있었는지도 모르는 일이다. 마치 마법이 풀린 피오나 공주의 반전과 같은 것이다. 가면을 벗었더니, 또 가면이 있고, 정작 벗은 가면이 진정한 나의 얼굴이었다는……

알랭 바디우의 표현을 빌리자면, '실재에 대한 열정'은 곧 '환상에 대한 열정'이기도 하다. 이것은 자신의 진정한 모습이 아니라는 자위로, 자신의 진정한 모습이라 생각하고 있는 환상으로 자신을 지켜내고 있는 것이다.

우리는 우리가 지닌 가면 중 어느 것이 진정한 자아인지 잘 알지 못한다. 슈퍼맨에게는 지구인 클라크가 가면이었을까, 아니면 클립톤 행성에서 온 외계인이 가면이었을까 하는 문제처럼 말이다. 그럴 바에는 그 모든 가면을 인정하자는 것이다. 그 모두가 나의 한 표현들일 뿐이라고.

비굴할 수밖에 없는, 비루할 수밖에 없는 실존적 맥락들이 적지 않게 버티고 있는 인생살이. 그러나 그보다 앞서 나의 정체성이 비굴이고 비루일 수도 있다. 자신의 비굴과 비루를 인정할 때만이, 비로소 자신의 페르소나가 상황의 문제인지, 나 자신의 근본적인 문제인지가 선명해진다. 그리고 나의 비굴과 비루를 변명할 수 있는 '가상'의 명분들이 제거될 수도 있다.

니체가 모든 철학의 승리자가 될 수 있었던 이유는 간단하다. 나 자신이 되기 위해서는, 나에게서 나오는 모든 것을 '나'로 인정해야 한다는 것이다. 그런 후에야 내 몸에 지니고 있는 '나'가 아닌 것들이 비로소 내게서 분리될 수 있으며, '에반게리온적' 진화도 가능할 수 있다.

오타쿠들의 문제는 자신의 사회적 페르소나에 지쳐 혹은 자신이 없어서 순수한 자기 자신에게로 숨는다는 사실이다. 그러나 가상 속에서의 페르소나, 즉 아바타를 만들어내는 모순. '나의 모습'이 아니라 '나이고 싶은 모습'만을 자기 자신으로 끌어안고 있기 때문에 안으로만 파고들 뿐 도통 밖으로 나올 생각을 하지 않는다. 어떤 인문학자는 이런 방어적 자아의 상징을 AT필드(Absolute Terror Field, 사도와 에반게리온이 생성하는 일종의 방어막)로 설명하기도 한다. 사실 난해하고 모호한 에반게리온이기에 어떤 이론으로 설명해도 얼추 들어맞는 경향이 있다. 난해하고 모호하다는 것은 단순하지 않다는 것, 즉 여러 의도가 직조된 모델이다 보니 해석은 더욱 다양해진다. 어떤 철학자가 주장한 어떤 사유인지가 잘 기억나지 않을 때는, 그냥 플라톤과 니체를 들이대면 대강 들어맞는 것과 같은 이치다.

의도한 바인지는 모르겠지만, 에반게리온은 텍스트 안에서 텍스트 밖을 말하고 있는 셈이기도 하다. '이것은 나의 생각이 아니다. 너희의 해석이다'라는, 일종의 종교비판과도 같은 성질이다. 마치 신의 의도가 아닌 인간의 해석만이 분분한 교조주의를 향한 성토처럼.

차라투스트라는 이렇게 말했다. 인간에게 신이 있고 없음은 상관없다. 인간에게는 자신들의 신앙이 있다는 사실이 중요하다. 오타쿠들에게 크리에이터의 의도는 그다지 중요하지 않다. 자기에게 에반게리온이 있다는 사실이 중요하다. 이는 에반게리온의 해석에 집착하는 무리, 인문학자를 자처하는 집단에도 해당되는 사안이다. 인류보완계획으로 종말을 준비하는 인류의 모습은 애니메이션 밖의 오타쿠들의 모습이기도 했다. 아니 오타쿠를 넘어서 현대를 살아가는 우리의 모습이기도 하다. 진리로 믿는 행위가 중요할 뿐, 그것이 정말로 진리인지 아닌지에 대한 질문을 던지지 않으며, 진리와 삶과의 개연성은 그다지 중요하지도 않다.

23
—

나르시스의
변   명

도 덕 적   우 월 감

:

"똥이 무서워서 피하냐? 더러워서 피하지!"

그러나 도취일지언정 심리적 승리는 똥이 획득하는 구도, 분명 거
부이며 회피였으나 내면 깊숙한 곳에서 솟구쳐 올라오는 패배감. 더
러워도 밟아버리고 싶지만, 내겐 여유분의 신발이 없다는 현실.

도대체 사회생활이란 걸 해본 적이 있는지 의심스러운 멘토들은
그 더러움 앞에서 당당히 맞설 것을 피력한다. 똥은 피하는 것이 아
니라 치우는 것이며, 우리는 그 부조리한 똥 냄새를 성토해야 한다
고 말이다. 알랭 바디우의 키워드를 빌려 이런 박약한 공감력에 딴
지를 걸자면, 그들은 실상 똥의 '존재'에는 관심이 없다. 자신이 똥에

대해서 말하고 있다는 '사건'이 중요한 것이다. 결론적으로 똥이 아닐지언정, 그들 역시 똥에 기대어 자신의 지위를 확보한 '존재'들이기도 하다.

젠장! 우리는 그 똥 앞에서 초연하고 싶어서 가만히 있는 줄 아는가? 똥은 싸는 '사건'이기도 하며, 묻는 '존재'이기도 하다. 나의 당당함 앞에 더 큰 똥을 싸대는 세상이란 비극 속에, 가만히 있으면 절대로 묻지 않을 등거리를 유지할 수 있으며, 조금만 견디면 냄새에도 금세 익숙해진다는, 그나마의 소소한 희극을 욕망할 뿐이다.

그러나 살다 보면 '더러운'은 '무서운'과 별반 차이가 없는, 적어도 마지막 자존심을 지키고자 했던, 똥에 대한 수식일 뿐이었다는 사실을 인정하게 되기도 한다. 피해 갈래야 도저히 피해 갈 수 없는 더러움, 혹은 두려움. 그 똥 앞에서 피할 수 없으면 즐기라는, 말 같지도 않은 말은 도저히 적용이 불가하다.

"왜, 더럽냐? 더러우면 네가 상사하든가……."

그 더러움 앞에서의 굴욕으로 내뱉는 소소한 희극에 대한 욕망.

"아……, 아니에요."

개똥밭에 굴러도 이승이 낫다고? 개똥만 있으면 충분히 굴러줄 의향도 있건만, 이 사바세계에 지천으로 널린 것은 개똥보다 큰 '똥덩어리'들이다. 그래도 뭐 어쩌겠는가? 이래라저래라 할 수 없는, 그저 감당해야 하는 똥이라는 사실도 현실이다. 지구에 존재하는 모든 철학과 종교가 안고 있는 문제점은 나름의 분석만 늘어놓을 뿐, 마땅한 해결방안을 제시하지 못한다는 것이다. 그래서 저 똥이 언젠가 거름이 되어 민들레를 피워낼 것이라는, 그래도 설사 똥이 아닌게 얼마나 다행이냐는, 긍정을 건네는 것이 전부다. 똥의 분해속도가 상당히 느리며, 그 전에 다른 누군가가 다른 똥을 싸질러 놓는다는, 우리에겐 이미 설사 똥에 대한 경험도 충분하다는 '존재와 사건'까지는 감안하지 않는다.

내 손에 삽자루 하나가 쥐어질 때까지는 똥 앞에서 침묵해야 한다는 한비자적 대변관, 치울 수 없는 똥 앞에서 우리는 침묵해야 한다는 비트겐슈타인적 대변관, 아니면 차라리 네 길 앞의 모든 똥을 사랑하라는 니체의 아모르 똥! 조금 더 솔직한 쇼펜하우어의 염세철학이 대중의 사랑을 받는 역설도 당연하다. 어차피 이 세상은 똥 밭이다. 어딜 가나 한 움큼의 똥은 네 길 옆에 버려져 있을 것이다. 똥이 싫으면 차라리 죽어라. 죽음이 싫다면 인생에 똥을 전제하라!(이런 젠장!)

다들 그렇게 살아가는 인생이다. 굴욕적이고 창피하지만, 그런 굴욕과 창피를 당하지 않고 살아가는 인생이 얼마나 되겠는가? 실상 간과하고 있는 문제는, 때때로 내가 다른 누군가에게 그런 굴욕과 창피를 선사하는 '똥'으로 존재하는 사건이다. 남의 것에는 구역질이 나지만, 자신의 것에는 무딘 '똥'의 정체성. 판단은 주변에 꼬이는 파리들로 해야 하지만, 이미 똥인지 된장인지를 분간하지 못하는 도덕적 우월감들은 자기 주변에 흩뿌려지는 '윙윙' 소리의 정체를 대개 꿀벌의 날갯짓으로 믿어버린다. 문제는 믿음이 곧 사실은 아니라는 점이다.

타인의 운전 매너에 대해 필요 이상으로 흥분과 욕설을 방출하는 운전 습관. 자신은 매너를 지키며 운전하고 있다는 도덕적 우월감이 몰상식한 욕설에 관용을 베풀고 있는 역설. 그러나 실상 이들 대부분은 운전 매너가 좋지 않은 성향들이다. 과도하게 흥분하는 이유는, 자신을 스쳐 가는 안 좋은 운전 매너들을 어쩌다 저지른 실수라고 양해하기보다 어떠한 의도라고 심판하기 때문이다. 그것이 의도였는지 어찌 알 수 있을까? 이미 자신에게 내재되어 있는 '의도'에 대한 이해를 상대방에게 투영하는 것이다. 그리고 이는 나 역시 별반 다르지 않은 운전 매너라는 사실에 대한 반증이기도 하다.

우리가 이렇게 못나게 살아가고 있는 것은 사회적 구조와 의식 수준의 문제일 수도 있다. 그러나 미처 생각지 않은 것은 그 구조를 안정성으로 유지하는 '부분'과 '요소'로서의 의식이 바로 자기 자신이라는 사실이다. 금요일 오후의 숨 막히는 경부고속도로 위에서, 도로망의 문제점과 너도나도 차를 소유하고자 하는 사람들의 욕망을 질타하지만, 자신도 경부고속도로에 참여해 그 정체를 더욱 공고히 하고 있다는 사실에는 관대하다. 군이 자신이 성분 자체가 다른 똥임을 늘어놓는 '순수대변비판'. 칸트의 도덕은 우월감으로 변모하여 타인에게서 승리를 쟁취한다. 그러나 그 승리의 도덕들이 모여 이룬 사회는 늘 부도덕하다.

일찍이 공자가 이르길, "군자는 '하고자 했었다' 말하지 않고 군이 변명하는 것을 미워한다"라고 했다.

우리 대부분은 자신이 그럴 수밖에 없었다고 말하기 좋아한다. 그러나 정말로 그럴 수밖에 없었는가에 대한 마음의 소리에는 귀를 기울이지 않는다. 어쩔 수 없는 상황 앞에서 일시적으로 쓰게 된 가면이라고 생각하지만, 그 가면 뒤에는 어쩌면 아무것도 없을 수 있다. 지금의 가면이 자신의 진짜 얼굴일 수도 있다는 사실을 인정하지 않고, 자신의 진정한 자아는 '순수한 도덕'이라는 환상으로 그 착각을 유지한다. 페르소나, 그것은 자신의 치부를 숨기고자 하는 가면이기도 하지만, 자신의 욕망과 우월감으로 점철된 가면이기도 하다.

"너 자신이 되어라!"

진정한 내가 되기 위해서, '나'라고 믿고 있는, 즉 내가 아닌 것들로부터 자유로워질 필요가 없다. 선배라는 권위, 어른이라는 당위, 지식인이라는 품위, 이 견고한 철갑 속에 고여 썩어가는, 관계 속에서 소화되지 못한 도덕이 바로 '똥.덩.어.리'다.

나르시스 콤플렉스

:

나르시스의 아름다운 용모에 마음을 빼앗긴 숱한 처녀들과 님프들이 그에게 구애했지만, 외모만큼이나 유명했던 것은 누구에게도 마음을 열지 않는 그의 도도함이었다.

숲의 님프인 에코 역시 나르시스를 추종하는 팬덤의 일원이었지만, 그녀에게는 고백조차 허락되지가 않았다. 제우스의 외도를 도왔다는 죄명으로, 헤라에게 귀로 들은 마지막 음절만 되풀이하는 형벌을 받은 에코는, 용기 내어 다가간 나르시스 앞에서 고백 대신 나르시스의 말만 되풀이할 뿐이었다. 가뜩이나 곱상한 얼굴 하나 믿고 도도하게 살아가던 나르시스의 반응은, 거절도 아닌 그냥 무시였다. 마음에 상처만 남은 에코는 실의에 빠져 점점 여위다가 결국엔 형체는 사라지고 목소리만 숲에 남게 된다.

나르시스에게 사랑을 거절당한 에코는 나르시스 역시 똑같은 사랑의 고통을 겪게 해달라고 기도를 올렸고, 복수의 여신 네메시스가 이를 들어주기로 한다. 헬리콘 산에서 사냥을 하던 나르시스는 목이 말라 샘으로 다가갔다가, 물에 비친 자신의 아름다운 모습을 사랑하게 되고 결국 샘물에 빠져 죽는다. 그리고 그 자리에 피어난 꽃이 수선화narcissus,daffodil다.

우리는 신화의 상징을 이해할 필요가 있다. 자신이 생각하는 '나'라는 이미지는 자신의 자애감을 울리며 들어오는 공허한 메아리인 경우가 많다. 타인의 시선을 의식한다고는 하지만, 그도 결국엔 타인의 시선에 맺히는 자신을 상상하고 있는 자신의 시선이다. 자기비하 역시 자신이 생각하는 '나'의 자격에 미치지 못한다는, 과도한 자애감에서 비롯되는 심리다. 결국 자신의 자애감으로부터 나온 자애감의 메아리가 자애감을 좌절시키는 역설을 낳고 있는 것이다. 우리는 그것을 일컬어 콤플렉스라고 한다

자애감에 굴절되어 들어온 현상은 늘 자의적으로 왜곡되고, 상처받은 긍지와 자존은 지금 느끼는 박탈감에 대한 이유를 찾으려 든다. 어떤 이유라도 찾아내야 고통이 덜하기 때문이다. 인과와 상관이 모호해도 상관없다. 어차피 그것들은 이유의 목적이 아니다. 이유의

목적은 오로지 나의 박탈감이다. 내 잘못이 아니라는, 부조리한 세상 때문이라는, 그 자위적 '이유'가 그나마 버틸 수 있는 긍지와 자존이 되어준다.

유명인들을 향한 맹목적 비난의 대부분이 그런 '이유'에서 비롯된다. 실상 그 이유라는 것을 비난의 대상이 아니라 비난하는 자신에게서 찾는 셈이다. 이는 자신이 높아질 수 없기에 상대를 깎아내리는 방식으로 균형을 유지하려 드는, 자기애적 인격장애의 전형이기도 하다.

세상을 비딱하게 보기 시작하면 한도 끝도 없다. 어차피 삐딱함의 기울기는 세상의 삭막이 아니라 나의 각막에 책임이 있는 것이다. 그것은 세상의 속성이 아니라 그것을 눈에 담는 나의 속성일 뿐이다.

나의 지금을 '아무것도 없음'이라고 판단하는 궁핍한 상황에서도 종교와 철학이 말하는 무無가 가능하지 않은 이유는, 그 없어야 할 자리에 '적음'이 있기 때문이다. 그리고 나머지 여백은 많음에 대한 욕망으로 채워진다. 여백은 더 이상 '무'의 공간이 아니라 욕망을 매질로 하는 두꺼운 렌즈의 구조가 되어버린다. 투과되는 세상의 빛은 모조리 난반사, 무엇 하나 제대로 볼 수 없는 상태다. 아예 없었으면 차라리 초연하기라도 할 텐데 무소유가 아닌 결핍으로 다가서는 모든 것들은 직관을 방해하는 '유有'다.

'무'가 가능하지 않다면, '유'를 인정하는 방법도 괜찮다.

"나도 가지고 싶다. 질투하고 있다. 부러워하고 있다."

자신의 부족함을 인정하고 질투와 선망의 대상과 등가의 자격을 갖추고자 하는 노력으로 이어진다면, 이 또한 생성과 창조를 가능케 하는 결핍이다. 문제는, 자존심 때문에 그 결핍도 인정하지 않는다는 점이다. 저 정도는 나도 할 수 있지만 너는 운이 좋았을 뿐이라며, 그 잘난 자존심의 난반사를 자신의 시력으로 끌어안는 진상만이 반복될 뿐, 진전을 꾀하는 어떠한 시도도 이어지지 않는다. 자신을 지키고자 하는 방어적 자애감인 듯 보이지만, 실상은 자신을 부끄러워하는 자괴감이다. 그들을 따라잡겠다고 아등바등하며 도전을 계속하고 있는 자신의 모습이 우스꽝스럽게 비칠까 봐 걱정스럽고, 그런 처절함에도 무엇 하나 이루어지지 않는 현실에 더욱 초라해 보일 것 같은 두려움 앞에, 지레 체념하고 차라리 고고하고 우아한 난반사로 빛나길 원하는 무의식이다.

니체는 말한다. 자유를 손에 넣었다는 표식은, 자신에 대한 그 어떤 것도 부끄러워하지 않는 것이라고. 서투름이고 부족함일지언정 자신의 최선이라고 말할 수 있는 용기를 낼 수 있을 때, 비로소 인생에 일대의 전환기가 찾아온다고 말한다. 지금 현 상황에서 할 수 있는 둔재의 최선이라는 사실을 인정한다면, 열등감에 굴절된 시각으로 세상을 바라보지는 않을 것이다. 적어도 자신의 모자람은 제대로 보인다. '지금 여기'에서 자신이 해야 할 일과 할 수 있는 일이 무엇인지에 대한 이해 또한 확연해진다. 결핍을 인정하지 않는 한, 채워 넣을 무언가도 발견되지 않는다. 숱한 시도에도 불구하고 전혀 발전은 없고, 오류만을 반복하고 있는 대부분의 경우가 이런 이유에서 비롯된다.

완벽으로부터의 자유

:

컨설팅 멘토들에게 조언을 구하고자 관련 TV 프로그램에 출연하는 의뢰인들에게서 발견되는 공통점은, 그 분야에서 일한 경력이 오래된 사람일수록 멘토의 조언을 귀담아듣지 않으려 한다는 점이다. 심지어 마음에 들지 않는 멘토를 바꿔달라며 제작진에게 늘어놓는 '고집'은, 멘토의 견해가 자기 생각과 다르다는 단순한 이유에서 비롯된다. '고집'이 지니고 있는 모순은, 그렇게 잘 아는 사람이 왜 성공하지 못하고 공개적으로 도움을 청하는가다.

전문가들의 말이 어찌 다 정답일 수 있겠는가? 더군다나 현장을 모르는 전문가들이라면 더욱 그렇다. 그러나 전문가들은 적어도 시장조사의 데이터를 프레젠테이션의 논거로 삼는다. 빅데이터에 의거한 통계치가 어찌 정답일 수가 있겠는가? 그러나 의뢰자들은 자신의 경력으로 쌓았다는 '감'을 사업자적 직관이라고 자부한다. 그런데 경력이라고 해봐야 실패한 경력밖에 없다. 그러면서도 그 '감'을 포기하지 못해, 자신에게로 회귀하는 공허한 순환만을 반복한다. 상대가 먹은 패와 게임의 흐름을 보지 않고, 자신이 먹고자 하는 패에만 열중하며 고스톱을 치고 있는 격이다.

논리와 검증으로도 성공을 장담할 수 없다. 그러나 어떤 사람들은 논리와 검증도 없이, 그저 자신의 직관 하나로 성공을 기대한다. 논거가 '자신'이다 보니 검증되는 것 또한 '자신'뿐이다. 물론 통계적 수치가 절대적 신뢰도일 수는 없다. 문제는 자신이 통계의 표본들을 대상으로 장사를 해야 하는 입장이면서도, 항상 통계의 오류를 들먹이며 끝까지 자신의 고집을 관철하려 한다는 점이다. 결국엔 자신이 오차범위 내의 오류였다는 사실을 기어이 검증해내고야 만다.

착각은 깨달음에 대한 확신에서 출발하고, 오류도 자기 나름대로의 이해에서부터 출발한다. 이해와 확신이 나의 오류이고 착각일 수도 있다는 이야기다. 체계에 대한 불만을 토로하며 '해체'를 주장하는 나의 생각도, 남들이 보기엔 '나'라는 전제를 벗어나지 못한 그저 닫힌 체계일 뿐이다. 남들을 어리석다 답답하다 말하는 '나'는, 남들역시 나와 같은 시선으로 나를 '남들'로 바라보고 있다는 생각을 한번도 재고하지 않는, '나'라는 오류일 수도 있다.

자신에게만 도취되어 세상의 부조리와 불합리에 대한 불만만을 늘어놓고 있을지 모르지만, 세상의 한 자락도 설득하지 못하는 나역시 조리 있지도, 합리적이지도 못하다. 내가 써내려온 지금까지의이야기를 납득할 수 있으며 수긍할 수 있겠는가? 다른 누군가의 이야기가 아닌 바로 너와 나 자신에 대한 이야기란 사실까지도 눈치챘는가? 우리 모두가 조금씩은 앓고 있는 정신질환, 자기애적 인격장애다. 그러나 우리 모두 남의 증상에만 관심이 있지 스스로에 대한 진단은 거부한다.

'의외'라고 생각하는 자체가 자신에 대한 확고한 믿음이 빚어낸 배신이기도 하다. 마음을 비우고 맞이하는 자들은 의외라고 생각하지않는다. 그저 흐름의 한 순간이라고 생각할 뿐이다. 이럴 수도 있고저럴 수도 있는 우리네 인생사, 자기를 향한 긍정의 가능성만을 염두하고 있다가 '의외'의 실망으로 무너진다는 것도 일종의 자기연민이다. 스스로가 생각했던 그림에서 벗어나지 않는 인생에만 집착하고 있다는 것은, 신의 존재미학으로 존재하려는 불경이며 오만이기도 하다. 스스로를 향한 자애감의 크기는 삶에 대한 무지의 크기이기도 하며, 그것으로 실현되는 것 또한 불경과 오만뿐이다.

흔히들 하는 착각, 그리고 그 착각을 부추기는 어른들의 몰상식, 하고 싶은 것만 열심히 하면 행복해질 수 있는 세상을 만들겠다는, 다소 개념 없는 신념. 그래서 젊음들은 하고 싶은 것만을 하려고 든다. 그마저도 대다수의 젊음들은 하고 싶은 것으로 믿고 있는 수월한 것만을 하려 든다. 세상엔 없는 세상, 그야말로 유토피아를 꿈꾸고 있는 꼴이다. 유토피아의 설정은 지금의 세상은 뭔가 잘못되었다는 성토이기도 하지만, 자신에게 열리지 않는 세계에 대한 자기 위안이기도 하다. 세상이 문제지, 결코 내 잘못이 아니라는…….

니체는 말한다.

"좋은 물과 나쁜 물의 차이는 물이 아닌 성분들의 차이다."

평범과 비범도, 주제가 되지 못하는 것들의 차이로부터 벌어지는 간극이다. 하고 싶은 것을 하기 위해서는 하고 싶지 않은 무언가를 해야 한다. 왜? 하고 싶은 것을 하려고 드는 경쟁자들은 하고 싶은 것을 다 열심히 하기 때문이다. 그래서 그것은 판가름의 기준이 될 수가 없다. 결국 행운은 남들이 가지고 있지 않은 무언가의 '차이'로 완성되며, 그 차이의 간극은 자신이 하고자 하지 않았던 무언가의 빈자리다.

해도 해도 안 되는 경우가 분명 있다. 그러나 그 '해도 해도'에서 항상 제외되던 것들도 분명 있다. 어쩌면 그 하지 않았던 것들이 관건인지도 모른다. 소설가들이 소설만 읽고서 소설가가 되었겠는가? 그들은 소설에 녹여내야 할 심리학, 사회학, 철학일반을 꿰고 있는 인문학자들이기도 하다. 단거리 육상선수들이 상체가 발달한 이유는, 팔을 휘두르는 힘으로 각력의 폭발력을 배가시키기 때문이다. 엄마가 보고 싶을 때마다 스피드가 폭발하는 '달려라 하니'의 동기부여가 아닌 이상, 주야장천 뜀박질만 하는 육상 선수들이 어디 있겠는가? 당신의 생각에서 늘 배제돼 있던 곳에 답이 있을지도 모른다. '배제'를 무너뜨리는 열린 사고 자체가 해답일지도 모르고…….

'지 금 여 기' 의 문 제

:

《장자》〈외편〉'산목山木'에 나오는 일화다.

재목이 되지 못한 나무는 나무꾼에겐 사용가치가 없어 산에서 천수를 누릴 수 있었다. 재목이 되지 못함이 도리어 복이 된 것이다. 그러나 이어지는 에피소드에서, 울지 못하는 거위는 삶아지게 될 운명이었다. 주인에게 인정받지 못한 거위로서의 사용가치가 재앙이 된 경우다.

나무와 거위가 지닌 쓸모란 것은, 인간의 판단에 기준을 두는 것이지 나무와 거위 세계의 기준은 아니었다. 자신이 지닌 '쓸모' 역시 자신이 설정한 기준은 아니다. 세상의 '수요'에 합당한 '사용'의 가능성이 인정되었을 때만이, 그것에게 쓸모 혹은 재능이라는 명칭이 수여된다.

'타자'와 '차이'가 주요 담론인 현대사회, 개인이 지향하는 가치대로 살아가는 보헤미안 스타일이 시대에 부합하는 인간상이라고 생각하는 것 또한 개인의 자유다. 그러나 이런 자유의 전제는 세상의 가치에서 초연해야 한다는 점이다. 욕망은 세속적이면서 입으로는 자유로운 영혼을 운운하기 때문에 세상과 갈등을 빚는 것이다. 마치 나이트클럽에서 멋진 남성을 유혹하기 위해서, 자신의 영혼이 이끄는 대로 헤드뱅과 윈드밀로 자신의 섹시함을 연출하고 있는 여성과 같다고 할까? 과연 자신보다 강인해 보이는 여성에게 끌리는 남성이 몇이나 될까?

욕망이란 덕목 자체가 개인적이지는 않다. 트렌드에 휩쓸리지 않는 자유로운 예술가에게도 작게나마 자신의 예술을 사랑해주는 시장이 형성되어 있어야 예술가의 삶을 영위할 수 있다. 고흐의 광기는 객관이라 불릴 수 있을 만한 시선의 양적 결핍, 즉 사회적 관심의 부재가 원인이기도 했다. 관심의 사각에 오래 방치되면 관심을 갈망하는 마음도 지쳐간다. 그래서 더욱 자기 안으로 파고드는 외골수가 되어버리는 것이다. 자신의 재능을 자신으로부터 분리하지 못하고, 객관과의 거리를 좁힐 생각을 절대로 하지 않는다. 그나마 다행은 그 자신이 '고흐'였다는 사실이다. 피해의식으로 스러져간 수많은 또 다른 '고흐'들을 세상은 기억조차 하지 않는다.

많은 색깔을 지니고 있는 카멜레온이라고 할지라도 당장에 필요한 색깔은 하나뿐이다. '지금 여기'에 제고되어야 할 문제는 다양함이 아니라 적절함이다. 상황과 맞지 않는 엉뚱한 색이 두드러져 보인다면, 변화무쌍도 다 부질없는 짓이다. 여러 가지 색은 여러 가지 가능성을 제시할 수 있겠지만, 당신을 가능으로 이끄는 것은 지금 필요한 색깔이다. 나머지는 말 그대로 가능성에 불과하다. 자신에게 나머지 가능성이 있음을 토로해봤자 지금이 가능하지 않다면 다 무슨 소용이겠는가.

"왕년에는 내가……."

지나간 시절을 착각을 하면서까지 그리워할 필요는 없다.

"시간이 조금만 더 있었더라면……."

자신의 능력을 착각하면서까지 아쉬워할 필요는 없다.

'지금 여기'에서 가능하지 않은 그 모든 것은 없는 것이나 다름없다. 지금 여기에 맞지 않는 모든 것들 역시 있으나 마나한 것들이다. 물론, 언젠가 내 인생의 반전을 가져다줄 소중한 잠재력이겠지만, 많은 사람들은 기발한 능력으로 상식적인 무능을 위로하려 든다. 흐름을 짚어낼 능력이 부족한 개그맨이 무턱대고 개인기만 들이미는 경우와 같다고나 할까? 시점에 맞는 걱정을 해야지, 시간을 초월해서까지 무리하게 고집하는 자신에 대한 믿음, 소망, 사랑 때문에, 당신의 지금이 반성적 거리만큼 현실에서 비껴 서 있는 것이다.

소리를 내는 것과 연주를 하는 것은 다르다. 좋은 악기라도 제대로 연주되지 못하면 그것은 음악이 아니다. 악기가 아닌 것들도 가지고 있는 소리에 불과하다. 좋은 악기라도 제대로 조율이 되어 있지 않다면, 연주하려는 음악과 연주되는 음악의 격차는 당연한 결과다. 듣는 사람에 따라선 음악이 아닌 그저 소리의 나열일 수도 있다.

지니고 있는 가능성이 모두 가능으로 실현되는 것은 아니다. 천부적인 자질을 가지고 태어난다고 해도 제대로 계발되지 않고, 제때에 발휘되지 않는다면, 재능은 그저 '특징'과 별다를 바 없는 의미가 되어버린다. 천재는 재능을 가지고 태어나는 사람이 아니라 재능을 적재적소에 잘 발휘하는 사람이다. 천재적인 연주와 조율은 끊임없는 반성과 노력으로만 가능하다.

에디슨은 천재를 1퍼센트의 영감과 99퍼센트의 노력으로 정의했지만, 다른 시각으로 풀어보자면 1퍼센트라는 수치는 많고 적음의 차이가 아니라 있고 없음의 차이다. 타고난 재능이 전혀 무시할 수 없는 요소임을 부정할 수도 없지만, 다행히도 사람들은 누구나 그 1퍼센트를 지니고 태어난다. 그러나 자신의 재능을 확인할 수 없는 곳에서만 방황하는 경우가 있다. 자신의 재능은 베이스기타이건만 보컬에게 비치는 스포트라이트를 욕심내고, 팬플루트의 신비로운 소리를 가지고 있으면서도 바이올린의 클래식한 선율만을 고집한다. 초인적인 인내와 노력으로 욕심을 실현해내는 사람들도 더러 있기는 하지만, 욕망의 방향이 연주가 아닌 악기 자체인 경우엔 눈물겨운 노력도 기대할 수 없다.

흔히 예술가들을 자유로운 영혼이라고 말하지만, 그 자유를 오해하는 일반인들도 있고, 곡해하는 예술가 지망생들도 있다. 적어도 내가 알고 있는 예술가들은 보통 사람들이 일하는 시간보다 더 많은 시간을 예술에 얽매여 살아간다. 시간의 투자 방식이 틀에 얽매이지 않고 자유로울 뿐이다. 예술가로서의 자존심과 자의식은 차후의 문제다. '지금 여기'에서의 고민은, 자신을 예술가로서 존재할 수 있게끔 사력을 다해 살아가는 삶 그 자체다.

우연을 사랑한다는 것

신대륙을 향해 간 콜럼버스의 전제.

"땅은 인간을 위해 만들어졌기 때문에, 육지가 있다면 틀림없이 사람이 살고 있을 것이다."

인간은 종종 원인과 결과를 헷갈린다. 그래서 곧잘 우연적 성질의 나열에서도 필연의 수열을 찾아낸다. 태양은 무언가를 위해 존재하고, 눈은 보기 위해, 치아는 씹기 위해 존재한다는 식의 목적론은, 신의 모습마저도 인간을 위해 존재하는 인간의 형태로 상상해냈다. 그러나 니체에 따르면, 목적은 존재의 발생에 전제된 것이 아니다. 즉 우연이 선행하고 목적이 나중에 덧붙여진다는 이야기다. '보기 위해' 눈이 생겨난 것이 아니라 '보다 보니' 눈이 생겨난 것이고, '씹다 보니' 치아가 생겨난 것이다.

세상은 어떤 목적의 지배도 받지 않으며, 무엇을 위해 먼저 존재했던 것은 아무것도 없다. 그저 우연의 맥락 속에서 서로 발견되는 것

뿐이다. 나에게 능력이 없는 것도 아니고, 누군가만을 위해 존재하는 세상인 것도 아니다. 아직 나의 능력을 발휘할 세상을 찾지 못했고, 세상 역시 아직 나의 능력을 발견하지 못한 것이다. 그 발견의 순간은 '살다 보니' 다가오는 것이다. 그래서 인생은 한 치 앞을 내다볼 수 없는 우연의 연속이지만, 한 번 살아볼 만한 시간이기도 하다. 콜럼버스는 아메리카를 발견하지 못했다. 정작 그 자신은 죽을 때까지 그곳이 인도라고 믿고 있었다. 그러나 유럽이 콜럼버스를 발견해냈다.

'amor fati', 운명을 사랑한다는 것. 니체는 이것을 사유와 삶에 관한 하나의 정식이라고 말한다. 운명을 사랑한다는 것은 삶을 건강하게 만드는 것이다. 자신의 삶을 부정하는 파괴적 행동도 아니고, 숙명적인 운명을 받아들이는 체념적 행동도 아니다. 그것은 자신의 운명을 하나의 작품으로 만드는 예술적 행동이다.

니체는 이렇게 말했다.

"삶을 사랑하는 철학은 변화하는 건강상태를 횡단하는 변모의 예술이다. 그리고 건강은 단지 보유하는 것만이 아니라 끊임없이 새롭게 획득하고 계속 획득되어야만 하는 그런 것, 삶을 변화시키는 예술로서의 철학, 그것이 바로 삶에 대한 사랑, 지혜에 대한 철학이다."

긍정의 철학, 그것은 부정을 외면하는 것이 아니라, 부정을 지렛대 삼아 딛고 나아가는 긍정이다. 저기에서 기다리는 미지와 여기에 가로놓인 무지는 문제 될 것이 없다. 삶이 가져다주는 의외성이 만들어내는 불안과 걱정은 인간이 살아 있다는 존재감을 의식케 하는 각성제이기도 한 것이다. 강을 떠내려가는 죽은 물고기의 흐름에 대한 순응이 아니라, 살아 있는 것들이 허무의 물살을 거스르는 역동성인 것이다. 삶의 순간순간이 우리에게 던지고 가는 우연은 우리를 진화시키는 지혜이기도 하다. 그 지혜를 삶으로 살아가기 위해 우리가 견지해야 할 필연의 기치는 오직 하나다.

네 우연을 사랑하라!